대학글쓰기

대학글쓰기

1쇄 발행 2021년 2월 25일
2쇄 발행 2022년 3월 15일

지은이 차봉준 · 한래희 · 손민달 · 박소영
펴낸이 박찬익

펴낸곳 ㈜박이정 **주소** 경기도 하남시 조정대로45 미사센텀비즈 7층 F749호
전화 031)792-1193, 1195 **팩스** 02)928-4683 **홈페이지** www.pjbook.com
이메일 pijbook@naver.com **등록** 2014년 8월 22일 제2020-000029호
제작처 제삼P&B

ISBN 979-11-5848-615-0 03710

대학 글쓰기

차봉준·한래희·손민달·박소영 지음

(주)박이정

머리말

"작가는 다른 사람보다 글쓰기를 어려워하는 사람이다."

노벨 문학상을 수상한 작가 토마스 만(Thomas Mann, 1875-1955)의 말이다. 비단 작가뿐 아니라 글쓰기에 고통을 느끼는 사람은 어디에나 있다. 대학생들 중에도 글쓰기에 대해 불안감, 더 나아가 거부감까지 느끼는 학생이 적지 않다. 중·고등학생 때 글을 억지로 썼던 부정적인 기억, 글쓰기를 체계적으로 배울 기회가 없었다는 점, 열심히 써도 실력이 늘지 않는다는 답답함 등이 그러한 불안감과 거부감의 원인일 것이다.

이 책은 대학생들이 글쓰기를 하면서 겪는 어려움을 어떻게 해소할 것인가라는 고민의 소산이다. 학생들에게 글쓰기에 대한 체계적 교육이 부족하다는 점에 착안하여 글쓰기에 필요한 핵심 개념과 방법들을 알기 쉽게 설명하는 것을 일차적 목표로 삼았다. 이와 더불어 글쓰기의 필수적 개념과 방법들을 실전적으로 연습할 수 있도록 다양한 활동 문제를 제시하였다. 특히 학생 글을 다수 활용하여 자신과 비슷한 어려움을 담은 사례들을 자주 접할 수 있게 하였다. 예시 글을 읽고 분석하는 과정을 통해 글을 쓸 때 피해야 할 오류와 유의점을 자연스럽게 체득할 수 있다. 활동 문제와 함께 제시되는 체크리스트는 글을 분석할 때 하나의 길잡이가 될 뿐만 아니라 글을 수정할 때에도 유용한 기준으로 활용될 수 있을 것이다.

이 책은 총 3부로 구성되어 있다. 1부 '글쓰기의 기초'는 대학 글쓰기의 필요성과 의의를 소개하고 문장과 단락 쓰기를 다루고 있다. 대학에서 글쓰기가 어떤 의미가 있고 왜 필요한지 우선적으로 소개하였다. 그리고 기초 체력 훈련이 탄탄해야 좋은 운동선수가 될 수 있듯이 글쓰기의 기초인 문장과 단락 쓰기를 체계적으로 연습하여 글쓰기의 기본 토대를 마련하도록 하였다.

2부는 '글쓰기의 과정'을 중심으로 구성되어 있다. 글쓰기의 과정을 계획하기, 집필하기, 수정하기 세 단계로 나누고, 주제 설정에서 완성까지 어떠한 작업을 진행해야 하는가를 설명하고 있다. 글을 단계적으로 써 가는 경험을 통해 한 편의 글은 반복된 수정 작업을 거쳐 완성된다는 점을 깨달을 수 있도록 하였다.

3부 '글쓰기의 실제'는 대학에서 자주 쓰는 글쓰기의 여러 장르를 소개하고 있다. 각 글쓰기 장르의 고유한 특징을 파악하고, 다양한 활동을 통해 각 장르를 실제적으로 써 보고 숙달하는 순서로 짜여 있다. 대학 수업에서 요구하는 다양한 형태의 글쓰기에 능동적으로 대응하는 능력을 키우는 것에 주안점을 두었다.

부록으로 표준어, 한글 맞춤법, 문장 부호 규정을 수록하여 표기법에 관한 궁금증이 생겼을 때 쉽게 찾아볼 수 있도록 하였다.

골퍼가 연습하는 방법에는 네 종류가 있다고 한다. 마구잡이로 연습하기, 어리석게 연습하기, 현명하게 연습하기, 그리고 전혀 연습하지 않기. 마구잡이로 혹은 어리석게 연습하는 것은 연습을 안 하는 것보다야 낫지만, 그런 방법으로는 글쓰기에 대한 울렁증에 이별을 고할 수 없다. 이 책을 통해 글을 쓸 때 꼭 필요한 개념을 익히고 다양한 활동들을 중심으로 글쓰기를 '현명하게' 연습하다 보면 불안감이 조금씩 자신감으로 바뀔 것이라 기대한다. 이렇게 키워진 자신감은 성공적인 학문 탐구와 소통 능력 향상의 견고한 밑바탕이 될 것이다.

어려운 시기에 책을 정성껏 만들고 출판해 준 박이정 출판사 관계자분들께 깊은 감사의 마음을 전한다.

저자 일동

· 목차

3부 글쓰기의 장르

1부

글쓰기의 기초

1장

· 글쓰기의 기초 ·

글쓰기의 의미

1 대학생활과 글쓰기

　대학의 교양교육은 세상을 바라보는 조화로운 시각과 지적 유연성을 길러줌으로써 올바른 자아와 가치관 형성에 기여한다는 목적을 지닌다. 이는 '교양'이라는 단어가 지닌 의미에서 확인할 수 있다. 교양이라는 용어는 서구의 고전적 개념에서 경작을 의미하는 'cultivation'에서 파생하였다. 말 그대로 땅과 밭을 일구어 농사를 짓듯이 인간의 품성(인격), 즉 됨됨이도 땅과 밭을 일구듯 교육을 통해 갈고 닦아야 한다는 것이다. 그리고 그 역할을 담당하는 것이 교양교육의 의미이다.

　대학의 교양교육에서 글쓰기 교육은 매우 중요하다. 지식인이 갖추어야 할 기본 자질과 전공학습에 대한 기초 역량으로서의 의사소통 능력 함양에 글쓰기는 필수적 능력이기 때문이다. 따라서 본 장에서는 대학에서의 글쓰기 교육의 필요성과 좋은 글쓰기의 요건에 대해 생각해 보기로 하자.

1) 글쓰기의 필요성

　글쓰기는 인간이 자신의 생각과 감정을 문자로 표현하는 행위이다. 단순하게는 일상의 사소한 경험이나 느낌을 형식에 구애됨 없이 써 가는 사적인 글쓰기에서부터 특정 사안에 대해 지식과 정보를 전달하거나 쟁점에 대해 자신의 주장을 설득해 나가는 공적인 글쓰기에 이르기까지 글쓰기는 일상에서 떼래야 뗄 수 없는 언어 행위이다. 글쓰기의 필요성은 다음과 같은 세 가지 관점에서 접근해 볼 수 있다.

(1) 자기 표현으로서의 글쓰기

우리는 스스로의 내면을 정리하는 과정에서 '글쓰기'라는 수단을 활용한다. 자신이 처한 상황을 인식하고 현재의 자기 모습을 성찰할 때, 그리고 자신이 지금 무엇을 생각하고 있으며, 또 앞으로 어떤 방향으로 나아가려 하는가에 대한 판단과 결정을 글쓰기를 통해 드러낸다. 글쓰기는 모든 인간에 내재된 자기표현의 욕구를 '문자'라는 매개체를 통해 세상 밖으로 표현하는 적극적인 언어적 능력이다.

현대인은 하루의 소소한 일상을 형식에 얽매이지 않고 기록해 가는 일상적 글쓰기에서부터 책을 읽거나 미디어 매체를 감상하고 느낀 내용을 적어가는 감상문, 그리고 우리 사회가 안고 있는 문제들에 대한 비판과 대안을 제시하는 비평문에 이르기까지 다양한 형식의 글쓰기를 통해 자신의 생각을 적극적으로 표현하며 살아간다. 따라서 이러한 자기표현으로서의 글쓰기 능력을 기르기 위해 실용적 글쓰기, 비평적 글쓰기, 학술적 글쓰기 등 다양한 유형의 글쓰기를 학습할 필요가 있다.

(2) 소통으로서의 글쓰기

우리는 지식 기반의 정보화 사회를 살고 있다. 하루가 다르게 수많은 지식이 양산되고 있고, 이에 따라 더욱 복잡해질 뿐만 아니라 변화의 속도도 점점 빨라지고 있다. 그리고 이러한 사회적 현상을 해석하고 평가하는 시각도 다양해지면서 때로는 갈등의 양상이 표출되기도 한다. 이러한 여러 갈등을 해결하려면 그 어느 때보다 소통의 능력이 중요하게 요구되는 것이 현실이다.

사회가 원만하게 유지되고 지속적으로 발전해 나가기 위해서는 사회 구성원의 유기적인 관계가 요구된다. 그런데 이러한 유기적 관계의 형성은 구성원 각자의 이해와 협력을 통해 이루어질 수밖에 없으며, 이는 곧 원활한 의사소통을 통해서 가능하다. 이런 의미에서 의사소통 행위로서의 말하기, 글쓰기는 대학 교육과정의 핵심적 내용이다. 특히 글쓰기는 정제된 형식으로 자기를 표현하고 타인과의 대화를 시도한다는 점에서 보다 효과적인 소통의 수단이라고 말할 수 있다. 글쓰기를 통해 가치 있는 논제 형성, 명료한 입장 제시, 체계적 구성, 참신한 표현 등을 학습함으로써 글 쓰는 주체와 독자 상호 간의 의사소통을 극대화하는 능력을 기를 수 있다.

(3) 문제해결로서의 글쓰기

창의적인 사고와 문제해결 능력은 현대사회에서 대학생들에게 필수적으로 요구하는 주요 역량 가운데 하나이다. 창의역량을 새로운 관점과 호기심을 가지고 문제를 발견하고 해결하며 시대의 흐름을 파악하여 혁신적인 변화를 만들어 내는 능력이라고 정의할 때, 독창성과 호기심, 문제 발견 및 해결 능력, 변화 창출 능력 등은 이러한 창의역량을 길러내는 주요한 수단이다. 이를테면, 문제를 새로운 관점에서 바라보는 능력으로서의 독창성과 호기심, 기존의 사고와는 다른 방식으로 문제를 재구성하고 창의적으로 해결하는 능력으로서의 문제 발견 및 해결 능력이 그것이다. 그리고 시대의 흐름에 대한 명확한 이해를 바탕으로 자신의 분야에서 새로운 변화를 주도하는 능력으로서의 변화 창출 능력을 길러가기 위해서 대학생활의 상당 부분을 창의성 개발에 할애해야 할 것이다.

문제를 발견하고 문제의 해결책을 마련하는 과정에서 글쓰기는 창의적, 비판적 사고를 길러주는 매우 중요한 방편이 될 수 있다. 즉 주어진 문제를 제대로 파악하는 데서 출발하여 이에 대한 체계적이고 논리적인 문제해결 방안을 찾아가는 과정의 글쓰기를 통해 창의적이고 비판적 시각을 향상시켜 나갈 수 있다.

아래의 글은 글쓰기의 필요성과 효용 등에 대해 말하고 있다. 특히 앞으로 자신의 분야에서 주어진 역할을 잘 수행하고 성공을 기대하는 대학생들에게 '왜 글쓰기가 필요한지'에 대해 설명하고 있다. 지문의 내용을 바탕으로 글쓰기의 필요성에 대한 근거를 더 찾아보고, 표현으로서의 글쓰기, 소통으로서의 글쓰기, 문제해결로서의 글쓰기에 대한 자신의 생각을 자유롭게 서술해 보자.

보고서를 잘 쓰는 사람은 프레젠테이션도 잘합니다. 프레젠테이션을 잘하는 사람은 이메일도 잘 쓰고, 이메일을 잘 쓰는 사람은 에세이도 잘 씁니다.

요컨대 어떤 내용을 일리 있고 조리 있게 쓸 줄 알면, 논리정연하게 보고할 수 있고 상대가 단번에 알아듣게 말할 줄도 압니다. 글쓰기라는 게 종류는 많아도 이 하나가 핵심이자 전부거든요. (중략)

잘나가는 기업들은 국내외를 막론하고 모든 것이 불확실한 시대에, 기업을 선도할 인재를 뽑기 위해 창의력을 평가합니다. 창의력은 의사소통, 협동심, 비판적 사고가 토대인데, 이런 소양은 논리적 사고에서 옵니다.

OECD는 대학에서 기본으로 배워야 할 핵심 능력으로 비판적 사고력, 분석적 추론력, 문제 해결 능력 그리고 글쓰기를 통한 의사소통 능력을 지정했습니다. 이 네 가지 능력의 바탕 또한 논리적 사고력입니다. (중략)

세계적인 투자 귀재이자 전문가인 워런 버핏은 매년 주주들에게 보내는 연차보고서를 직접 씁니다. 에어비앤비 창립자 브라이언 체스키도 자기 생각을 공유하려고 일요일 밤에 전 직원에게 이메일을 보냅니다.

이들 말고도 소문난 경영자들은 글쓰기에 집착하는 경우가 많은데요, 경영자에게 글쓰기가 경영을 하는 데 매우 중요한 도구이기 때문이지요. 하버드 대학교의 주장처럼 리더는 가치와 비전으로 공동체를 설득해야 합니다. 문제가 생겼을 때는 남다른 아이디어로 이를 해결해야 하는데, 이를 가능하게 하는 것이 논리적으로 생각하고 쓰는 능력입니다.

– 송숙희, 『150년 하버드 글쓰기 비법』, 유노북스, 2018.

_____

_____

_____

_____

2) 좋은 글의 요건

 대부분의 사람들이 글쓰기를 힘들어한다. 무엇을 써야 할지, 그리고 어떻게 써야 할지에 대해 오랜 시간 고민에 고민을 거듭한다. 도무지 쓸 거리가 생각나지 않아 하염없이 시간만 흘려 보내다가, 결국에는 '글쓰기는 도대체가 나와는 맞지 않아!'라고 포기하기가 다반사이다.

 글쓰기가 어려운 것은 무엇 때문일까? 잘 써야 한다는 강박관념과 멋지고 아름다운 표현을 구사하려는 의욕이 앞선다는 것이 그 이유 중 하나일 것이다. 이 외에도 좋은 글에 대한 각자의 주관적 잣대가 글쓰기를 어렵게 만드는 요인 중 하나이다. 좋은 글을 쓰기 위해서, 글쓰기가 좀 더 수월해질 수 있기 위해서 좋은 글이 갖추어야 할 요건에 대해 생각해 볼 필요가 있다.

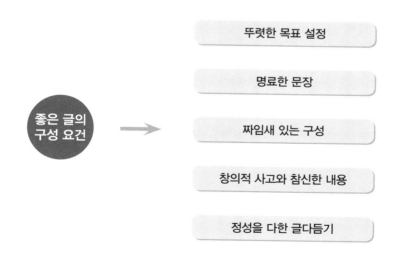

좋은 글이 되려면 무엇이 필요할까? 좋은 글을 완성하기 위해서는 다양한 요소에 대한 종합적인 고려가 필요한데 주제, 문장, 구성에 특히 주의를 기울여야 한다. 무엇보다도 글쓴이의 생각이 구체적으로 드러나야 하고, 그것이 좋은 문장으로 명확하게 표현되어야 한다. 그리고 짜임새 있는 구성을 통해 체계적으로 전개되었을 때 독자들과의 소통을 극대화할 수 있다. 여기서는 뚜렷한 목표 설정, 명료한 문장 표현, 짜임새 있는 구성, 창의적 사고와 참신한 내용, 정성을 다한 글다듬기라는 다섯 가지 요소에 따라 좋은 글의 요건을 살펴보자.

(1) 뚜렷한 목표 설정

글쓰기의 과정은 대체로 집을 짓는 행위와 비슷하다. 좋은 집을 건축하기 위해서 먼저 어떤 용도의 집을 필요로 하는가에 대한 선택과 결정이 선행되어야 한다. 가족들과의 안락한 생활이 주된 목적인 주거용 가옥인지, 아니면 사무와 경제적 활동을 주 목적으로 하는 사무용, 상업용 공간인지에 따라 공간의 구성과 건축의 자재 등이 크게 달라지기 때문이다.

글쓰기도 마찬가지다. 좋은 글이란 주제가 타당하고 적절해야 한다. 이것은 글쓰기의 목표 설정과 밀접한 관련이 있다. "나는 '무엇'을 위해 이 글을 쓰는가?", "나는 '왜' 이 글을 쓰는가?", 그리고 "나는 '누구'를 위해 이 글을 쓰는가?"에 대해 스스로 묻고 답하는 과정도 글의 목표 설정과 매우 밀접한 관련성이 있다. 즉, 이러한 물음 하나하나에 대해 답을 하는 과정에서 글의 목표와 주제가 뚜렷하게 드러나게 된다. 글의 예상 독자가 누구인지에 따라 우리가 쓰는 글의 주제와 내용은 달라진다. 무엇을 목적으로 삼은 글인지, 누구를 위한 글인지가 정해지지 않은 글이라면 십중팔구 방향을 잃고 헤매는 글이 되기 마련이다. 또한 글의 목적, 즉 설득을 위한 글인지, 정보를 전달하기 위한 글인지, 혹은 정서를 표현하기 위한 글인지에 따라 글의 주제도 달라지기 마련이다.

(2) 명료한 문장

좋은 글쓰기를 위한 두 번째 요건으로 명료한 문장을 들 수 있다. 어법에 맞는 바른 문장을 구사할 수 있는 능력, 정확한 의미의 어휘를 적재적소에 사용할 수 있는 능력이 필요하다. 한 마디로 좋은 글이란 훌륭한 문장으로 표현된 글이다. 훌륭한 문장이란 잘 읽히고 의미 전달이 명확한 문장을 의미한다. 이를 위해서 꾸준히 문장력을 갈고 다듬는 노력이 필요하다. 우선 명확한 의미의 전달을 위해서 간략하고 쉽게 쓰는 습관이 필요하다. 오해나 혼란을 불러올 수 있는 불명확한 개념어의 사용이나 서술을 피해야 한다. 일찍이 허균은 어렵고 교묘한 말로 글을 꾸미는 것을 '문장의 재앙'이라 말하며 경계했다. 그는 '글이란 자신의 마음과 뜻을 다른 사람에게 제대로 전할 수 있도록 쉽고 간략하게 짓는 것'이라는 말을 통해 의미의 명확한 전달을 강조했다. 또한 훌륭한 문장은 잘 읽혀야 한다. 이를 위해 문장은 가급적 단문으로 쓰는 것이 좋다. 글을 길게 쓸수록 불필요한 수식이 따라붙으며, 주어와 서술어가 호응을 이루지 못하여 문법적으로 어긋나고, 급기야는 논지가 흐려지기 때문이다.

(3) 짜임새 있는 구성

좋은 글이란 짜임새 있는 구성을 보여주어야 한다. 짜임새 있는 구성이란 글쓴이의 주장과 글의 내용이 논리적 흐름에 따라 전개된 것이다. 따라서 좋은 글을 위해서는 자신이 쓰고자 하는 글의 목적에 부합하는 나름의 형식적 체계를 갖추어야 한다. 일반적으로 설명문이라면 '머리말—본문—맺음말', 논설문은 '서론—본론—결론', 그리고 소설과 같은 문학적인 글은 '기—승—전—결'이라는 형식으로 구성된다. 다만 우리가 대학생활 글쓰기를 위해 앞으로 써 가야 할 실용적인 글들(설명문, 보고서, 감상문, 논설문, 서평 등)을 아우르는 일반적인 구성으로는 '배경—내용—의견'이라는 3단계 구조를 익혀두면 좋을 것이다. 즉 글의 시작에는 '왜 내가 이 글을 쓰는가?'에 대한 내용이 서술되어야 한다. 글을 쓰는 목적, 취지, 의도 따위에 대한 배경 설명이 필요하기 때문이다. 다음으로는 '내가 쓰고자 하는 글의 핵심은 무엇인가?'를 제시한다. 그리고 마지막에는 '나의 의견이나 소감은 무엇인가?'를 압축적으로 드러냄으로써 마무리한다. 이러한 구성은 서평이나 영화평, 혹은 감상문, 설명문, 논설문 등 모든 글쓰기에 두루 적용된다.

(4) 창의적 사고와 참신한 내용

좋은 글을 쓰기 위해서는 일종의 창조적인 모험이 필요하다. 우리가 써야 할 글은 비슷한 글감을 바탕으로 유사한 방식의 구성을 갖기 마련이다. 여기에 일정 수준에 도달한 문장력이라면 대개의 글의 수준은 비슷하다. 이러한 중에서 군계일학(群鷄一鶴)으로 빛나는 글이 되기 위해서는 창의적인 상상력이 동원되어야 한다. 흔하고 흔한 글감의 반복적 사용, 식상한 문장과 단락의 전개, 그리고 상투적 주장으로는 독자의 마음을 움직일 수 없다. 그렇다면 창의적인 글감은 어떻게 구해지는가? 무엇보다도 다독(多讀)이 필요하다. 많은 책을 두루두루 읽음으로써 언젠가는 적재적소에 잘 맞아떨어지는 글감을 찾을 수 있기 때문이다. 아울러 다양한 분야의 사람들과의 만남을 통한 경험의 확장도 창의적 상상력을 얻을 수 있는 좋은 방편이다.

(5) 정성을 다한 글다듬기

좋은 글의 완성에는 세심한 마무리 과정이 수반되어야 한다. 아무리 좋은 글감을 동원하고, 그럴듯한 구성과 독자를 사로잡는 테마를 갖추었다 할지라도 격식에 맞지 않는 흠결이 보이는 순간 그 가치는 하락한다. 마지막 순간까지 단어, 문장, 단락, 글 전체를 매만지고 바로잡는 각고의 노력이 필요하다.

활동

인용문은 조선 후기 실학자인 다산 정약용 선생이 글쓰기를 꽃나무 가꾸는 일에 비유하여 교훈을 주는 글이다. 좋은 글을 쓰는 과정이 한 그루의 나무에서 꽃을 피우는 일과 같다는 다산의 비유 속에서 아래의 물음들에 대해 생각해 보자.

변지의가 천 리 길을 마다하지 않고 나를 찾아왔다. 내가 그 뜻을 물었더니, 문장 공부를 하기 위해 나를 찾아왔다고 했다. 때마침 이날 우리 아이들이 나무를 심었기에 그 나무를 가리켜 비유하면서 이렇게 말해 주었다.

"사람이 글을 쓰는 것은 나무에 꽃이 피는 것과 같다. 나무를 심는 사람은 가장 먼저 뿌리를 북돋우고 줄기를 바로잡는 일에 힘써야 한다. 그러고 나서 진액이 오르고 가지와 잎이 돋아나면 꽃을 피울 수 있게 된다. 나무를 애써 가꾸지 않고서, 갑작스레 꽃을 얻는 일은 절대 일어나지 않는다. 나무의 뿌리를 북돋아 주듯 진실한 마음으로 온갖 정성을 쏟고, 줄기를 바로잡듯 부지런히 실천하며 수양하고, 진액이 오르듯 독서에 힘쓰고, 가지와 잎이 돋아나듯 널리 보고 들으며 두루 돌아다녀야 한다. 그렇게 해서 깨달은 것을 헤아려 표현한다면, 그것이 바로 좋은 글이요 사람들이 칭찬을 아끼지 않는 훌륭한 문장이 된다. 이것이야말로 참다운 문장이라고 할 수 있다. 문장은 성급하게 마음먹는다고 해서 갑자기 이루어지는 것은 아니다. 돌아가서 내가 말한 뜻만 좇는다면, 얼마든지 좋은 스승을 만날 수 있을 것이다."

— 정약용, 「양덕 사람 변지의에게 주는 말」, 한정주·엄윤숙 편,

『조선 지식인의 글쓰기 노트』, 포럼, 2007.

① 다산은 참다운 문장, 즉 좋은 글을 쓰기 위해서 선행되어야 할 두 가지로 '체험'과 '깨달음'을 강조하고 있다. 특히 좋은 글을 쓰기 위한 체험의 형식으로 인용문에서 제시하고 있는 것이 '보고 듣는 일'과 '독서'이다. 이 두 가지 체험의 특성과 필요성에 대해 각각 생각을 정리해 보자.

_____

_____

_____

_____

② 직접 보고 듣는 일과 독서를 통한 '체험'들이 하나로 묶여 우리들에게 세상을 더 넓고 깊게 보는 안목을 길러 준다. 다산은 이러한 사고의 확장을 가리켜 '깨달음'이라 말한다. 그리고 이러한 깨달음에 형태를 부여하는 행위가 '헤아려 표현하는 일', 즉 글쓰기이다. 좋은 글쓰기를 위해 아래의 항목들에 대해 점검하면서 자신에게 부족한 요소에 대해 생각해 보자.

글쓰기 전

번호	질문	예	아니오
1	경험의 확장을 위해 다양한 체험(여행, 낯선이와의 대화 등)의 기회를 갖는다.		
2	평소에 좋은 글(에세이, 칼럼 등)과 책을 꾸준히 읽으며 지식의 폭을 넓혀 나간다.		
3	글의 주제에 대해 다양한 브레인스토밍을 전개한 후 글의 방향을 구체화한다.		
4	글을 쓰기 전에 글의 성격과 목적, 독자 등에 대해 충분히 생각하고 글쓰기를 시작한다.		
5	글쓰기에 필요한 개요 작성과 자료 정리를 충분히 한 후에 글쓰기를 시작한다.		

글쓰기 도중과 후

번호	질문	예	아니오
1	작성한 개요를 바탕으로 초고쓰기를 진행한다.		
2	초고를 마무리한 후 충분한 시간을 두고 글다듬기를 한다.		
3	어휘, 문장, 단락 차원에서 단계적으로 글다듬기를 진행한다.		
4	자신이 쓴 글을 동료에게 보여주고 조언을 들은 다음 수정하기를 실시한다.		
5	맞춤법, 띄어쓰기 등 우리말 어문 규정을 잘 지켜 글을 썼는지 점검한다.		

2장
· 글쓰기의 기초 ·
문장 쓰기

1 문장 쓰기

　모든 글은 문장에서 시작한다. 작은 벽돌들이 모여 하나의 건물이 만들어지는 것과 같이 문장과 문장이 연결되면서 하나의 글이 완성된다. 글을 구성하는 각각의 문장들의 의미가 명료해야 글 전체의 주제가 독자에게 설득력 있게 전달될 수 있다. 자신의 생각이 정확히 담긴 문장을 쓸 수 있는 능력은 글쓰기의 기본 바탕이다.

　좋은 글은 사람에 따라 달리 정의된다. 그러나 문법적인 오류가 없으며 불필요한 표현이 없고, 의미가 정확히 전달되는 동시에 자연스럽게 느끼지는 문장은 누구에게나 좋은 문장이라고 간주된다. 자신만의 독특한 개성이 드러나는 매력적인 문장을 쓰고 싶은 욕구는 글을 쓰는 사람이라면 누구나 가지고 있다. 그러나 그 이전에 자신이 쓰는 문장이 정확하고 경제적인지, 명료하고 자연스러운지 점검해보는 것이 좋다. 탄탄한 기본기 위에 자신만의 개성을 쌓아올려야 탄탄하면서 매력적인 글을 쓸 수 있다.

　좋은 문장을 판단하는 기준에는 정확성, 경제성, 명료성, 자연스러움 등이 있다. 여기서는 이러한 기준에 따라 우리가 문장을 쓸 때 자주 저지르는 오류를 수정하는 연습을 해 보기로 한다. 문장을 쓸 때 자주 저지르는 잘못이 무엇인지 파악하고 그것들을 하나씩 고쳐 나가다 보면 문장 쓰기에 자신감이 생기게 된다.

2장 문장 쓰기 · 21

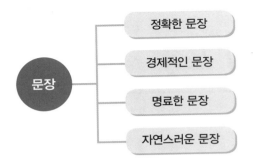

1) 정확한 문장

정확한 문장이란 문법에 어긋나는 부분이 없는 문장을 의미한다. 문법은 문장을 구성하는 기본적인 규칙으로, 문법에 맞지 않는 문장이 자주 나오면 독자는 글의 정확한 의미를 파악하기 어렵다. 한 문장을 쓰더라도 어법에 맞는 문장을 쓸 수 있도록 꾸준히 연습하는 것이 필요하다.

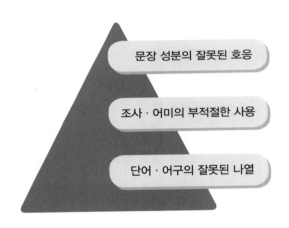

① 문장 성분의 잘못된 호응

문장은 여러 문장 성분으로 구성된다. 한 문장 성분이 다른 문장 성분과 결합될 때 서로 호응해야 의미가 정확하게 전달될 수 있다. 호응에 문제가 생길 경우 문맥이 이상해지고 어색한 느낌을 준다. 호응에 문제가 생기는 유형은 다양한데 특히나 주어와 서술어 간의 호응에 문제가 생기는 경우가 많다. 그 외에도 목적어와 서술어, 부사어와 서술어 사이의 호응이 어색한 경우도 쉽게 발견할 수 있다.

ㄱ 확실한 것은 과거의 잘못을 반성하고 새롭게 시작해야 성공할 수 있다.
ㄴ 원전 폐기물 처리 문제의 심각성과 해결책을 마련해야 한다.
ㄷ 모름지기 정치가는 국민들을 두려워할 때가 많다.

ㄱ 주어와 술어의 호응에 문제가 있는 문장이다. 주어가 '확실한 것은'이므로 주술 호응이 이루어지려면 '성공할 수 있다는 것이다'로 수정해야 한다.
ㄴ '마련해야 한다'에 대응하는 목적어가 두 개인데, '심각성'은 '마련해야 한다'라는 서술어와 호응하지 않는다. '원전 폐기물 처리 문제의 심각성을 인식하고'로 바꾸어야 한다.
ㄷ 부사어와 서술어가 호응하지 않는 문장이다. '모름지기'는 '해야 한다'와 함께 사용하는 부사어이므로 '모름지기 정치가는 국민들을 두려워해야 한다.'로 바꾸어야 한다.

② 조사 · 어미의 부적절한 사용

조사나 어미를 잘못 사용하면 의미 전달에 문제가 생긴다. 가령 '구성원의 현재의 상황을 정확히 파악해야 한다.'라는 문장의 경우, 관형격 조사 '의'를 잘못 사용하여 부자연스러운 문장이 되었다. '구성원은 현재의 상황을 정확히 파악해야 한다.'라고 바꾸어야 한다. 어미를 부적절하게 사용하는 경우도 적지 않다. 대표적으로 형용사는 명령형이나 청유형 어미와 함께 사용할 수 없다. 일상생활에서 자주 쓰는 표현인 '행복하세요.'는 '행복하게 지내세요.'로 쓰는 것이 바람직하다.

예시

ㄱ 위기를 슬기롭게 대처할 수 있는 지도자가 필요하다.
ㄴ 그가 말하고자 하는 바는 영수는 범인이라는 것이다.
ㄷ 자기의 생각을 효과적으로 표현하려면 알맞는 단어의 선택이 필요하다.

ⓒ '대처하다'는 조사 '~에'와 함께 써야 자연스럽다. '위기에 슬기롭게 대처할 수 있는 지도자가 필요하다.'로 바꾼다.

ⓛ 조사 '는'이 잘못 사용되어 어색한 문장이 되었다. '영수는'을 '영수가'로 바꾸어야 한다.

ⓒ '알맞다'는 형용사이므로 현재 시제를 나타내는 '-는/-ㄴ'과 함께 쓸 수 없다. '알맞은'으로 써야 한다.

③ 단어 · 어구의 잘못된 나열

단어나 어구를 나열할 경우에는 동일한 성격이나 구조를 가질 수 있게 써야 한다. 나열되는 단어의 성격이 다르거나 이어지는 구절의 구조가 다르면 문맥이 어색해지고 의미 파악이 어려워진다. 단어나 어구를 나열할 때에는 가급적 접속사의 사용을 피하고 가운뎃점이나 쉼표를 쓰는 것이 좋다. 단어를 나열할 때에는 보통 가운뎃점을 사용하고, 구절을 나열할 때에는 쉼표를 사용한다.

💬 예시

> ⓒ 이번 여름에 폭우가 쏟아졌던 곳은 프랑스, 덴마크, 베를린이다.
> ⓛ 노래를 잘 하려면 꾸준히 노래에 관심을 갖고, 좋은 선생님, 체계적인 연습이다.
> ⓒ 문제를 원만히 해결하기 위해서는 대화 창구의 마련과 지속적인 교류를 하는 것이 필요하다.

ⓒ 프랑스와 덴마크는 국가지만 베를린은 도시이기 때문에 같은 성격의 단어가 아니다. 베를린을 독일로 바꾸거나 프랑스와 덴마크를 도시명으로 바꾸어야 한다.

ⓛ '노래에 관심을 갖고'는 목적어+서술어의 형태이고 '좋은 선생님'과 '체계적인 연습'은 명사구이므로 형태가 다르다. '노래를 잘 하기 위해 필요한 것은 노래에 대한 꾸준한 관심, 좋은 선생님, 체계적인 연습이다.'로 바꾸거나 '노래를 잘 하려면 꾸준히 노래에 관심을 갖는 것뿐만 아니라 좋은 선생님과 체계적인 연

습도 필요하다'로 바꾸어야 한다.

ⓒ '대화 창구의 마련'과 '지속적인 교류를 한다'가 나열되고 있는데 전자와 후자의 구조가 다르다. '문제를 원만히 해결하기 위해서는 대화 창구를 마련하고 지속적으로 교류하는 것이 필요하다.'나 '문제를 원만히 해결하기 위해서는 대화 창구의 마련과 지속적인 교류가 필요하다'로 바꾼다.

▲ 활동 ▲

다음 문장에서 잘못된 부분이 무엇인지 지적하고, 바르게 수정해 보자.

1. 소년법은 소년범을 교육적으로 치유하고 사회 복귀와 회복이 주요 목적이다.

   잘못된 부분

   수정한 문장

2. 캠프 동안 영어 실력과 섬김의 자세를 배우게 된 계기였습니다.

   잘못된 부분

   수정한 문장

3. 세계보건기구(WHO)에서는 의존성, 내성, 금단 증상, 그리고 사회에도 해를 끼치는 약물을 마약류로 정의하고 있다.

   잘못된 부분

   수정한 문장

4. 시청 제한이 없이 선정적이고 가학적인 콘텐츠를 청소년들에게 노출되기 때문에 문제가 발생한다.

   잘못된 부분

   수정한 문장

5. 그 일을 겪은 이후 나는 엄마의 간호뿐만 아니라 언니에게도 더욱 잘하려고 애썼다.

6. 이로 인해, 주관적인 해석이 이루어질 소지가 있어 자의적인 법 집행을 가능하게 한다.

7. 현재의 위기를 극복하려면 우리는 우선 이상적인 것과 현실을 구분할 줄 알아야 한다.

8. 폭우로 결승전 진행이 어려워졌기 때문에 관련 당국에게 공문을 보내서 일정 변경을 요청하였다.

9. 하루 빨리 배가 완성되어 거칠은 파도를 헤치고 넓은 바다로 나가는 모습을 보고 싶다.

10. 앞으로 사고를 줄이려면 시민 안전교육과 처벌을 더욱 엄중하게 가해야 한다.

잘못된 부분

수정한 문장

2) 경제적인 문장

문장은 간단명료하게 쓰는 것이 좋다. 장황한 문장보다 짧고 간결한 문장으로 써야 독자들이 글을 쉽고 빠르게 이해할 수 있다. 문장을 완성한 후 군더더기나 중복된 표현이 없는지, 문장의 길이가 너무 긴 것은 아닌지 점검하는 과정이 필요하다.

군더더기 표현

중복된 표현

지나치게 긴 문장

① 군더더기 표현

최소한의 단어로 자신의 생각을 전달하는 문장이 바람직하다. 군더더기를 없애면 의미를 더 효과적으로 전달할 수 있다. 군더더기란 말 그대로 쓸데없이 덧붙여진 표현을 뜻한다. 예를 들어 '~를 통해'나 '~라고 본다'와 같은 표현은 삭제해도 의미 전달에 문제가 없다. 군더더기 표현을 쓰지 않으면 문장의 의미가 훨씬 더 명확해진다.

🔵 예시

> ㉠ 이번 경기를 통해 드러난 문제들을 개선해나가는 과정을 통해 우리는 다시 상위권으로 도약할 수 있다.
> ㉡ 우리 회사는 근무환경과 복지제도에 있어 심각한 문제를 가지고 있고, 직원들은 회사의 정책에 대해 불신하고 있다.
> ㉢ 너의 글은 현학적인 단어와 표현들로 가득 차 있다고 말할 수 있고, 많이 알고 있다는 것을 과시하기 위해 낯설고 어려운 개념들로 채워져 있다고 하지 않을 수 없다.

㉠ '~를 통해'는 불필요한 표현이다. '이번 경기에서 드러난 문제들을 개선해나가면 우리는 다시 상위권으로 도약할 수 있다.'로 쓰는 것이 더 깔끔하다.

㉡ '~에 있어'나 '~에 대해'라는 표현은 생략해도 의미 전달에 아무런 문제가 생기지 않는다. '우리 회사는 근무환경과 복지제도에 심각한 문제가 있고, 직원들은 회사의 정책을 불신하고 있다.'로 바꾼다.

㉢ '~말할 수 있다', '하지 않을 수 없다'는 표현은 굳지 쓰지 않아도 의미 전달에 아무런 지장이 없다. '너의 글은 현학적인 단어와 표현들로 가득 차 있고, 많이 알고 있다는 것을 과시하기 위해 낯설고 어려운 개념들로 채워져 있다.'라고 수정한다.

② 중복된 표현

중복 표현은 같은 단어나 구절이 되풀이되는 경우를 말한다. 이럴 경우 글이 지루해지고, 글쓴이의 어휘력이나 표현력이 부족한 게 아닌가 하는 의심을 받기 쉽다. 한 문장 안에서 혹은 한 단락에서 같은 표현이 반복해서 나타나지 않도록 주의할 필요가 있다.

다음 예시에서 잘못된 점을 찾아 바르게 수정해 보자.

(•••) 예시

    ㉠ 이번 발의되는 안전 규제는 근본적인 문제를 해결하기에는 너무나 부족한 규제라고
       볼 수 있다.
    ㉡ 지원자의 대략 절반쯤이 시험장에 오지 않았다.
    ㉢ 나의 꿈을 이루기 위해서는 우선 대학교에서 더 넓은 세상과 사람들을 경험하며 나
       의 길을 천천히 모색해나가기 위해서 ○○대학교에 지원했다.

    ㉠ '규제'라는 단어가 중복된 문장이다. 뒤의 '규제'를 사용하지 않고 의미를 전달
       할 수 있는 방법을 찾는 것이 좋다. '이번 발의되는 안전 규제는 근본적인 문
       제를 해결하기에는 너무나 부족한 방안이다.'로 수정한다.
    ㉡ 이 문장은 의미의 중복을 보여주는 사례이다. '쯤'에는 '대략'이란 뜻이 포함되
       어 있으므로 '대략'은 쓸 필요가 없다.
    ㉢ '~위해서'라는 표현이 반복되고 있다. '꿈을 이루려면 우선 대학교에서 더 넓은
       세상과 사람들을 경험하며 나의 길을 천천히 찾는 것이 필요하다고 생각하여
       ○○대학교에 지원했다.' 정도로 바꾼다.

※ 자주 사용되는 중복된 표현에는 다음과 같은 것들이 있다.

1월달→1월
과반수 이상→과반수
각 지역마다→지역마다
남은 여생→여생
들리는 소문에→소문에
아는 지인→지인
학교에 입학하다→입학하다

③ 지나치게 긴 문장

문장이 길어지면 의미 파악에 더 많은 시간과 노력이 들어간다. 의미가 단번에 들

어오도록 간결하게 문장을 쓰는 것이 바람직하다. 같은 내용이라면 더 적은 단어를 사용한 문장이 더 좋은 문장이다.

😶 예시

> ⊙ 그런데 이렇게 중요한 전국체전에서 공정하지 못한 평가를 받고, 앞으로 발전해야 할 스포츠계가 재능이 아닌 연줄과 인맥으로 선수를 선발하고 나아가 나라를 대표한다면 결코 앞서 말한 국위선양은 고사하고 유능한 지도자 양성도 불가할 것이며, 이러한 현실은 여러 선수들은 꿈을 포기하게 되는 '자아 개념'이 변이되어 중도 탈락을 겪게 되는 것이다.
> ⓛ 청소년 친구들 사이에 이러한 기능들은 청소년의 인권을 침해당할 가능성이 너무나도 높은 기능들이고 실제로도 여러 기자들의 청소년 인터뷰 기사를 보면 대부분의 청소년들이 스마트폰을 사용하는 것 자체가 너무 불편해졌고 누군가의 감시를 받는 거 같은 기분이 들어 기본적이 인권이 침해되는 기분이 든다는 인터뷰가 대부분이었다.
> © 물론 임산부석의 자리 수 같은 여러 가지 이유로 피해를 봐야만 하는 상황이 어쩔 수 없이 생길 뿐 아니라 눈살이 찌푸려지는 것이 실질적인 문제이긴 하지만 그렇다하더라도 현재 저 출산 고령화 사회에 함께 살고 있는 공동체로써 노약자 및 장애인에 대한 배려도 당연히 필요성을 가지고 해야 하는 문제이지만, 임산부에 대한 배려의 중요성에 대해서도 깨닫고 함께 노력한다면 임산부는 물론, 함께 웃을 수 있는 사회를 만들 수 있을 것이라고 생각한다.

⊙은 연줄과 인맥으로 선수를 선발하는 관행의 문제점을 지적하는 문장인데 너무 길어 의미 파악이 쉽지 않다. ⊙ 문장의 핵심 내용은 전국체전에서 재능이 아닌 연줄과 인맥으로 선수를 선발하고 있다는 점, 이로 인해 유능한 지도자 양성이 불가능하다는 점, 선수들이 꿈을 포기하고 중도 탈락을 한다는 점이다. 잘못된 대표선수 선발 방식을 지적하는 부분과 이러한 방식이 야기하는 문제점을 말하는 부분을 두 개의 문장으로 나누어 쓰는 것이 좋다.

ⓛ 역시 불필요하게 긴 문장이다. 이 문장은 스마트폰에 특정한 기능이 추가됨으로써 발생하는 문제점, 특정한 기능의 추가에 대한 청소년들의 반응, 이렇게 두 부분

으로 나눌 수 있다. 각각의 내용을 두 문장으로 나누어 쓰는 것이 바람직하다. 한 가지 더 지적할 것은 ⓛ의 논리적 취약성이다. '이러한 기능'이 청소년 인권을 침해할 가능성이 높다면, 청소년의 반응이 부정적이라는 점을 소개할 것이 아니라 그 이유를 다음 문장에서 제시해야 한다.

ⓒ은 임산부 배려석의 필요성을 주장하는 글인데, 많은 내용을 한 문장에 집어넣어 내용 파악이 쉽지 않다. 주요 내용은 임산부 배려석이 여러 가지 문제를 일으키는 것은 사실이라는 점, 그러나 저출산, 고령화 사회를 맞아 임산부에 대한 배려도 꼭 필요하다는 점이다. 그런데 반대 의견을 의식하다보니 중언부언하는 문장이 되어 버렸다. 반대 의견을 제시하는 부분과 그것에 대한 자신의 의견을 밝히는 부분을 별개의 문장으로 써야 이러한 문제가 생기지 않는다.

▲ **활동** ▲

다음 문장에서 잘못된 부분이 무엇인지 지적하고, 바르게 수정해 보자.

....

1. 갑작스레 연락을 취해 사과를 건네고 친구의 안부를 묻는 행동은 결국 나를 보호하려는 자기방어적인 태도에서 비롯되었던 것이다.

   `잘못된 부분`

   `수정한 문장`

2. 인공지능에는 약한 인공지능과 강한 인공지능에 대한 분류가 있는데, 우리의 일상생활에 접목된 인공지능 기술은 대부분 약한 인공지능이고 스스로 생각하지 못하고 입력된 알고리즘을 바탕으로 하여 딥러닝 등의 기술을 통해 스스로 정보를 찾거나 수집한 데이터들을 기반으로 더욱 효과적인 답을 내놓는 정도이다.

   `잘못된 부분`

   `수정한 문장`

3. 내 친구는 결국 과반수 이상의 표를 받고 학급 회장이 되었다.

잘못된 부분

수정한 문장

4. 소비자들이 스크린 독과점과 대기업의 횡포에 대해서 문제의식을 갖지 못하고, 관심을 가지지 않는다면 지금의 문제는 사라지지 않을 것이다.

잘못된 부분

수정한 문장

5. 이번 우승은 우리 학교의 역사에 있어 가장 큰 자랑거리임을 부인할 수 없고, 최고의 성과이라 할 수 있다.

잘못된 부분

수정한 문장

6. 신재생 에너지 개발에는 시간이 오래 걸리기 때문에 현재의 탈원전 정책은 다시 한번 재고되어야 한다고 생각한다.

잘못된 부분

수정한 문장

7. 체계적으로 구성되지 않은 자율학기제 때문에 학생들은 노는 시간으로 치부하고 있었고 선생님들은 많은 업무량에 아이들에게 자율적인 시간을 주거나 매번 어떤 식으로 수업을 구성해야 할지 골머리를 싸매고 있다고 했다.

잘못된 부분

수정한 문장

8. 카풀 서비스는 택시와 비슷한 서비스를 제공하지만, 가격이 저렴하다는 장점이
   있다.

   `잘못된 부분`

   `수정한 문장`

9. 경기를 준비함에 있어 현재의 몸 상태에 대해 만족하는 것은 우승 경쟁에서 뒤
   쳐지는 것에 다름 아니다.

   `잘못된 부분`

   `수정한 문장`

10. 전국 택배 협회에 따르면 올해 들어 분류 물량은 35% 증가했고, 배송 물량은
    26% 정도 증가한 것으로 나타났다.

    `잘못된 부분`

    `수정한 문장`

3) 명료한 문장

단어 선택이 부적절하거나 필수 문장 성분이 빠져 있으면 자신의 생각이 정확히 전달될 수 없다. 또한 수식어와 피수식어 간의 거리가 멀면, 이해에 시간이 오래 걸리고 의미 파악에 혼란을 일으킬 수 있다. 의미가 분명하게 전달되는 문장을 쓰려면 단어의 선택이나 단어의 위치 선정에 각별히 주의해야 한다.

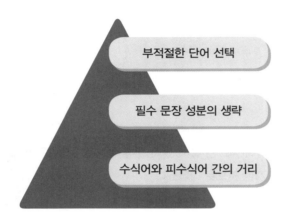

① 부적절한 단어 선택

자신의 생각을 문장으로 명료하게 전달하려면 적절한 단어를 선택하는 것이 중요하다. 맥락에 맞지 않는 단어나 표현 의도에 맞지 않는 단어가 들어간 문장으로는 말하고자 하는 바를 충실하게 전달할 수 없다.

💬 예시

> ㉠ 상대방이 약점을 지적하자, 그는 감추고 있던 공격성을 들어냈다.
> ㉡ 올해 가장 눈에 띄는 변화는 봄·가을이 매우 짧아졌다는 점이다.
> ㉢ ○○기업은 부당하게 얻은 사업권을 반납하라는 여론의 압력에 무척 곤욕스러워하고 있다.

㉠ 감추어져 있던 것이 겉으로 나타난다는 의미일 때에는 '드러나다'라는 표현을 쓴다. '들어내다'는 사람이 물건을 안에서 밖으로 내놓는 것을 뜻한다.

㉡ '띠다'와 '띄다'는 명확하게 구분해서 사용해야 한다. 무엇이 눈에 나타나 보인다는 의미일 때에는 '띄다'를 사용해야 한다.

㉢ 참기 힘든 모욕을 느낄 때에서는 '곤욕(困辱)'이란 표현을 쓰고, 난처함을 느낀다는 의미일 때에는 '곤혹'을 써야 한다.

◣ **활동** ◢

다음 두 단어의 차이에 대해 설명해보자.

– 배상/보상

– 개발/계발

– 운영/운용

– 결제/결재

– 일체/일절

---

② 필수 문장 성분의 생략

문장에서 필수 문장 성분이란 생략할 경우 의미가 제대로 전달되지 않는 요소를 말한다. 일상생활에서는 주어나 목적어를 생략할 때가 많지만, 글에서 필수 문장 성분을 생략할 경우 의미의 전달에 문제가 생기기 쉽다. 동일한 문장 성분이 되풀이되거나 문맥상 의미가 명확하여 쓰지 않아도 될 경우가 아니면 생략하지 않는 것이 바람직하다.

> ㉠ 언제 공사가 시작되고, 개통될지 지금으로서는 아무도 모른다.
> ㉡ 매일 쏟아지는 편향된 뉴스의 영향으로 선입견 없이 바라보기가 힘들어졌다.
> ㉢ 부모님께서 내가 태어나기 전부터 운영하셔서 나는 어릴 적부터 볼링에 관심이 많았다.

㉠ '개통되다'의 주어가 없으므로 '개통될지' 앞에 '지하철이' 등의 주어가 필요하다.

㉡ '바라보기'의 목적어가 생략되어 있어 불완전한 문장이다. '바라보기' 앞에 '현실을'과 같은 목적어를 넣어야 한다.

㉢ '운영하다'의 목적어가 빠져 있기 때문에 '볼링장을'과 같은 표현을 넣어주는 것이 좋다.

③ 수식어와 피수식어 간의 거리

수식어와 피수식어는 최대한 가까운 위치에 배열해야 한다. 수식어와 피수식어가 멀리 떨어져 있으면 수식을 받는 말이 무엇인지 파악하기 어려운 경우가 적지 않기 때문이다. 잘못된 이해를 방지하기 위해서는 수식어와 피수식어를 붙여 쓰는 것이 좋다. 수식어와 피수식어 관계가 분명하지 않을 때에는 쉼표(,)를 사용하여 수식어와 피수식어를 구별해 주는 것이 바람직하다.

💬 예시

> ㉠ 싸늘하게 식은 팬들의 마음을 돌리기 위해서는 진심 어린 감독의 사과가 있어야 한다.
> ㉡ 위험을 감수하지 않으려는 우리 회사의 특성을 생각할 때, 과감하게 수익금을 투자하기는 쉽지 않다.
> ㉢ 절박한 사연을 담은 동생의 이메일을 이번에는 그냥 무시하고 넘어갈 수 없었다.

㉠ '진심 어린'이 수식하는 말은 '감독'이 아니라 '사과'이다. '감독의 진심 어린 사과'로 바꾼다.

ⓛ '과감하게'는 '투자하다'를 수식하므로 '수익금을 과감하게 투자하기란 쉽지 않다.'로 수정한다.

ⓒ '절박한 사연을 담은'이 수식하는 것은 '동생'이 아니라 '이메일'이므로 절박한 사연을 담은 다음에 쉼표를 넣어 수식 관계를 명확히 한다.

▲ **활동** ▲

다음 문장에서 잘못된 부분이 무엇인지 지적하고, 바르게 수정해 보자.

1. 이번에 유저들이 제기한 문제에 대한 신속하고 성의 있는 운영진의 답변을 기대한다.

   잘못된 부분

   수정한 문장

2. 중앙 정부가 지방 정부의 예산 운영에 관여하는 범위에는 한계가 있다는 점을 고려해야 한다.

   잘못된 부분

   수정한 문장

3. 길이 너무 많이 막혀서 내가 극장에 도착했을 때는 이미 끝난 뒤였다.

   잘못된 부분

   수정한 문장

4. 내가 야구를 좋아하는 가장 큰 이유는 언제든지 뒤집을 수 있다는 점이다.

   잘못된 부분

   수정한 문장

5. 그는 낯선 작업 환경과 과중한 업무 속에서 새로 맡은 일을 익힐 수 있는 시간
   이 부족해 고통스러워하고 있다.

   잘못된 부분

   수정한 문장

6. 현재 외부인의 출입을 일체 금하고 있는 곳은 학교 본부와 중앙 도서관 건물이다.

   잘못된 부분

   수정한 문장

7. 핵심적인 문제는, 클릭수에만 열을 올리는 개인방송 제작자의 태도도 문제이나
   인터넷 개인방송을 규제할 법이 없다는 것이다.

   잘못된 부분

   수정한 문장

8. 인터넷 쇼핑몰에 카드번호를 미리 등록해 놓으면, 클릭과 동시에 요금이 자동
   으로 결재된다.

   잘못된 부분

   수정한 문장

9. 부작용이 무서워 게임을 올바르게 활용할 생각을 하지 않고 금지만 생각한다면
   게임의 여러 긍정적인 면까지 잃게 된다.

   잘못된 부분

   수정한 문장

10. 이번 바이러스 사태가 언제 종식되고 언제 복귀할 수 있을지 지금으로서는 아무도 알 수 없다.

`잘못된 부분`

`수정한 문장`

4) 자연스러운 문장

자연스러운 문장이란 모국어 사용자가 읽었을 때 어색함을 느끼지 않는 문장을 말한다. 표현의 다양성을 확대한다는 점에서 외국어의 영향을 무조건적으로 나쁘게 볼 필요는 없다. 그러나 피동형이나 외국어 직역체 표현을 남용하여 의미 파악을 어렵게 하는 것은 바람직하지 않다.

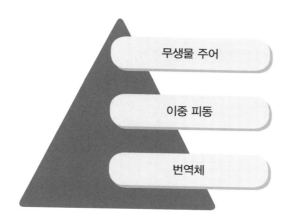

① 무생물 주어

무생물을 주어로 한 문장은 외국어를 번역한 것 같은 인상을 주기 쉽다. 물론 주어가 무생물이라고 해서 모두 잘못된 문장인 것은 아니다. 그러나 얼마든지 사람을 주어로 쓸 수 있는 경우에도 무생물을 주어로 삼아 사동이나 피동 표현을 쓰는 것은 피해야 한다.

다음 예시에서 잘못된 점을 찾아 바르게 수정해 보자.

예시

> ㉠ 이 그림은 당대 최고의 화가에 의해 그려졌다.
> ㉡ 비싼 등록금이 대학생들을 아르바이트 전선으로 내몰고 있다.
> ㉢ 이번 지진은 우리로 하여금 심한 공포와 두려움을 느끼게 했다.

㉠은 '이 그림은 당대 최고의 화가가 그린 것이다.'로, ㉡은 '높은 등록금 때문에 대학생들이 아르바이트 전선으로 내몰리고 있다.'로, ㉢은 '이번 지진을 겪으며 우리는 심한 공포와 두려움을 느꼈다.'로 수정한다.

② 이중 피동

일상생활에서 이중 피동 표현을 쓰는 경우가 적지 않다. '잊혀질 권리'라는 표현을 들어보았을 것이다. '잊혀지다'는 '잊+히+어지다'로 구성되는데 피동형인 '-히-'와 '-어지다'가 두 번 들어간 이중 피동 표현이다. 피동을 두 번 쓸 이유가 없기 때문에 '잊힐 권리'로 써야 한다. '읽혀지다', '불리우다' 등도 모두 이중 피동이므로 '읽히다', '불리다'로 바꾸어 쓴다.

예시

> ㉠ 내일은 비가 많이 올 것으로 보여진다.
> ㉡ 어제까지 건강했던 그가 입원했다는 사실이 믿겨지지 않는다.
> ㉢ 어제 발표된 에너지 정책은 임시방편에 불과한 것으로 생각되어진다.

'보여지다', '믿겨지다', '생각되어지다'는 모두 이중 피동 표현이므로 ㉠의 '보여진다'는 '보인다'로, ㉡의 '믿겨지다'를 '믿기지'로, ㉢의 '생각되어지다'는 '생각된다'로 바꾸어야 한다.

자주 사용되는 이중 피동 표현

나뉘어지다

닫혀지다

모여지다

씌이다

잡혀지다

짜여지다

찢겨지다

③ 번역체

우리 생활 곳곳에서 번역체 문장이나 표현을 찾아볼 수 있다. 번역체 문장이나 표현은 우리말의 관습과 맞지 않기 때문에 어색한 느낌을 주고, 의미 전달에도 문제를 일으킬 수 있다. 우리가 자주 사용하는 '~에도 불구하고', '~로부터'와 같은 표현은 '~지만', '~에서'로 바꾸어는 쓰는 것이 훨씬 자연스럽다. 내가 무심코 쓰는 말에 번역체가 있지는 않은지 되돌아볼 필요가 있다.

예시

　㉠ 우리 학교는 산 중턱에 위치하고 있다.

　㉡ 우승에 목마른 운동선수들은 약물의 유혹으로부터 자유로울 수 없다.

　㉢ 단기간에 성과를 내기 위해서는 강한 인내와 노력을 필요로 한다.

㉠ '~에 위치하고 있다'는 영어의 'be located'를 직역한 표현으로, '우리 학교는 산 중턱에 있다.'로 쓰는 것이 훨씬 자연스럽다.

㉡ '~(으)로부터 자유롭다'는 영어의 'free from'을 번역한 말로, '우승에 목마른 운동선수들은 약물의 유혹에 빠지기 쉽다.'로 바꾸는 것이 바람직하다.

㉢ '필요로 한다'는 영어의 'require'를 직역한 말로, 신문 기사에서도 자주 쓰인다. '~위해서는'도 영어의 'for'를 번역한 표현이다. '단기간에 성과를 내려면 강한

인내와 노력이 필요하다.'로 바꾸는 것이 좋다.

자주 사용되는 번역체 표현

'~에 관해'

'~중의 하나'

'~하는 중이다'

'~에도 불구하고'

'~을 가지고 있다'

'~에 다름 아니다'

'~해도 과언이 아니다'

'아무리 강조해도 지나치지 않다'

활동

다음 문장에서 잘못된 부분이 무엇인지 지적하고, 바르게 수정해 보자.

....

1. 거센 바람 때문에 창문이 갑자기 큰 소리를 내며 닫혀졌다.

2. 저출산, 고령화의 영향으로 인하여 앞으로 인구구조는 더욱 심각한 인구 감소
   형 구조인 방추형으로 변할 것으로 예상되어진다.

3. KBO는 캔을 던지는 행위가 선수들의 부상을 야기할 수 있으며 이러한 부상을
   막기 위해서 술을 야구장으로 들어갈 때 일정 양 이상은 반입이 금지시킨다.

4. 날씨가 매우 나쁨에도 불구하고 우리는 거기에 가지 않으면 안 된다.

5. 이렇듯 GMO 작물은 전 세계 농업인들이 토양, 물과 같은 천연 자원을 보존하면서 농장의 수확량을 증대시킬 수 있도록 하는 것을 알 수 있다.

6. 안락사는 크게 소극적 안락사와 적극적 안락사로 나뉘어진다.

7. 일감 쏠림현상은 대형 회계법인과 중소 회계법인 간의 갈등을 일으키기도 한다.

8. 이번 경험으로부터 분노를 건강하게 승화시킬 수 있는 방법을 배울 수 있었다고 해도 과언이 아니다.

9. 예능이라는 명목으로 위험한 장면들을 웃음으로 소비시키는 것은 생명 경시를 이끈다.

10. 이번 투자는 너무 큰 위험성을 가지고 있는 도박이라는 것은 아무리 강조해도 지나치지 않다.

3장

• 글쓰기의 기초 •

단락 쓰기

1 단락의 이해

고등학교 과정을 거친 사람이라면 누구나 단락에 대해 한 번쯤은 들어보았을 것이다. 그런데 단락이 왜 중요하고 단락을 왜 나누어야 하는가를 이해하지 못하고 글을 쓰는 학생들이 많다. 한 문장을 쓸 때마다 줄을 바꾸거나 줄 바꾸기를 전혀 하지 않고 글을 완성하는 것이 그 대표적 사례이다. 단락은 문장과 더불어 글의 핵심적 뼈대 중 하나이다. 단락의 개념 없이 글을 쓰는 것은 지도 없이 낯선 곳을 헤매는 것과 비슷하다. 단락의 이해를 통해 글쓰기에 필요한 기초 체력을 마련해 보자.

1) 단락의 개념

연극이 몇 개의 작은 막(幕)으로 구성되듯이, 글도 몇 개의 단락이 모여 구성된다. 단락은 몇 개의 문장을 연결하여 생각을 체계적으로 전달하는 글의 단위이다. 단락의 구분 없이 쓴 글은 몇 시간 동안 쉬지 않고 계속되는 연극과 같이 이해에 상당한 어려움을 준다. 단락의 구분은 글쓴이와 독자 모두에게 꼭 필요하다. 글쓴이는 자신의 생각을 단락으로 나누어 씀으로써 주제를 효과적으로 전달할 수 있다. 독자의 입장에서도 단락을 하나씩 파악하는 과정을 통해 자연스럽게 글 전체의 이해에 도달할 수 있다.

단락은 소주제문과 뒷받침문장으로 구성된다. 소주제문은 단락에서 전달하고자 하는 중심 생각을 담은 문장이다. 단락은 하나의 주제만 들어가도록 써야 한다. 두 개 이상의 주제가 들어가거나 주제가 명확하지 않은 경우 단락을 잘못 쓴 것이다. 문장을 나열한다고 해서 자연적으로 단락이 되는 것은 아니라는 것도 유의할 필요가 있다. 뒷받침 문장은 모두 주제문과 연관된 내용이어야 하고, 각 문장이 유기적으로 연결되어야 좋은 단락이라 할 수 있다.

단락
- 개념: 생각이나 느낌을 체계적으로 전달하는 단위
- 구성: 소주제문 + 뒷받침 문장 1, 2, ——, n

활동

다음 단락에서 소주제문을 찾고 뒷받침 문장이 소주제문을 적절하게 뒷받침하고 있는지 점검해 보자.

좋은 글은 독자를 사로잡는 흡입력 있는 첫 문장을 가지고 있어야 한다. 예를 들어, 알베르 카뮈의 소설인 이방인의 첫 문장은 이렇게 시작한다. "오늘, 엄마가 죽었다. 아니 어쩌면 어제. 잘 모르겠다." 이 첫 문장을 읽는 순간 독자는 엄마가 죽었다는 사실과 그것에 대해 무관심한 주인공의 태도를 유추할 수 있다. 그와 동시에 앞으로 펼쳐질 이야기에 대해 호기심을 갖게 되고 이는 곧 책 전체를 독서할 때 집중도를 올려준다. 말하자면 첫 문장에 따라 책의 첫인상이 결정되는 것이다.

– 학생 글

2) 단락 나누기의 중요성

단락은 행 바꾸기와 들여쓰기의 형식을 통해 구분한다. 들여쓰기는 앞선 내용이 일단락되고 이전과 다른 새로운 내용이 시작된다는 신호이다. 이러한 신호를 통해 독자들은 글의 구조와 내용의 흐름을 훨씬 수월하게 파악하게 할 수 있다. 들여쓰기를 하지 않을 경우 독자는 어디에서 하나의 소주제가 끝나고 어디에서 새로운 주제가 시작하는지 파악하는 데에 많은 시간과 노력을 투자할 수밖에 없으므로 주의해야 한다.

한 문장이 끝날 때마다 줄을 바꾸는 것은 피해야 한다. 그러나 한 문장을 쓰고 나면 무조건 엔터키를 쳐서 줄을 바꾸는 학생들이 적지 않다. 한 문장을 쓰고 단락을 바꾸는 것은 자신의 생각을 충분히 뒷받침하지 못한 채 다음 내용으로 그냥 넘어가는 것과 같다. 하나의 주제를 충분히 다룬 후 단락을 바꾸어야 독자들은 글쓴이의 생각을 온전하게 이해할 수 있다.

단락을 나눌 때에는 길이에 유의해야 한다. 단락이 너무 짧으면 주제를 충분히 뒷받침할 수 없고, 부실한 글이라는 인상을 준다. 이에 반해 단락이 너무 길면 가독성이 떨어지고 주제와 무관한 방향으로 글이 흘러갈 수 있다. 글 전체의 길이와 내용을 고려하여 단락의 길이를 정하는 것이 바람직하다.

글을 쓰다 보면 단락을 어디서, 어떤 기준으로 나누어야 할지 고민이 될 때가 있다. 정해진 기준이 있는 것은 아니지만 단락은 대체로 다음과 같은 점을 기준으로 나눈다.

▶ 주장이나 논점의 변화가 있을 경우
▶ 서술하는 대상이나 현상이 달라질 경우
▶ 시간이나 공간의 변화가 있을 경우
▶ 긴 인용문을 넣을 경우

✅ 체크리스트

1. 한 문장으로 한 단락을 쓰지는 않았는가?
2. 글 전체를 한 단락으로 쓰지 않았는가?
3. 한 단락을 지나치게 길거나 짧게 쓰지 않았는가?

다음 글을 위의 체크리스트를 활용하여 분석하고, 단락을 나누어야 할 부분은 어디이고, 그 이유는 무엇인가 생각해 보자.

하나의 예능 프로그램이 제작되기 위해서는 다양한 목적이 고려되겠지만, 궁극적으로 방송관계자는 높은 시청률이 보장되는 방송을 만들 수밖에 없다. 즉, '국뽕예능'이 하나의 트렌드가 된 것의 저면에는 사람들이 이런 예능을 좋아해준다는 사실이 깔려 있다. 미디어도 문제지만 이런 방송을 즐겨 소비하는 시청자의 태도에 그 원인이 있는 것이다. 우리는 앞서 말한 "두유 노 시리즈"처럼 우리가 자칫 국수주의로 가고 있진 않은가 경계하는 한편, 여전히 외국인들, 특히, 백인 위주로 구성된 집단에게 우리문화가 최고라고 인정받고 싶어 하는 것이다. 일종의 국수주의와 사대주의가 혼재된 심리라고 할 수 있다. 그렇다면 왜 이런 심리를 갖게 된 것일까? 우리는 식민지배와 전쟁을 겪은 나라에서 순식간에 GDP순위 11위~13위에 위치한 나라로 눈부신 성장을 이룩했고, 여러 강대국과 어깨를 나란히 하는 수준이 되었다. 하지만 빠른 성장속도에 비해 우리 국민이 겪었던 역사적 아픔은 전부 치유되지 않았기에 의식수준은 건강하게 성장하지 못했다. 애국심은 우리나라의 진정한 가치를 아는 자존감에서 나온 것이 아니라, 이리 치이고 저리 치이던 열등감 속에서 비롯된 인정욕구로 나타났다. 스스로의 진정한 가치를 깨닫지 못한 자는 타인의 눈으로 평가받길 원한다. 그래서 우리 예능이 선택한 길이 바로 외국인에게 우리 문화를 접하게 하고 그 반응을 관찰하는 것이다.

– 학생 글

한 편의 글은 개개의 단락을 체계적으로 구성하는 데에서 시작한다. 단락이 잘 구성되려면 통일성, 긴밀성, 완결성을 확보할 필요가 있다.

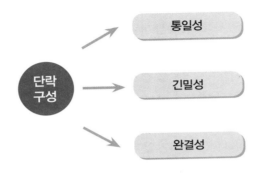

1) 통일성

통일성은 단락의 내용이 하나의 주제로 모아지는 것을 의미한다. 주제에 부합하는 내용을 선택해야 글의 통일성이 확보된다는 점에서, 통일성은 내용을 선택하는 원리라고도 할 수 있다. 통일성 있는 단락을 쓰려면 한 단락에 두 개 이상의 주제가 나오거나 주제와 거리가 먼 내용이 나오지 않도록 주의해야 한다. 통일성은 하나의 단락뿐만 아니라 글 전체의 수준에도 적용되어야 할 원리이다. 글 전체의 주제와 연결되지 않는 내용이 없는지 점검하며 글을 쓸 필요가 있다.

✅ **체크리스트**

1. 단락에 하나의 중심 생각이 명확하게 제시되어 있는가?
2. 두 개 이상의 주제가 나온 것은 아닌가?
3. 단락의 주제와 거리가 먼 문장이 있지는 않은가?

▶ **활동1**

다음 단락을 위의 체크리스트를 활용하여 분석해 보고, 문제점을 수정해 보자.

지난해에 어머니가 스마트폰을 사용함으로써 가족들이 전부 스마트폰 사용자가 되었다.

부모님이 스마트폰을 사용하면서 가장 달라진 점은 인터넷을 접할 기회가 많아졌다는 점이다. 아마 부모님의 인생에서 스마트폰 사용이 가장 큰 전환점이 아닐까 한다. 예전에 형이 부모님께 아이패드를 권했을 때도, 부모님은 어려워만 하시고 기기 사용을 기피하셨다. 그런데 스마트폰이 생긴 뒤로 부모님은 TV보다 스마트폰을 보는 시간이 더 늘어났다. 물론 세상을 보는 부모님의 시각이 넓어진 건 나로서도 반가운 일이다. 그렇지만 아버지가 스마트폰 중독에 빠진 것은 걱정이 된다. 나는 새벽까지 작업을 하는 일이 많은데, 새벽에 화장실에 가려고 방을 나오면 스마트폰 화면을 보게 계신 아버지의 모습을 자주 보게 된다. 심지어 아침까지 스마트폰을 하실 때도 있다.

– 학생 글

2) 긴밀성

긴밀성은 문장과 문장이 논리적으로 매끄럽게 연결되고 있는가와 관련된 원리이다. 긴밀성이 유지되려면 문장과 문장이 유기적으로 연결되어야 한다. 문장 간의 긴밀성을 확보하는 대표적인 방법은 적절한 지시어나 접속어를 사용하는 것이다. 동일 표현을 반복해서 사용하는 것도 긴밀성을 높이는 방법 중 하나이다. 동일 표현을 쓸 때에는 지루하지 않게 단어를 바꾸어 변화를 주는 것 좋다. 한 예로 '골목에서 나온 자동차가 8차선 도로를 쏜살같이 달렸다. 그 자동차는 교통신호를 무시하고 대로를 질주했다. 앞서 가는 오토바이를 뒤쫓아 가는 듯했다. 그러나 오토바이는 점점 멀어져가기만 했다.'라는 문장은 적절한 지시어('그'), 접속어('그러나'), 동일 어구('달리다'→'질주하다', '8차선 도로'→'대로')를 활용하여 문장과 문장을 긴밀히 연결하고 있다.

✅ 체크리스트

1. 문맥에 맞는 접속어를 적절하게 사용하고 있는가?
2. 지시어를 적절하게 사용하고 있는가?
3. 동일 표현의 반복으로 문장을 매끄럽게 연결하고 있는가?

다음 단락에서 긴밀성을 위해 사용한 표현들을 찾고, 그것이 적절한지 토론해 보자.

아버지가 과거에 겪은 불행하고 험난한 유년시절은 아직 끝나지 않았다. 그 시절에 뛰어 넘었다고 생각했던 불행들은 보이지 않는 싱크홀처럼 발밑에서 점점 더 커져 자식과 가족 간의 불화, 독선으로 나타나 아버지를 지하 깊은 곳으로 끌어내리려고 하고 있다. 하지만 아직 아버지는 떨어지지 않았다. 무시하고 건너온 구덩이들이 많지만 이를 메꾸기 시작했다. 모른 척 지나왔던 가족들과의 깊은 감정의 골을, 구덩이들을 모두 메꾸려면 많은 시간이 필요할 것이다. 하지만 그 구덩이를 다 메꾸었을 때 아버지는 어린 시절의 그 고난들을 완전히 극복하게 될 것이다. 그리고 나는 가장 가까운 곳에서 아버지를 지켜보며 좀 더 충돌하고 좀 더 대화하면서 아버지의 구덩이를 같이 메꾸어 나가려 한다.

– 학생 글

3) 완결성

완결성은 단락의 주제 전달을 위해 꼭 있어야 할 내용은 있고 불필요한 내용은 없는 것을 의미한다. 궁금증을 유발하는 미끼들을 던져놓았다가 미끼를 회수하지 않거나 사족 같은 장면들이 들어간 드라마는 완결성이 떨어진다고 말한다. 이와 마찬가지로 주제의 뒷받침을 위해 꼭 필요한 내용이 빠져있거나 쓸데없는 것들이 들어가 있으면 완결성이 결여된 단락이라 할 수 있다. 한 예로 소주제문이 '인터넷 실명제에는 장점과 단점이 공존한다.'라면 뒷받침 문장에는 장점과 단점이 모두 나와야 한다. 주장의 근거가 되는 자료의 출처가 없거나 주장을 뒷받침하는 이유가 없는 단락도 완결성이 떨어지는 단락에 해당한다.

✓ 체크리스트

1. 소주제문을 뒷받침하는 문장이 충분한가?
2. 주장을 뒷받침하는 이유나 근거가 적절한가?
3. 소주제문이 뒷받침 문장을 모두 포괄하고 있는가?

다음 단락은 완결성 면에서 문제가 없는지 살펴보고, 문제가 있다면 해당 부분을 어떻게 수정해야 할지 토론해 보자.

유튜브 방송의 규제는 궁극적으로 제작자와 소비자 모두를 위한 것이다. 유튜브 방송의 문제점은 최근에 집중적으로 등장했고, 그렇기 때문에 그에 맞는 규제 방안도 부족한 상태이다. 제작자의 양심이나 윤리의식에 호소해 문제를 해결하기에는 현재 문제가 너무 심각하다. 조회수 올리기에 급급해 가짜 뉴스를 양산하는 방송은 제재를 받는다는 점이 널리 알려져야 방송 제작자들도 책임감을 가지고 콘텐츠를 만들 것이다. 돈이 되는 콘텐츠를 쉽게 포기할 사람은 없기 때문이다. 규제는 소비자에게도 큰 혜택으로 돌아갈 수 있다.

– 학생 글

다음의 단락을 읽고 통일성, 연결성, 완결성 면에서 문제가 없는지 점검해 보자.

〈1〉

〈슈퍼맨이 돌아왔다〉는 매회 어떻게 연출할지 틀처럼 짜여있다. 아빠는 화제를 끌기 위해 노력할 것이고 재미를 위해 어쩔 수 없이 아이를 이용하는 것이다. 이러한 방식으로 아이는 주위의 시선을 의식하게 되고 티비를 보며 자신이 또래 아이들보다 특출나다는 생각을 갖게 될 수 있다. 아이의 자아정체성에 악영향을 줄 수 있다.

– 학생 글

〈2〉

서바이벌 프로그램은 최종 우승자만 큰 주목과 혜택을 받는다는 문제점이 있다. 예를 들어 최근에 방송한 '내일은 미스터 트롯'에서는 '진', '선', '미'라는 호칭으로 1등, 2등, 3등, 총 3명을 뽑는다. 하지만 우승 혜택은 모두 1등인 진에게 돌아갔다. 선, 미도 최선을 다했지만 2등과 3등이라는 이유로 상금을 받지 못했다. 2등과 3등도 충분히 뛰어난 성적임에도 불구하고 말이다. 1등 몰아주기 방식의 경쟁은 바람직하지 못하다. 시청자들은 이런 결과를 보고 승자 독식인식을 가지고 노력해도 우승하지 못 하면 인정받지 못 한다는 패배감을 느낄 수 있다. 시청자들이 프로그램의 출연자의 패배를 자신의 패배와 연관 짓는다는 것에 또 의문이 생길 것이다. 이는 감정적 변화가 큰 청소년 집단에서 더 눈에 띄는 현상이다. 2014년 성균관대학교의 대학원생인 '반정은'씨는 '서바이벌 오디션이 청소년 정서에 미치는 영향'이라는 주제로 13~19세 청소년 236명을 면대면 설문 조사하였다. 연구 결과에 따르면 청소년들은 서바이벌 오디션 출연자와 자신을 비교하며 출연자들의 승리와 더불어 패배에도 깊은 공감을 하고 있다고 한다. 청소년들은 출연자의 패배를 자신과 결부시켜 경쟁 시 패배에 대한 두려움을 크게 느낀다고 한다.

– 학생 글

활동5

통일성, 긴밀성, 완결성을 고려하여 다음을 주제로 단락을 작성해 보자.
주제: 육아 예능 프로그램

3 단락의 유형과 단락 쓰기의 방법

1) 단락의 유형

단락에는 여러 종류가 있지만 단락을 전개하는 방식은 비슷하다. 즉 주제를 제시하고 그것을 뒷받침하는 설명을 덧붙여가는 방식으로 단락은 구성된다. 주제를 뒷받침하는 방법에는 예시, 부연, 비교, 근거 제시 등이 있다. 주제 문장을 어디에 놓느냐에 따라 단락은 두괄식, 미괄식, 양괄식으로 구분된다.

① 두괄식 단락(구체화)

두괄식 단락은 소주제를 단락 처음에 제시하고, 이를 뒷받침하는 문장을 배치하는 형식이다. 두괄식은 일반적인 명제를 '구체화'하는 과정이라고도 할 수 있다. 글쓴이의 입장에서 볼 때 두괄식을 쓰면 맨 앞에 제시한 소주제문에 맞추어 내용을 구성하면 되기 때문에 다른 유형에 비해 단락을 작성하기가 더 수월하다. 독자의 입장에서도 주제가 먼저 제시되기 때문에 소주제를 쉽게 파악할 수 있는 장점이 있다. 그러나 뒷받침 문장이 참신하지 못하거나 주제문과 비슷한 내용이 반복되면 독자는 지루함을 느끼게 된다.

② 미괄식 단락(일반화)

미괄식은 소주제를 단락의 마지막에 쓰는 형식이다. 두괄식과 달리 구체적인 사례나 내용을 먼저 서술하고 그것을 '일반화'하는 명제를 최종적으로 제시하는 방법이다. 미괄식은 두괄식에 비해 주제 파악이 쉽지 않다는 단점이 있다. 그러나 무엇을 말하려는 글일까라는 궁금증을 자극함으로써 글에 몰입하게 만들 수 있다는 장점이 있다. 독자는 호기심을 느끼며 글을 읽을 수 있고, 소주제가 신선할 경우 다 읽고 나서 새로운 깨달음을 얻었다는 만족감을 얻을 수 있다. 그러나 마지막까지 긴장감을 유지하며 통일성 있게 미괄식 단락을 완성하는 것이 쉽지 않다는 점도 고려할 필요가 있다.

③ 양괄식 단락(주제문 강조)

양괄식은 말 그대로 소주제가 두 번 나오는 단락의 형식이다. 소주제문을 처음에 제시하고 단락을 마무리할 때 다시 한 번 씀으로써 주제를 강조하는 방법이다. 양괄식은 주제가 먼저 제시된다는 점에서 기본적으로 두괄식의 한 형태라 할 수 있다. 다만 주제를 끝에서 한 번 더 강조한다는 점이 다를 뿐이다. 양괄식은 주제를 두 번 제시하기 때문에 독자에게 지루함을 줄 수 있다는 단점이 있다.

활동1

다음 단락이 두괄식과 미괄식 중 어디에 해당하는지 알아보고 주제문의 위치가 적절한가를 검토해 보자.

광고에 등장하는 유아 모델 역시 장난감의 종류에 따라 성별이 극명하게 나뉜다. 실제로 신문사 한겨레에서 한 완구점을 조사한 결과, 여아 모델이 광고하는 장난감은 인형놀이와 주방놀이, 청소놀이 등이었던 반면, 남아 모델 광고하는 장난감은 격투용 장난감, 과학기술 장난감이 대부분이었다. 충격적인 사실은 남아가 광고하는 인형놀이, 주방놀이, 청소놀이 등의 장난감은 단 하나도 없다는 것이다. 무엇보다도 큰 문제는 해당 장난감들의 광고에 사용되는 문구이다. "엄마처럼 설거지 할래요.", "즐거운 엄마놀이" 등의 문구는 넘쳐나지만 그 어디에도 "아빠처럼 설거지 할래요.", "즐거운 아빠놀이"와 같은 문구로 광고하는 장난감은 존재하지 않는다. 이는 가사노동과 돌봄의 책임이 여성의 몫이라는 가부장적인 잘못된 성역할에 대한 관념을 심어줄 수 있는 명백한 성차별이다.

— 학생 글

구체화와 일반화의 방법 중 한 가지를 택하여, 다음을 소주제문으로 하는 단락을 작성해 보자.(다섯 문장 내외)

소주제문: 미국의 할리우드 영화에는 오리엔탈리즘이 숨어 있다.

2) 단락 쓰기의 방법

① 소주제문 쓰기

소주제문은 글의 화제(말하고자 하는 대상)와 중심 생각으로 구성된다. 한 예로 '꼰대라는 용어는 자신의 무지를 합리화하는 수단으로 사용되고 있다.'라는 주제문에서 글의 화제는 '꼰대'이고, 중심 생각은 '꼰대가 자신의 무지를 합리화하는 수단으로 사용되고 있다'이다. 문장이 주어부와 서술어부로 나뉜다고 할 때, 주부에는 화제를, 술부에는 중심 생각을 제시하면 된다.

한 단락에는 오직 한 개의 소주제만 제시하는 것이 원칙이다. 한 단락에 두 개 이상의 주제가 나오면 독자는 '왜 갑자기 다른 얘기를 하지?'라는 의문을 갖게 된다. 단락을 쓸 때 하나의 주제를 충분히 설명하지 않고 다른 주제로 넘어가지 않도록 주의해야 한다.

단락의 소주제문은 하나의 완성된 문장으로 쓰고 명확히 한정된 생각을 담아야 한다. 가령 'SNS는 문제가 많다.'의 경우 중심 생각이 너무 포괄적이어서 무엇이 문제인지 정확하게 드러나지 않는다. 논의의 범위를 한정하여 생각을 더 구체적으로 전달할 필요가 있다. 단락의 주제문을 쓸 때, 의문문, 감탄문, 부정문은 피해야 한다.

✅ 체크리스트

1. 화제와 중심 생각이 모두 포함되어 있는가?
2. 완성된 문장의 형태로 작성하였는가?
3. 하나의 생각만 들어가 있는가?
4. 단락의 주제가 너무 포괄적이거나 협소한 것은 아닌가?

활동1

위의 체크리스트를 참고하여 다음의 소주제문의 문제점이 무엇인지 지적하고 더 나은 주제문을 작성해 보자.

〈보기〉 소주제문:

> 문제점

> 새로운 주제문

1. 인터넷 실명제는 문제가 많다.

> 문제점

> 새로운 주제문

2. 손을 자주 씻는 것이 가장 좋은 방법이다.

> 문제점

> 새로운 주제문

3. 악성 댓글을 막기 위해 모두 노력해야 한다.

문제점

새로운 주제문

4. 인공 지능이 인류를 파멸로 이끄는 것이 아닐까.

문제점

새로운 주제문

5. 성범죄를 막기 위해서는 성교육을 강화하고 처벌 수위를 높여야 한다.

문제점

새로운 주제문

6. 임산부 배려석은 배려 문화 확산에 도움을 주지만 효율성이 매우 떨어지는 문제도 있다.

문제점

새로운 주제문

7. 혐오가 사라진 사회가 되려면 시민 각자의 의식 변화가 필요한 것 같다.

문제점

새로운 주제문

8. 미세먼지로 인한 대기오염이 매우 심각하지만 생활폐수로 인한 수질 오염은 더욱 심각하다.

문제점

새로운 주제문

다음을 읽고 단락의 내용을 잘 반영한 소주제문을 작성해 보자.

이렇게 인력과 예산이 부족한 근본적인 이유는 무엇일까? (　소주제문　) 앞서 말한 중독관리통합지원센터는 보건복지부 주도하에, 스마트쉼센터는 미래창조과학부 산하 한국콘텐츠진흥원의 주도로 운영되고 있다. 이뿐만 아니라 여성가족부에서는 '셧다운제'와 청소년 치유캠프 등의 치료 프로그램, 문화체육관광부의 '과몰입힐링센터', 과학기술정보통신부가 주관하는 '스마트폰 과의존 종합대책' 등 여러 부서가 청소년 게임 과몰입 예방 및 치유 사업을 진행하고 있다. 이에 따라 예산이 여러 부처에 분산되는 것이다. 이에 대한 예로, 정부는 청소년 게임중독 예방을 위해 지원의 필요성을 인지하고 2017년에 인터넷 중독 예방사업에 예산을 55% 증가시켜 146억 9천만 원의 예산을 투입하였다. 하지만 이 예산을 미래창조과학부, 여성가족부 등 7개의 정부부처와 부산·울산·전북 등 3개 광역지방자치단체가 나누어 가지게 되었다. 예산은 증가되었지만 10개 부서로 분산되어 각 부서마다 예산이 부족하다는 말이 나오는 것이다.

— 학생 글

② 뒷받침 문장 쓰기

뒷받침 문장은 소주제문의 이유나 근거, 사례를 제시함으로써 단락의 주제를 독자가 이해하고 납득할 수 있도록 쓴다. 단락을 잘 쓴다는 것은 소주제문을 뒷받침할 수 있는 내용을 적절하게 덧붙일 수 있다는 것을 뜻한다. 어떻게 뒷받침하는가는 단락의 주제나 글의 흐름에 따라 다른데, 중요한 것은 적절한 뒷받침을 위해서는 충분한 주제 분석과 관련 자료 조사가 필요하다는 점이다. 누구나 알고 있는 평범한 지식·정보만으로는 독자를 설득하기 어렵다.

단락의 주제를 뒷받침하는 방법은 매우 다양하지만 대체로 다음과 같은 방법이 자주 사용된다.

㉠ 소주제+구체적인 사례

경제적 인센티브가 항상 긍정적 결과를 낳는 것은 아니다. 인간은 경제적 동물이기 때문에 경제적 유인을 제공하면 특정 행동을 하거나 하지 않게 된다. 이런 원리를 이용해 경제적 유인을 통해 정책적 목표를 달성하려는 경우가 많다. 그러나 경제적 유인이 역효과를 발휘할 때도 있다. 예를 들어 어떤 유치원에서 아이를 늦게 찾아가는 부모에게 벌금을 물릴 경우를 생각해 보자. 벌금을 내지 않기 위해 제시간에 아이를 찾아가는 사람도 있지만 마음 편하게 아이를 늦게 찾아가는 학부모들도 있었다고 한다. 벌금을 아이를 봐주는 요금이라고 생각하고 예상한 것과 반대의 행동을 보인 것이다.

– 학생 글

경제적 인센티브가 항상 좋은 결과를 가져오는 것은 아니라는 점을 구체적인 사례를 활용하여 뒷받침하고 있다. 소주제에 맞는 적절한 사례를 제시할 수 있는가가 이 방법의 핵심이다. 사례가 맞지 않아 오히려 주장을 약화시키는 경우도 적지 않다는 점에 유의해야 한다.

㉡ 주장+근거

대부분의 패스트 패션 업체는 '빠름'을 위해 대량 생산과정에서 환경에 많은 피해를 준다. 예를 들어, 청바지 한 벌 제조 시 약 7000 ℓ 의 물이 소비가 되고, 이는 4인 가족 기준 5~6일을 사용 할 수 있는 엄청난 양이다. 또한 2008년 기준 하루 평균 162t이었던 국내 의류 폐기물이 패스트 패션 시장의 대거 등장 이후 2016년 기준 하루 평균 259t으로 증가하였고. 즉 매년 7억 벌의 옷이 버려지고 있는 추세이다. 이렇게 버려지는 나일론, 아크릴 등의 합성섬유는 쉽게 분해되지 않아 토양 및 지하수 오염을 일으키고, 썩는 과정에서 발생하는 CO_2, Methane 등의 유독가스는 지구온난화를 가속시킨다.

– 학생 글

위 단락은 패스트 패션이 환경에 커다란 피해를 준다는 점을 중심 생각으로 한다. 이를 뒷받침하기 위해 생산 과정에서 환경오염을 일으키고 지구 온난화를 야기한다는 점을 근거로 제시한다. 공신력이 있는 기관이 발표한 정확하고 객관적인 수치를 제시해야 설득력을 높일 수 있다.

㉢ 소주제+비교나 대조

어떻게 유튜브 시장이 이렇게까지 성장할 수 있었을까? 유튜브가 TV와 같은 다른 영상 매체와 다른 강점 때문일 것이다. 우선, TV는 복잡한 규제가 존재하지만, 유튜브는 그렇지 않기 때문에 영상 공급자인 크리에이터나 수요자인 시청자들 모두 편하다. 예를 들면 TV는 일일이 상표를 가려야 하거나 연령 제한으로 많은 제약이 있다. 그러나, 유튜브는 그렇지 않기 때문에 상표명을 이야기하는 등 제약이 없다. 또한, 영상의 길이가 자유롭고 앞뒤로 자유롭게 넘길 수 있어서 진행 속도와 되감기 등을 시청자들 마음대로 할 수 있다. 그리고 주로 스마트폰으로 영상을 소비하기 때문에 언제 어디서나 이용할 수 있다는 장점이 있다.

– 학생 글

유튜브와 TV의 차이점을 들어 유튜브가 급속하게 성장할 수 있는 이유를 설명하는 단락이다. 기존의 매체와 다른 유튜브만의 장점을 부각시킴으로써 주제를 더욱 선명하게 전달하고 있다.

㉣ 반론에 대한 반박(자신의 주장 옹호)

하지만 일각에서는 청소년의 범죄에 대한 처벌이 상대적으로 미약하다는 이유로 소년법의 폐지를 주장하고 있다. 미성년자의 범죄를 줄이기 위한 근본적인 대책을 마련하기 위해 우리는 소년범들의 처벌수위를 논하기 전에 먼저 소년들이 저지르는 범죄의 유형과 범행의 이유에 대해서 알 필요가 있다. 소년들이 저지르는 범죄는 대부분 절도, 폭행 등인데, 이를 성인과 같은 기준으로 판단하면 대다수가 집행유예나 선고유예를 받을 가능성이 크다. 하지만 소년법에는 벌금형이나 집행유예가 없기 때문에, 잘못을 저지르면 법원에서 일정 시간 교육을 받고 법원이 계속해서 개입한다. 소년법을 폐지하고 형법으로 이 소년범들을 다룬다면, 오히려 아무 처벌 없이 풀려나는 모순된 결과가 나올 수 있다. 또한 대부분의 소년들은 처벌이 무섭거나 가볍게 느껴져서 범죄를 저지르지 않는다. 앞선 문단의 설문자료와 같이, 우발적이고 호기심에 범죄를 저지르는 경우가 과반수가 넘기 때문에 대부분은 후에 일어날 일들을 크게 생각하지 않고 비행을 저질러서 더 큰 범행을 일으키는 경우가 많다.

따라서 징역형의 기간만 늘린다고 해서 범죄가 줄어들지는 않는다.

– 학생 글

소년법을 폐지하자는 주장을 제시하고 이것을 반박하면서 자신의 주장을 옹호하는 방식으로 전개되는 단락이다. 반론과 반박의 단락 구성은 논쟁적인 주제에 대해 글을 쓸 때 자주 사용되는 방법의 하나이다.

㉤ 단계적 순서

현재 ○○회사는 직무 적합성에 초점을 둔 'SPEC태클 오디션'이라는 블라인드 채용을 통해 인재를 선발하고 있다. SPEC 태클 오디션의 전형절차는 서류접수, L– TAB, 면접전형 순으로 진행되며 지원서에는 이름, 이메일, 주소, 연락 등 기본적인 인적사항만 기재하도록 되어있다. 다음으로 지원서와 함께 직무와 관련된 주제에 대한 기획서 또는 제안서를 제출하도록 하여 평가하고 이후에는 L-TAB이라는 조직적합도 검사를 진행한다. 마지막 면접단계에서는 학력이나 어학점수 등 질문이 금지되어 있고 오로지 직무 해결 역량과 관련된 질문을 통해 업무의 적합성을 판단함으로써 최종 인재를 선발한다.

– 학생 글

위 글은 ○○회사가 신입사원을 채용하는 과정을 단계별로 설명한다. 단계적 순서는 어떤 작업의 진행 순서나 사건의 시간적 변화 과정을 설명할 때 주로 사용되는 방법이다.

활동1

다음 단락은 어떠한 내용 전개 방식을 사용하였으며, 그러한 전개 방식이 적절한가에 대해 생각해 보자.

국뽕 예능 프로그램은 백인 편향된 세계시민의식을 갖게 할 수 있다. 이런 예능들의 배경을 살펴보면, 유럽과 북미가 대부분이다. 〈비긴어게인〉은 총 3개의 시즌에 걸쳐 버스킹을 하였는데 모두 유럽의 도시에서만 했다. 〈국경 없는 포차〉도 프랑스, 덴마크에서만 포장마차를 한다. 외국인들이 우리나라를 방문하는 〈어서와 한국은 처음이지〉는 총 28팀의 여행팀 중 오직 8팀만 유럽과 영미권 국가가 아니다. 배경도 문제지만, 그 내용도 문제이다. 백인 위주로 구성된 외국인들이 좋든 나쁘든 우리문화를 평가하는 장면이 꼭 나오기 때문이다. 미국의 푸드 트럭 손님은 짜장면을 먹고 그 맛을 "평가"한다. 유럽의 한 시민은 박정현의 노래를 듣고 "평가"한다. 항상 평가의 주체는 백인이고, 우리는 일방적으로 평가를 받는다. 이런 관계 속에서, 무의식적으로 저들은 우리 문화를 신기해하고 평가해주는 '타인'이자 '선망의 대상'이라는 생각을 하기 쉽다.

– 학생 글

활동2

위에 소개된 단락 전개 방식 중 하나를 활용하여 다음을 주제로 한 단락을 작성해 보자.

주제 : 우리사회의 꼰대 문화

'자율주행 자동차의 상용화가 야기할 문제점'이란 주제를 가지고 하나의 소주제문을 만들고, 작성한 소주제문을 중심으로 한 단락을 완성해 보자.

다음 단락의 문제점을 찾아보고, 글쓴이의 주장에 대해 반박하는 단락을 써 보자.

　　우선 TV 중간광고를 허용하면 더 질 좋은 TV 프로그램을 제작할 수 있다. 미국 같은 경우에는 TV 중간광고가 매우 활성화되어 있는데 이를 통해 방송사는 큰 수익을 얻고 있다. 특히 NFL이나 NBA와 같은 인기 스포츠 종목을 방송할 때 광고를 통해 얻는 수익은 천문학적인 수준이다. 우리나라에서도 TV 중간광고의 허용을 통해 방송사가 많은 수익을 얻게 되면, 이는 프로그램의 질과 재미의 향상으로 이어질 수 있다. 이렇게 되면 시청자 입장에서는 더 나은 프로그램을 볼 수 있고 방송사에서는 많은 수익을 얻을 수 있다. 이뿐만 아니라 광고주 또한 제품을 선전할 수 있는 기회가 많아져 시청자, 방송사, 광고주 모두가 이익을 볼 수 있다.

• 글쓰기의 과정 •

계획하기

글쓰기의 과정 첫 단계인 계획하기는 본격적으로 글을 쓰기에 앞서 어떤 내용에 대해 누구를 대상으로 어떻게 쓸 것인지를 구상하는 단계이다. 글을 쓰려고 할 때 막연히 '어떻게 쓰지'라고 고민만 할 것이 아니라 체계적인 절차에 따라 글쓰기 연습을 할 필요가 있다. 모두가 같은 방법으로 글쓰기를 시작하지는 않지만 글쓰기의 과정을 차근히 따라가다 보면 자신만의 글쓰기 방법이 터득될 것이다. 첫 단계인 계획하기는 예상 독자를 상정하고, 글의 목적에 맞게 주제문을 작성한 후 주제와 관련된 자료를 수집하여 정리한다. 마지막으로 글 전체의 설계도라 할 수 있는 개요를 작성한다.

1 주제 정하기

'주제 정하기'는 단순히 주제를 정하는 것뿐만 아니라 의사소통 행위로써 글의 목적과 의도, 예상 독자를 상정하는 작업을 말한다. 또 정해진 주제를 어떤 관점과 어떤 소재로 쓸 것인가를 결정하는 글감 찾기와 구체적인 서술문의 형식으로 주제문을 작성하기까지의 과정을 포함한다. 주제 정하기는 무엇을 쓸 것인지를 정하는 과정이므로 독창적이면서도 자유로운 발상이 무엇보다 중요하다.

1) 글감 찾기

글을 쓰려면 무엇에 대해 쓸 것인가가 먼저 결정되어야 하는데 여기서 '무엇'이 바로 글감이다. 글감 찾기는 글의 내용을 결정짓는 매우 중요한 과정이다. 글감을 찾기 위해서는 늘 보아오던 사물이더라도 새로운 관점과 시각을 통해 볼 수 있는 창의적 사고가 요구된다. 상투적인 시각으로 대상에 접근하게 된다면 식상한 글이 될 수밖에 없다.

글감 찾기는 글쓴이의 경험과 지식을 활용하는 방법과 관련 자료를 검색하여 글쓴이가 몰랐던 정보를 활용하는 방법으로 나눌 수 있다. 기존의 지식과 경험을 활용하는 대표적인 글감 찾기의 방법으로는 마인드 맵(mind map)과 브레인스토밍(brain-storming)이 있다. 이것들은 모두 즉각적으로 떠오르는 생각을 검열하지 않고 자유분방하게 펼쳐 나가며 글감을 찾는 방법이다.

아래 〈예시〉를 통해 어떤 관점과 시각을 갖는 것이 글감을 찾을 때 도움이 되는지 생각해 보자.

◠◠ 예시

시인 '윤동주'에 대한 학회에 참여한 적이 있었다. 그 학회에 참여하고 돌아오는 버스 안에서 나는 자살충동을 느꼈다. 그냥 죽고만 싶었다. 너무 부끄러워서, 나의 모습을 적나라하게 마주하고 나니 참으로 괴로웠다. 이 시대가 너무나 많이 아픈데, 나몰라라 했던 내가, 아니 모르고 싶었던 내가 수면 위로 올라온 순간 나는 꼬르륵 심해로 가라앉고만 싶었다. 우리는 부끄러움을 잊었다. 너무 오래전부터, 부끄러움을 알면 살기가 불편해지니까, 우리는 부끄러움을 잊기로 했다. 안다는 것은 괴로우니까. 알면 무언가를 해야만 할 것 같아지니까.

우리는 모두 무언가를 '본다'. 그런데 이 보는 행위가 얼마나 주관적이고 선택적인 것인지 피부로 느끼고 나면 참 놀랍다. 대학교 2학년 때, 학교에서 일을 했었다. 걸레를 빨기 위해 화장실에 가서 걸레를 빠는데, 내 옆에서 누군가가 걸레를 또 빨고 있는 모습이 보였다. 청소 아주머니셨다. 나는 그곳을 1년 넘게 왔다 갔다 했지만, 걸레를 빨고 계시는 청소 아주머니는 단 한 번도 뵙지 못했었다. 그 순간 나는 하마터면 그 아주머니께 "새로 오셨어요?"라고 물어볼 뻔했다. 붉어지는 뺨을 숨기고 나와서 사색에 잠겼던 기억이 난다. 아마 그 아주머니는 늘 그곳에서 걸레를 빨고 계셨을 것이다. 내가 손을 씻고 옷매무시를 가다듬는 동안에도 옆에서 걸레를 빨고 계셨을 것이다. 나는 청소 아주머니를 분명 보았을 것이다. 보았다. 하지만 보지 못했다. 보지 않았다. 내가 같은 자리에, 같은 위치에 서게 되니 보였다. 볼 수 있었다. 비로소 내가 보지 못하고 있던 것을, 보지 않고 있던 것을 보게 되었다.

– 학생 글

이 글은 글쓴이가 시인 윤동주와 관련된 학회에 참석하고 난 후 자신이 느낀 부끄러움과 관련된 경험을 회고하면서 쓴 글이다. 시인 윤동주에게서 '부끄러움'의 감정을 발견하고 글쓴이가 느꼈던 부끄러움의 경험을 글감으로 가져온 것은 새롭다기보다는 오히려 진부한 소재라 할 수 있다. 그러나 늘 주변에 계시지만 안 계실 때에 오히려 존재가 드러나는 청소 노동자의 모습을 자신이 그 자리에 가 보고서야 새롭게 '보게 되었다'는 깨달음은 쉽게 찾을 수 있는 글감이 아니다. 왜냐하면 글쓴이가 걸레를 빨고 있으면서도 청소 아주머니를 보지 못할 수도 있었기 때문이다. 여기서 우리는 일상적이고 반복되는 상황이라 하더라도 새로운 관점과 시각으로 접근할 때 기존에 인식하지 못했던 깨달음에 도달할 수 있음을 알 수 있다.

2) 독자 분석과 글의 목적 정하기

글쓰기는 글쓴이가 가진 생각이나 감정, 지식 등을 누군가에게 전달하려는 의도를 가지고 있다. 그런데 여기서 전달받을 대상에 대한 이해가 없다면 어떤 주제를 가지고 어떻게 쓸 것인지 확정하기 어렵다. 의사소통 행위로서 글쓰기는 독자가 누구인지, 그 독자가 무엇을 요구하는지 고려해야 한다. 대학에서 요구하는 글쓰기의 대부분은 수업 내용과 관련된 것이라는 점에서 해당 과제를 부과한 교수님이 독자일 경우가 많다. 그러나 학교나 공공기관, 기업 등에서 시행하는 공모전에 제출하는 글이나 제안서, 연구 계획서 등은 해당 사업의 심사자가 1차 독자이므로 독자를 구체적으로 상정할 필요가 있다.

독자 분석이 충분히 이루어졌다면 글의 목적과 의도를 정해야 한다. 전문적인 작가의 문학적 글쓰기를 제외하면 글쓰기의 목적은 대부분 설명과 설득으로 나뉜다. 글의 종류에 따라서 설명이 중심이 될 수도 있고 설득이 주를 이룰 수도 있으며 이 두 가지가 동시에 나타날 수도 있다. 학술적인 글과 비평적 글은 글쓴이가 새롭게 알게 된 대상의 의미를 독자에게 설득하려는 목적이 있다. 보고서와 같은 글은 설문이나 실험을 통해 알게 된 사실을 구체적이고 사실적으로 설명하려는 목적이 있다. 여기에 비해 자기소개서나 기획서, 제안서 등과 같은 실용적인 글은 설명의 방법을 통해 작성하지만 최종적으로는 독자를 설득하려는 목적이 있다.

아래 두 글은 어떤 독자를 상정하고 쓴 글인지 또 글의 목적과 의도는 무엇인지 서로 비교하면서 살펴보자.

(··) 예시

> **(가)**
>
> 제1장 서론
> 2018년 5월 25일, 게임사 퀀틱 드림(Quantic Deeam)은 신작으로 '디트로이트: 비컴 휴먼(Detroit: Become Human)'이라는 미래사회 배경의 게임을 발매하였다. 이 게임의 줄거리는 다음과 같다. 인간과 거의 동일한 외형과 지능을 가진 안드로이드가 보급화된 사회에서, 인간은 가사, 노동, 심지어 매춘까지 여러 부분을 안드로이드로 대체하게 되었다. 그러나 어느 날을 기점으로 갑자기 인간의 명령을 듣지 않거나, 심지어 인간을 죽이고 도망가는 안드로이드들이 생기기 시작하였다. 이러한 안드로이들을 사회에서는 '불량품'이라 칭하고 있으며, 그 원인을 분석하면서 게임은 시작된다. 이러한 사회 배경에서 게임을 이끌어가는 주인공은 총 3명의 안드로이드들이다. (중략)
> 이러한 게임의 모습을 보며, 글쓴이는 이제 인간과 같은 안드로이드들이 등장하였을 때, 과연 우리가 그들을 어떻게 취급해야 하는지, 그들이 우리들에게 인권을 달라고 요구하였을 때, 그들에게 인권을 주어야 하는지를 생각해보아야 할 시점이 왔다고 생각한다. 이제는 더 이상, 인간과 같은 안드로이드들이 나타날 수 있는가?에 대한 질문에만 머물러

있는 것이 아니라, 만약 인간과 같은 안드로이드들이 등장하게 된다면 우리는 그들을 어떻게 취급해야 하는가. 그들에게 권리를 주어야 하는가. 그들에게 인간과 같은 권리인 인권을 주어야 하는가에 대해 생각해보아야 할 시점이 온 것이다.

글쓴이는 이러한 기계들이 권리를 가질 수는 있겠지만 인간과 같은 권리, 동등한 권리를 가질 수는 없다고 밝히며 이에 예상되는 반박, 그리고 그 반박에 대한 대응을 통하여 논지를 전개할 것이다. 이와 함께 그렇다면, 만약 게임에서 나타난 바와 같이 인간과 유사한 안드로이드들과 우리가 공생하는 시대가 다가왔을 때, 인간은 어떠한 태도를 취해야 하는가에 대해 정리해 보고자 한다.

— 학생 글

(나)

나에게는 한순간도 잊을 수 없는 하루가 있다. 아마도 커서도 잊지 못할 것이다. 그날은 2018년, 매우 더운 여름이었다. 나는 공부를 하기 위해 도서관으로 가는 중이었다. 버스에 탑승하여 몇 안 남은 자리에 앉았다. 땀을 흘리다가 시원한 에어컨 바람을 맞으니 딱 자기에 좋은 기분이었다. 눈을 감고 몇 분이 채 지나지 않고, 어느 할머니께서 버스에 탑승하셨다. 땀을 뻘뻘 흘리며 무거운 짐을 들고 있으셨다. 짐이 매우 많으신 것 같았다. 짐이 무거워 힘들게 올라오셨는데, 빨리 안 올라오신다며 버스 기사님은 화만 내셨다. 짐이 적어도 3개는 있어 보였다. 하지만, 버스의 자리는 남아 있지 않았고, 날이 더운 탓인지 앉아 있는 탑승객 모두가 할머니를 외면했다. 그래서 할머니께 내 자리를 내어드리며 짐을 떨어지지 않게 받쳐드렸다. 내가 이 날을 잊지 못하는 이유는 여기서부터 시작이다. 할머니께서는 계속 고맙다며 고개를 숙이셨다. 나는 당연한 일을 했다고 생각했는데, 할머니는 매우 고마워하셨다. 그리고 나에게 웃으시며 자신은 지금 병원을 가는 중이라고 말씀해주셨다. 어디 아프시냐고 여쭈어봤더니, 그게 아니라 할머니의 아들분이 병원에서 일하는 의사라고 하셨다. 들고 계신 보따리들은 다 아들 점심 도시락이고, 열심히 일하는 아들을 위해 자주 도시락을 만들어 병원에 간다고 말씀하셨다. 그러면서 아들분의 칭찬을 하시며 잘 커 줘서 고맙고 너무 사랑하는 아들이라고 말씀하셨다. 항상 열심히 해주어서 고맙고, 너무 착하다며 십 분이 넘도록 아들의 칭찬을 하셨다. 그 칭찬을 하는 할머니의 입에는 한시도 웃음이 떠나지 않으셨다. 할머니는 적어도 70살은 되어 보이셨는데 아들을 위해 아직까지도 도시락을 만들어 주신다니 조금 신기하기도 했다. (후략)

— 학생 글

(가)는 학술논문이고 (나)는 에세이다. (가)은 해당 분야의 전문가를 독자로 상정하고 쓴 글이라 할 수 있고, (나)는 불특정 다수를 독자로 상정한 것이라 할 수 있다. (가)가 자신의 주장을 논리적이고 객관적인 근거를 통해 설득하려는 목적으로 글을 썼다면 (나)는 필자가 느낀 감정을 독자와 공유하고 공감하려는 의도를 가진 글쓰기라 할 수 있다.

만일 (가)와 (나) 모두 어떤 공모전에 응모할 목적으로 글을 썼다면 해당 글을 심사할 심사자가 1차 독자가 된다. 이런 경우에는 해당 담화 공동체의 특성을 파악하는 것이 필요하다. 담화 공동체는 특정한 집단이나 직업군, 전공 집단과 같이 그 집단만이 공유하는 용어와 형식으로 의사소통 행위를 하는 집단이다. 특히 학술적 글쓰기나 실용적 글쓰기는 해당 분야에서 통용되는 글쓰기 방식이 정해져 있으므로 해당 분야의 차이를 정확히 이해하고 거기에 맞추어 글을 써야 한다.

3) 주제문 작성하기

글감에서 뽑은 주제는 아직 글의 주제로서 온전히 틀을 갖추었다고 할 수 없다. 대부분의 학생들은 이때 성급하게 너무 큰 주제를 선정하거나 충분히 소화할 수 없는 어려운 주제를 설정하는 경우가 많다. 글의 주제는 글쓴이가 해결할 수 있는 범위 내에서 선정되어야 한다. 만약 주제의 범위 설정에 문제가 있다면 이를 구체화할 수 있도록 질문의 형식으로 바꾸어 보도록 한다. 다양한 질문을 통해 주제의 범위를 좁히는 작업을 할 필요가 있다.

주제 설정 후에는 주제문을 작성한다. 주제문은 부정문이 아닌 평서문의 형식을 취해야 하며 명료하게 내용이 드러나도록 하나의 생각을 담은 완전한 문장이어야 한다. 주제문과 함께 고려할 것은 글의 제목이다. 글의 제목은 전체 글의 첫인상이자 독자가 내용을 유추할 수 있게 하는 이정표의 역할을 한다. 따라서 핵심어를 포함하되, 글의 주제가 잘 드러나도록 명료하게 작성하고, 독자의 흥미를 끌 수 있는 재치 있는 문장으로 표현하는 것도 좋다. 제목은 글을 모두 쓴 후 수정하기도 하는 만큼 계획하기 단계에서는 가제목을 설정한다.

아래 〈예시〉를 읽고 계획하기 단계에서 주제문을 작성한 글인지 그렇지 않은 글인지 생각해 보자. 주제문을 작성하지 않고 쓴 글로 보인다면 그 이유는 무엇인지 생각해 보자.

⊙ 예시

    내 건강의 변화에 대한 얘기로 시작해보겠다. 코로나19로 인해 나의 집돌이 생활이 시작되었다. 가끔 학교로 과제를 제출하려고 나가지 않는 이상, 나는 밖으로 나가지 않는다. 밖에 못 나간다고 해서 큰 스트레스를 받지는 않는다. 친구들과 피씨방을 못 가는 것은 조금 짜증나지만, 원래 난 집을 좋아하는 스타일이다. 오히려 학교도 안 가고 집에서 마음대로 살 수 있어서 좋았다. 그런데 몇 달 전부터 문제가 생기기 시작했다. 내 건강상의 문제. 하루 동안 하는 일이라고는 잠자기, 공부하기, 밥먹기, 게임하기밖에 없는 탓에 종일 눕거나 앉아있다. 그랬더니 근육이랑 살이 방학동안 5kg이 빠졌다. 난 원래 살이 안 찌는 체질이라 마른 몸인데, 이제는 뼈밖에 없는 정도다. 그리고 집을 나가지 않게 되면서 밥도 잘 먹지 않게 되었다. 부모님이 맞벌이를 하셔서 평일에는 집에 나 혼자 있다. 엄마가 아침은 차려주고 가시고, 집에 와서 저녁을 차려주시기 때문에 하루에 2끼를 먹는다. 물론 점심을 혼자 차려먹을 수 있지만, 귀찮기도 하고 배가 고프다는 느낌이 잘 들지 않기 때문에 그냥 안 먹는다. (중략)

    대학 생활에 대해서 조언받을 곳도 없고, 물어볼 곳도 없다. 2학기 때 사귈 수야 있겠지만, 2학년 때 군대에 갔다 오면 그 친구들과는 분명 친하지도 안 친하지도 않은 어색한 상태가 되어있을 것이다. 나는 친해진 친구한테는 말을 잘하지만, 처음 만난 사이에는 말도 못하는 성격이라서 완전 걱정된다.

    근데 사실 학교에 안 가는 것이 더 좋은 것 같기도 하다. 시간에 구애받지 않고 수업을 들을 수 있다는 것이 너무 좋다. 일주일에 1교시가 4번이라서 좌절했는데, 내가 듣고 싶을 때 편한 자세로 수업을 들으니 정말 좋다. 그리고 왕복 1시간에 교통비가 엄청 나가는 것을 생각하면 정말 좋은 것 같다. 내 돈의 지출에서 엄청난 비율을 차지하던 것이 교통비였는데 그것이 사라지니까 돈이 남아돌아서 좋다.

    – 학생 글

    이 글은 '코로나19가 끼친 나 혹은 한국 사회의 영향'이라는 주제로 작성한 글이다. 글쓴이는 코로나19가 끼친 개인적 영향에 대해 여러 가지 항목으로 나누어 쓰고 있지만 일관된 순서도 없고 글 전체가 하나의 주제로 통일되지도 않았다. 주제문 작성은 글을 본격적으로 쓰기에 앞서 무엇에 대해 어떤 생각을 쓸 것인지를 확정하는 것이다. 물론 글쓰기의 과정 중에 주제도 수정이 될 수도 있지만 글의 일관성과 통일성을 위해 계획하기 단계에서 충분히 고려하여야 이와 같은 문제가 발생하지 않는다.

✔ 체크리스트

번호	항목
1	새로운 시각으로 대상을 바라보고 있는가?
2	예상 독자를 구체적으로 상정하고 있는가?
3	글의 목적이 분명하게 드러나는가?
4	주제의 범위는 적당하고 다룰 가치가 있는가?
5	주제문에 글쓴이의 생각이 명료하게 제시되고 있는가?

활동

위 체크리스트를 중심으로 필자가 '주제 정하기'의 과정에서 어떤 내용을 구상하였을지 빈칸에 작성하고 부족한 부분이 있다면 토론해 보자

street light 〈가로등〉
신이 모습을 드러낸다면

당신이 도시인이라면 이 사물은 거의 늘 당신의 생활 반경 내에 있을 것이다. 하지만 이 사물의 존재를 비로소 인식하게 되는 건, 십중팔구 어둠이 찾아온 다음이다. 이 사물은 어둠과 반대 속성인 빛을 품고 있지만, '어둠에서만 나타나는 빛'이라는 역설을 동반한다. 바로 '가로등'이다.

지금 한번 떠올려보자. 낮에 당신은 익숙한 길거리를 지나고 있다. 하지만 가로등이 정확히 어디에 있는지 아느냐고 묻는다면 즉시 대답할 수 있을까. 그럼 밤의 길거리를 다시 떠올려보자. 가로등의 존재감은 당신이 움직이는 밤거리 동선 어느 즈음에서 또렷해진다. 그것은 당신이 지나는 어떤 어둠 속에서 당신에게 한 줌의 빛이라도 가장 절박한 그 순간, 반드시 필요한 바로 거기에 그렇게 서 있다.

인적이 끊긴 어둠 속에서 섬뜩한 느낌으로 혼자 걷던 골목길, 방향을 제대로 알 수 없는 낯설고 컴컴한 타지를 운전하고 있을 때, 그제야 우리는 이 작은 빛이 소중한 친구이자 보호자로서, 먼바다를 건너는 항해사의 등대와 다를 것이 없다는 사실을 깨닫게 된다.

그러나 다시 가로등을 생각해보자. 어둠 속에서 드러나는 가로등의 빛이란 미미하기 짝이 없다. 사방을 덮고 있는 밤의 공간적 넓이와 시간적 깊이, 즉 어둠의 총량에 비한다면 이 한 줌의 빛을 과연 '빛'이라고 말할 수 있을까. 겨우 빛나는 반딧불처럼, 이 사물의 빛을 다른 무언가를 '비추는' 빛이라고 할 수 있을까.

가로등의 역설은 여기에 있다. 빛은 실낱같은 희망의 가능성으로 오히려 어둠 속에서 제 존재를 분명히 드러낸다는 사실 말이다. 우리가 절박하게 어둠 속을 걷거나 음산한 골목길에 있을 때, 멀리 있는 가로등을 보며 안도하게 되는 이유는 무엇일까. 사실 이 사물에서 나오는 빛은 어둠의 전체와 비교할 때 '비추는' 빛이라고 하기는 어렵기 때문이다.

오히려 그래서 가로등은 우리에게 거꾸로 말한다. 어둠 속에 나타난 빛의 진정한 힘은 어둠을 전면적으로 제거하는 데 있는 게 아니라고. 가로등의 역할은 빛이 사방의 어둠 속에서도 어딘가에 '존재한다'는 사실 자체를 예감하게 하는 것만으로도 충분하다.

철학자 플라톤이 쓴 『국가』에는 어둠 속 동굴에 갇힌 죄수의 이야기가 나온다. 모든 사람이 어둠의 공간을 유일한 세계로 알며 살던 중에 단 한 명의 죄수가 천신만고 끝에 밖으로 기어나와 새로운 세상을 보게 된다. 죄수의 호기심과 용기를 자극하는 데는 전면적인 어둠의 틈새로 새어 들어오던 머리칼 같은 빛으로도 충분했다. 그것은 빛이 존재한다는 가능성의 확인 그 이상도 이하도 아니다.

– 함돈균, 『사물의 철학』, 세종서적, 2015, 12쪽.

항목	내용
글감찾기	
독자 분석과 목적 정하기	
주제문 작성하기	

2 자료 수집 및 정리하기

자료 수집 및 정리하기는 글의 주제와 관련된 자료를 모아 글쓰기에 도움이 되도록 요약·정리하는 과정을 말한다. 주제문이 작성되면 그 주제와 관련된 신뢰도 높은 자료를 수집한다. 직접 도서관에 가거나 인터넷을 통해 관련 자료를 충분히 모았다면 주요 내용과 출처를 밝혀가면서 정리한다. 이때 글쓴이의 생각과 다른 사람이 쓴 글을 구분하여 정리해 놓으면 집필하기뿐만 아니라 수정하기 단계에서도 활용할 수 있다.

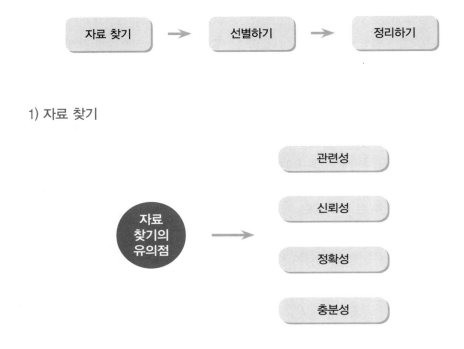

1) 자료 찾기

주제문이 작성되면 관련된 자료를 충분히 수집해야 한다. 이때 가능하면 많은 자료를 수집하면 좋지만 한 편의 글을 쓰기 위해 지금까지 발표된 모든 자료를 모을 수는 없다. 따라서 자료를 모을 때에는 주제와의 관련성, 신뢰성, 정확성, 충분성 등을 고려하는 것이 좋다.

관련성은 직접적으로 해당 주제를 다룬 자료에서부터 범위를 확장해가며 자료를 모으는 것을 말한다. 신뢰성은 단행본이나 학술논문, 신문 기사 등 관련 분야에서 믿을 수 있는 자료를 모을 때 확보된다. 정확성은 자료에 나타난 다양한 정보가 정확한 표본이나 데이터로 제공되는 것이어야 함을 일컫는다. 충분성은 앞서 제시한 세 가지 요건을 갖춘 자료를 글을 쓰기에 충분하도록 모아야 한다는 뜻이다.

글의 대상이 되는 1차 자료는 도서나 실험 결과, 인터뷰, 설문 조사, 현장 답사 등이 있다. 글의 직접적인 대상이 되지는 않지만 주제와 관련된 2차 자료는 도서, 논문, 잡지, 신문, 통계 자료, 사전 등이 있다. 1차 자료의 수집은 글의 목적과 주제에 맞게 방식과 범위를 한정하고 질문지를 구성하거나 실험을 설계해야 한다.

발로 뛰어야 했던 예전과 달리 최근의 문헌 자료 수집은 인터넷 검색을 통해 대부분 이루어진다. 음반이나 영상물 등과 같은 멀티미디어 자료의 경우 인터넷으로 수집할 경우 저작권 문제가 발생할 수 있으므로 주의가 필요하다. 자료 수집을 위해서는 다음과 같은 인터넷 사이트를 활용하면 된다.

① 숭실대학교 중앙도서관–https://oasis.ssu.ac.kr
② 국립중앙도서관–https://www.nl.go.kr
③ 국회도서관–https://www.nanet.go.kr
④ 한국교육학술정보원–http://www.riss.kr
⑤ 누리미디어–https://www.dbpia.co.kr
⑥ 국가과학기술정보센터–http://www.ndsl.kr/index.do
⑦ 한국사회과학데이터센터–https://www.ksdc.re.kr/

① 숭실대학교 중앙도서관

② 국립중앙도서관

④ 한국교육학술정보원

⑥ 국가과학기술정보센터

2) 선별하기

자료를 충분히 수집한 후에는 먼저 자료의 핵심 내용을 빠르게 파악하여 필수적 자료와 부수적 자료를 구분해 두는 것이 좋다. 이를 구분하기 위해서는 글의 전체 구조를 파악할 필요가 있다. 먼저 제목과 목차를 통해 전반적인 내용을 파악하고 내용을 요약한 글이 있다면 이를 활용한다. 만일 이것이 없다면 본문에 나온 소절의 제목을 통해 내용을 확인하고, 앞부분에서 제기한 문제를 뒷부분에서 해결하고 있다면 이 구조에 맞추어 글의 전반적인 내용을 파악한다. 이러한 과정을 거쳐서 선별한 자료는 연대순으로 배열을 하고 번호를 붙여 목록을 작성한다.

필수적 자료인 경우 그 내용을 꼼꼼히 분석하면서 읽어나가야 한다. 이때 유의해야 할 것은 기존에 발표된 내용과 필자가 선정한 주제가 중복되지는 않는지 점검해야 한다는 점이다. 그 과정에서 기존에 발표된 제재라 하더라도 새로운 관점이나 새로운 결론이 도출되었거나 새로운 방법을 통해 글이 계획되었다면 문제가 없다. 그러나 기존 자료와 글쓴이가 구상한 주제에 큰 차이가 없다면 주제 정하기 단계로 다시 돌아가서 새로운 주제를 정해야 한다.

3) 정리하기

수집된 자료는 쓰려고 하는 글의 몇 배가 될 수도 있다. 또 초고쓰기와 수정하기 단계에서도 계속적으로 자료를 수집하고 활용해야 하므로 읽은 자료는 일목요연하게 정리해 두어야 한다. 대개 자료에 간단히 표시를 하거나 메모지를 붙여 정리하는 경우가 많다. 그러나 이렇게 하면 오래 기억하기 어렵고 다른 자료와의 비교가 쉽지 않을 뿐만 아니라 자료들 간의 혼동도 피하기 어렵다. 따라서 별도로 자료 정리 노트를 작성하여 활용도를 높이는 것이 좋다.

자료를 정리할 때에는 자료의 주요 정보를 기록해야 한다. 명확히 정해진 방식은 없지만 다음과 같은 방법으로 정리하면 효과적이다.

항목	내용
자료의 서지 사항	저자, 제목, 출판사, 출판 날짜, 쪽수 등
핵심 내용 요약	한두 문장 정도로 핵심 내용 요약
주요 내용	화제문, 주요 통계나 연도, 저자의 발견 사항과 근거
글쓴이의 주관적 견해	수집한 자료의 분석과 평가

아래 〈예시〉는 자료 수집 및 정리하기의 과정에서 어떤 자료를 수집하고 정리했는지 아래 밑줄 친 부분을 중심으로 생각해 보자.

⊙ 예시

(전략)

첫째, 우리나라의 진단키트는 전 세계에서 최고 수준이다. 우리나라는 지난해 메르스 사태 이후 질병에 의한 피해를 줄이기 위해 진단키트 개발에 집중하였고, 그 결과 세계 최고 수준의 진단키트를 개발해 낼 수 있었다. 이 덕분에 코로나 사태가 발발한 이후 감염 의심자 검사가 빠르게 이루어질 수 있었고, 드라이브 스루 검사라는 진단키트의 장점을 이용한 우리나라만의 특별한 시스템이 만들어 지기도 하였다. 이러한 키트는 코로나 바이러스가 급속도로 확산되고 있는 국가들에겐 필수적인 것이었고, 기업들은 해외로 진단키트를 수출할 수 있었다. 우리나라의 입장에서는 수출과 국가 이미지 상승, 일석이조의 상황인 것이다.

둘째, 국민들의 협조가 잘 이루어졌다. 감염자가 외부 활동을 하는 등 협조가 잘 이루어지지 않은 경우도 있었다. 그러나 국민들이 시민 의식을 가지고 협조를 잘하였기에 사태가 나아진 것은 분명하다. 그 예로 우리나라에서는 외국과 달리 사재기 현상이 거의 일어나지 않았다. 다른 나라의 경우 마트나 편의점에서 사재기로 인해 생필품 진열대가 비어 있는 것을 흔히 볼 수 있다. 그러나 우리나라의 경우 탄탄한 생필품 제조 기반, 온라인 쇼핑 시스템의 발달, 위기 상황에 대한 면역력, 그리고 발달된 시민의식 덕분에 사재기를 하는 모습이 드물었다.

셋째, 기업들의 협조 또한 빼놓을 수 없다. 전염병이 발생할 경우 가장 필요한 물품은 당연히 마스크와 손 소독제일 것이다. 이는 이번 사태에서도 쉽게 확인해볼 수 있었다. 마스크를 찾는 사람들이 많아짐에 따라 수요가 공급을 넘어서게 되었고, 마스크를 쉽게 구할 수 없는 상황까지 오게 되었다. 그러나 지금은 사태가 완전히 끝나지 않았음에도 마스크를 과거에 비해 쉽게 구할 수 있는데, 그 이유 중 하나는 바로 기업들이 사태 개선을 위해 협조를 해 준 것이다. ○○전자의 경우 마스크를 생산하는 중소기업을 지원해주어 생산량을 크게 늘릴 수 있었다. 또한 ○○이노베이션 등은 부다페스트행 전세기를 보내 협력업체 직원뿐만 아니라 일반 교민, 유학생들도 신청을 받아 태우기도 하였다. 그 밖에도 여러 기업들의 기부 활동을 통해 사태가 지금처럼 진정될 수 있었던 것이다. (후략)

— 학생 글

이 글은 코로나19 사태에 우리나라가 잘 대응하고 있다는 주제의 글이다. 이 글은 여러 가지 관련 자료를 적절하게 활용하여 글쓴이의 주장을 뒷받침하고 있다. 메르스 사태 이후 세계적 수준의 진단키트를 개발했다는 것, '드라이브 스루'라는 검사 방법으로 접촉을 줄이는 것, 진단키트를 해외에 수출하고 있다는 것, 다른 나라는 사재기가 흔히 발생하고 있는데 우리나라는 그렇지 않다는 것, 기업들의 적극적인 협조가 있다는 것 등 다양한 예를 들 수 있었던 것은 자료 수집에 많은 노력을 기울인 후 글을 썼기 때문이다. 관련 자료 조사가 부실하면 글쓴이의 주장을 풍부하게 뒷받침하기 어렵고 내용 역시 한쪽으로 치우치거나 감정에 호소하는 글이 될 가능성이 높다.

✅ 체크리스트

번호	항목
1	글을 쓰기 위한 자료는 충분히 수집하였는가?
2	자료의 출처는 명확하고 신뢰할 자료인가?
3	자료를 꼼꼼히 읽어 요약했는가?
4	자료에 대한 글쓴이의 평가가 일목요연하게 정리되었는가?
5	자료를 서지 사항에 맞게 정리하였는가?

위 체크리스트를 중심으로 자료 수집 및 정리하기의 과정에서 필자가 어떤 활동을 하였을지 유추한 이후 아래 표의 빈칸을 완성하고 부족한 부분을 토론해 보자.

코로나발 경제 위기에 대응하기 위해 정부가 재정 투입을 늘리면서 국가채무 증가와 재정 건전성 하락을 우려하는 목소리가 커지고 있다. 나랏빚 걱정은 당연한 일이나, 그렇다고 국가채무비율을 일정 수준 이하로 묶는 것을 정책의 최우선 목표로 삼는 것은 옳지 않다. 소극적인 재정 운영이 경제 전반을 더 악화시켜 재정 상황을 더 나쁘게 만들 수 있음을 오히려 경계해야 할 때다. 당장 빚이 늘더라도 과감한 재정 투입으로 지금 경제를 살려 놓아야 나중에 빚도 갚을 수 있다는 건 상식이다.

올해 들어 두 차례에 걸쳐 편성한 추가경정예산(추경)에 따라 국가채무는 819조 원으로 국내총생산(GDP)의 41.4%에 이른다. 여기에 20조~30조 원으로 예상되는 3차 추경안이 준비되고 있다. 우리나라가 기축통화국이 아니며, 저출산 · 고령화 속도가 유난히 빠르다는 사실을 모르는 바가 아니다. 하지만 지금은 코로나발 경제 충격으로 국내외 경제가 급격히 위축되고 있는 상황을 더 중시해야 한다.

5월 들어 10일까지 수출 실적이 69억 달러로 작년 같은 기간보다 46% 줄었다. 가계의 소비, 기업의 투자 · 생산이 모두 위축된 터에 정부마저 소극적인 재정 운영에 머물 경우 사태는 더 악화할 수밖에 없다. '긴급 재난에 나랏빚 눈덩이', '과도한 돈 풀기는 한국에 최악', '국가채무비율 50% 돌파 시간문제' 식으로 나랏빚에 대한 공포감을 조장하고 여기에 짓눌려 재정이 제 역할을 하지 못하면 경제는 더 나빠질 수밖에 없다.

한국의 재정 상태가 다른 나라들에 견줘 건전한 편임은 많이 알려진 대로다. 코로나 사태 뒤 주요 국가들이 막대한 규모의 국채 발행을 통해 경기 대응에 나서고 있는 점을 고려하면 우리의 상대적 재정 건전성은 더 나아졌을 것이다.

지난해 문재인 대통령 주재 국가재정전략회의 뒤 불거진 '40% 마지노선' 같은 소모적인 논란을 되풀이하는 것은 바람직하지 않다. 금과옥조처럼 여긴 '국가채무비율 40% 선'에는 뚜렷한 근거가 없다. 또 지금은 초저금리 덕분에 국채 발행에 따른 부담도 이전보다 크게 줄었다.

청와대와 여당, 정부가 이달 중 대통령 주재로 열 예정인 국가재정전략회의에서 재정 운영에 대한 적극적인 태도를 보여주기 바란다. 세계 경제의 역성장 흐름에 대응하고 사회안전망을 촘촘하게 만들기 위해선 재정의 역할을 더 강화해야 할 시기다.

— 한겨레신문 사설, 2020. 5. 11.

항목	내용
자료의 서지 사항	
핵심 내용 요약	
주요 내용	
필자의 주관적 견해	

3 개요 작성하기

글의 주요 내용과 전체적 구성을 간략하게 요약한 것을 개요라 한다. 흔히 글쓰기를 집 짓기로 비유할 때 개요는 설계도 그리기에 해당한다. 설계도를 잘 작성하면 집을 지을 때 혼란을 방지할 수 있다. 개요를 작성하기 위해서는 앞서 정리한 주제와 자료를 통해 글 전체의 흐름을 구체화하고 주제를 풀어가는 방법을 고민하면서 작성해야 한다. 체계성과 구체성을 갖추어 작성한 개요는 글의 통일성과 유기성을 높이는 데에 큰 도움이 된다.

1) 개요 작성의 필요성

좋은 글이 되려면 모든 내용이 하나의 주제를 향해 물 흐르듯이 흘러가야 한다. 앞의 내용과 뒤의 내용이 서로 긴밀히 연결되어 글 전체가 유기적으로 연결되어야 하며, 각 단락들에 나타난 소주제가 글 전체에서 하나의 주제로 수렴되는 통일성도 갖추어야 한다. 이를 위해서는 본론 중 하나의 단락이라도 주제와 동떨어진 내용을 담고 있어서는 안 된다.

개요를 작성하기 위해서는 먼저 글을 어떻게 구성할 것인지 확정할 필요가 있다. 학술적 글쓰기의 경우 서론-본론-결론의 3단 구성을 기본으로 한다. 여기에 본론을 다시 원인-문제점-해결 방안 등으로 세분한다면 5단 구성이 된다. 3단 구성, 5단 구성 각각을 어떤 내용으로 어떻게 채울 것인지 계획하는 것이 개요 작성하기의 시작이다.

아래 〈예시〉 글은 개요를 작성하고 쓴 글인지 그렇지 않은 글인지를 생각하면서 읽어보자.

💬 예시

우리나라 형법 제9조에 따르면 "14세 되지 아니한 자의 행위는 벌하지 아니한다"라고 규정하고 있다. 만 14세 이상의 소년은 범법행위를 했을 때 책임능력이 인정되어 형사책임을 지지만, 만 10세 이상~만 14세 미만의 소년은 책임능력이 인정되지 않아 촉법소년으로 분류되어 형사책임 대신 소년법원에서 보호처분을 받고 있다. 그러나 최근 청소년 범죄는 갈수록 지능화, 저연령화, 상습화되어가고 있고, 촉법소년의 범죄에서도 강력범죄가 차지하는 비율이 증가하고 있기 때문에 촉법소년법에 대한 법 개정 요구의 목소리가 높아지고 있다.

지난 3월 29일 대전에서 10대들이 훔친 차를 몰고 도심을 질주하다 대학생을 치어 숨지게 한 사건을 들어 보았을 것이다. 사고를 낸 가해자는 무면허인 데다 사고를 낸 뒤에는 차량을 버리고 달아나기까지 했다. 하지만 가해자는 나이가 만 14세 미만이라는 이유로 구속되지 않고 대전소년분류심사원으로 넘겨졌다. 가해자가 몰던 차량에 탑승했던 나머지 6명은 아무런 처벌도 받지 않았고 사고 후에도 오히려 범죄 관련 과시 글을 올리는 등 죄책감이 전혀 보이지 않는 행동을 하였다. 또한 최근에는 한 남자 중학생이 여자 화장실에 들어가 초등학생을 몰래 촬영한 혐의로 경찰에 붙잡혔지만 촉법소년에 해당해 형사 처벌은 어려울 것으로 보이면서 논란이 되었다.

살인, 강도, 성폭력, 방화 등 강력범죄를 저지른 촉법소년은 2011년 363명에서 2012년 432명, 2013년 413명, 2014년 479명으로 3년 만에 32%나 증가하였고, 특히 성폭력 촉법소년은 2011년 224명에서 2012년 308명, 2013년 330명, 2014년 362명으로 3년 만에 60% 이상 빠르게 증가하였다. 이러한 청소년 강력 범죄를 줄이기 위해서는 촉범소년의 연령을 만 8세로 하향조정하고 소년범의 처벌을 강화해야 한다. 현재 촉법소년의 연령은 만 10세 이상이지만 청소년 범죄가 저연령화된다는 점, 일명 캣맘사건으로 불리는 용인 벽돌 살인 사건의 용의자가 만 9세의 형사책임 완전 제외자였던 점, 초발비행연령이 재범률 상승에 미치는 영향 등을 고려하여 촉법소년의 하한 연령을 2세 인하하는 것이 옳다고 생각한다. 촉법소년의 하한 연령을 인하하여 보다 빠르게 개입해 비행촉발요인을 평가, 제거할 수 있다. 그리고 청소년 범죄의 범죄 유형과 정도, 지속성에 따라 처벌을 달리해야 한다. 인간의 생명, 자유, 신체를 침해하는 등 무거운 범죄를 저지른 경우에는 나이가 어리다는 이유로 형사처벌을 면하지 않고 그에 걸맞은 형사처벌이 이루어져야 한다.

– 학생 글

이 글은 촉법소년의 연령을 하향할 것과 처벌을 강화하자는 칼럼의 초고이다. 서론에서는 촉법소년의 정의와 최근 문제가 커지고 있는 촉법소년의 처벌 문제를 제시하였다. 본론에서는 촉법소년법에 의해 처벌을 받지 않은 사례를 제시했다. 다음으로 촉법소년의 강력범죄 증가율을 제시하고 있는데 이후 별다른 근거 없이 촉법소년의 연령 하향과 처벌 강화를 주장했다. 즉 서론과 본론 앞부분까지는 무난한 글이 되었지만 정작 중요하게 논증되어야 할 필자의 주장이 너무 소략하게 제시되었다. 이는 본론 후반부와 결론에 대한 내용을 개요 작성을 통해 충분히 구상하지 않고 쓴 글이라는 것을 반증한다.

2) 개요의 종류

(1) 화제식 개요

글 전체의 구도를 잡은 다음에는 본격적으로 개요를 작성해야 한다. 이때 가장 많이 활용하는 개요의 진술 방식이 화제식 개요이다. 화제식 개요는 핵심적인 단어나 어구로 글 전체의 구성을 보여주는 것이다. 화제식 개요는 문장식 개요에 비해 작성이 용이하고 글 전체를 간결하게 확인할 수 있다는 장점이 있다. 그러나 간명하게 작성된 탓에 이를 바탕으로 실제 글을 쓸 때 많은 내용을 채워야 하는 어려움이 발생할 수 있다.

아래 〈예시〉를 읽고 개요 작성하기의 과정에서 글쓴이는 어떻게 개요를 작성하였을지 생각해 보자.

예시

"코로나 19 발생 이전의 세상, 다시는 오지 않는다." 중앙방역대책본부 부본부장 권준옥씨가 한 말이다. 지난 2019년 12월 중국 우한에서 처음 발생한 이 바이러스는 대한민국, 일본, 대만 등 인근 국가를 시작으로 점차 전 세계적으로 퍼져나갔고, 이는 1968년 홍콩 독감, 2009년 신종플루 이후 WHO에서 펜데믹 선언을 한 세 번째 바이러스가 되었다. 이 전례 없는 바이러스에 국민들은 혼란과 공포에 빠졌고, 바이러스 확산을 막기 위한 정부의 정책들이 쏟아져 나오며 국민들의 생활 양상이 큰 변화를 맞고 있다. 그렇다면 코로나 19 이후의 세상은 이전과 어떻게 달라질까.

첫 번째로, 근무 환경의 변화가 예상된다. 코로나 19가 확산되면서 많은 기업들이 정부 지침에 따라 재택근무를 실시하였다. 우려와 달리 업무 효율이나 능률면에서 이전과 큰 차이를 보이지 않는다는 의견이 많아지면서, 코로나 사태 이후에도 재택근무의 비중이 늘어날 것이라 예상되고 있다. 그렇다면 이에 따라 재택근무를 위한 기술들이 급격히 발전하게 될 것이며, 이전과는 전혀 다른 근무 환경이 생겨날 수도 있을 것이라는 예상을 해 본다. 언젠가는 동료들의 얼굴이나 성별, 나이와 같은 기본적이지만 개인적인 정보들은 전혀 모르는 채로 함께 근무하게 될 날이 올 수도 있지 않을까. 그런 세상이 온다면 '사회생활'이라는 단어는 사전에만 남아있는 단어가 될지도 모르겠다.

두 번째로는, 교육 환경의 변화가 예상된다. 사람들이 가장 자주, 많이 모이는 곳이라면 회사, 그리고 학교를 꼽을 수 있겠다. 코로나 사태로 인해 현재 전국 모든 학교가 온라인 수업을 실시하고 있는데, 학교는 학생들을 교육하고 사회성을 길러주는 곳이니만큼 대면활동의 필요성이 큰 공간이라 생각된다. 그렇기 때문에 온라인 교육이 계속 이어지지는 않겠지만, 이번 경험을 바탕으로 등교가 어려운 장애 학생들이나, 개인 사정으로 결석이 불가피해진 학생들에게 학교라는 공간적인 제약에서 벗어나 온라인을 통한 교육이 이루어질 수 있는 계기가 될 수 있을 것이라 본다. 뿐만 아니라 특별한 실습이나 활동이 요구되지 않는 이론적인 과목들은 영상 강의로 대체하여 학교에 머무르는 시간이 점점 단축될 수도 있겠다는 생각이 든다.

세 번째로는 의료 환경의 변화가 예상된다. 지난 메르스 사태 이후 국내 여러 대형병원들은 정부 지침에 따라 전염병 환자들을 격리/치료할 음압병동들을 신축, 운영하였다.

또한 식품의약품안전처는 신종 감염병 발생 시 신규 진단 시약과 검사법을 즉시 사용할 수 있는 긴급사용승인제도를 도입하였고, 이런 대비책들은 이번 코로나 바이러스에 대처하는 데에 큰 기여를 했다. 비록 음압병실은 기하급수적으로 늘어나는 코로나 환자들을 감당해내기엔 그 수가 너무 적었고, 의심환자들을 모두 다 검사하기엔 자원과 인력의 한계가 있었지만 이러한 대비책을 마련해놓지 않았다면 우리는 분명 지금보다 훨씬 더 많은 피해를 입었을 것이다. 이번 경험을 바탕으로 우리는 또 비슷한 상황이 발생할 것에 대비해 이전보다 훨씬 촘촘하고 효과적인 대비책을 마련하여 다음 상황을 대비하게 될 것이다. (중략)

지금 이 순간에도 밤낮없이 신종 바이러스와 맞서 싸우고 계실 모든 분들께 감사와 존경을 표하는 바이며, 최대한 추가 피해 없이 빠른 시일 내에 이 사태가 종결되기를 간절히 기도한다.

– 학생 글

이 글은 모두 5개의 문단으로 구성되어 있지만(중략 제외) 내용상으로 서론-본론-결론의 3단 구성의 방법으로 구성되었다. 첫 문단은 글의 서론이라 할 수 있는데 현재 상황에 대한 간단한 설명과 이 글에서 분석할 문제가 무엇인지 언급하였다. 다음 세 개의 문단은 서론에서 제시한 문제를 '근무 환경', '교육 환경', '의료 환경' 등으로 세분화하고 그것을 각각 분석하였다. 이후 결론에서 이런 사태가 빨리 종식되기를 바라는 마음을 피력하였다. 이 글은 다음과 같은 화제식 개요를 작성하고 글을 썼을 것으로 추측해 볼 수 있다.

1. 서론: 코로나19 사태의 세계적 상황과 변화상
2. 근무 환경의 변화
   1) 현재의 재택근무
   2) 미래 재택근무의 모습 예측
3. 교육 환경의 변화
   1) 현재의 온라인 수업
   2) 미래 온라인 수업의 모습 예측

4. 의료 환경의 변화
  1) 현재 음압 병동의 한계
  2) 미래를 위한 대처
5. 결론: 코로나19 사태의 빠른 종식을 바람

(2) 문장식 개요

문장식 개요는 전개할 내용을 완성된 문장의 형태로 작성하는 개요의 유형이다. 문장식 개요는 개요의 내용을 바로 중심 문장으로 활용할 수 있다는 이점이 있다. 그러나 화제식 개요처럼 글의 전체적 윤곽을 한눈에 알아보기 어렵다는 한계점이 있다.

개요의 진술 방식을 확정하였다면 각각을 어떤 방식으로 나열할 것인지도 정해야 한다. 이는 논리적인 전개를 위해 목록을 단계화하는 과정이라 할 수 있다. 통상 '장, 절, 항, 목'의 순서로 표현하고 이를 기호화할 때에는 'Ⅰ.,1., 1), ⑴, ①' 등의 순서로 나타낸다.

아래 〈예시〉를 읽고 개요 글쓴이가 어떻게 개요를 작성하고 글을 썼을지 생각해 보자.

💬 예시

최근 개정된 낙태법의 입법 예고로 인해 낙태 문제에 관한 다양한 의견들이 다시 주목을 받고 있다. 낙태법 전면 폐지를 주장하는 사람들, 낙태법 개정안의 확대된 낙태 허용 범위에 반대하는 사람들, 낙태의 제한적 허용을 찬성하는 사람들 등 이를 바라보는 다양한 입장이 존재하고 있다. 그리고 이렇게 상반된 시각들 속에는 여성의 자기 결정권, 태아의 생명권, 피임에 대한 사회적 인식, 양육 문제 등 여러 복잡한 문제들이 얽혀있다. 낙태법은 다음과 같은 이유로 폐지되어야 한다. 첫 번째로, 여성의 기본권인 임신, 출산권이 완전히 보장되어야 하기 때문이다. 임신, 출산권은 자기 결정권 중 하나로써 임신 중단권(낙태권), 피임권, 임신권, 출산권 등을 포함한다. 역사적으로 여성의 임신과 출산이란 인간종의 유지를 위한 수단이라는 의미에 집중되어왔다. 특히 우리나라의 경우 전통적인 유교문화 아래에서 임신과 출산의 주된 의미는 가문을 이어 나가기 위해 여성들에게 요구되는 사항이자 의무였다. 또한 여성들에게 임신을 하면 출산을 해야 한다는 도덕적 당위성이 부여되어왔다. 이렇게 과거의 역사적, 사회적 상황에서 여성의 임신 중단권은 여성이 스스로 주체가 되어 자유롭게 선택할 수 없는 문제였다. 오늘날, 여전히 낙태법 아래에서 여성은 임신과 출산에 대한 권리를 완전히 인정받지 못하고 있다. 임신, 출산권은 여성의 생물학적 특성으로써 당연히 존중받아야 하고 여성들은 행위의 주체로서 이에 대해 선택할 수 있어야 한다. 그러므로 낙태법을 전면 폐지하여 여성의 임신과 출산에 관한 결정권을 보장해야 한다. 두 번째로, 한정적인 낙태의 허용범위이다. 개정된 낙태법에 따르면 임신 25주부터는 낙태가 처벌의 대상이 된다. 낙태 허용 범위에 해당하지 못한 여성들은 원치 않는 출산을 하게 되거나 불법적인 낙태 방법을 택할 수밖에 없는 것이다.결국, 개정된 법률도 모든 범위의 여성들의 권리를 보호해줄 수 없다. 여성의 출산권을 완전히 보장할 수 있는 허용범위는 낙태법 전면 폐지를 통해 만들 수 있다. 이를 통해 여성은 임신 중단에 대해 자유롭게 결정할 수 있고 출산권에 대한 완전한 보장이 이루어지는 사회가 될 것이다.

한편, 낙태법 유지를 주장하는 사람들은 낙태법을 폐지한다면 여성의 자기 결정권 보장을 위해 태아의 생명권이 무시된다는 측면에서 바람직하지 않다고 지적한다. 그러나 이것은 기본권 충돌의 문제라는 것을 간과한 비논리적인 지적이다. 김학태(2009)는 "태아의 생명권과 여성의 자유권은 반드시 갈등적 관계로 파악할 것이 아니라 오히려 상호 보완적 관계로 파악하는 의식의 전환이 필요하다. 태아의 생명은 모체의 생명 및 건강과 연관시켜 의미를 갖는 것으로 평가할 수 있으며, 여성의 권리 또한 태아의 생명을 지키는 관계에서만 의미 있는 것으로 평가될 수 있다."라고 말했다. 우리는 태아의 생명권과 여성의 자기 결정권을 서로 반대 관계에서 생각하기보다 상호 보완적인 관계에서 한 방향으로 바라보아야 한다. 두 권리 모두 기본권으로써 어느 한쪽을 위해 다른 한쪽을 희생시키는 쪽으로 생각한다면 항상 충돌할 수밖에 없는 문제가 된다. 또한 낙태법 유지를 주장하는 사람들은 만약 낙태법을 전면 폐지한다면, 많은 여성이 무분별하게 낙태를 하고 이는 아무런 제재 없이 생명을 무자비하게 버리는 사회적 현상으로 변질될 수 있다고 말한다. 그러나 낙태는 단순히 아기를 지우는 가벼운 수술이 아니다. 육체에 흔적을 남기고 평생 후유증을 안고 살아가야 할 가능성이 있는 위험한 수술이다. 또한 낙태 수술을 한다는 사실에 대해 여성이 느끼는 죄책감과 부담감, 정신적인 부분도 고려하지 않을 수 없다. 이렇게 낙태는 끊임없는 고민 끝에 모든 것을 감수하기로 하고 돌이킬 수 없는 큰 책임을 지는 것이다. 과연 낙태법을 폐지한다고 해서 무분별한 낙태가 일어나게 될까? 낙태법 폐지를 악용하는 현상이 일어날 것이라는 가정은 낙태 수술의 심각성과 중대한 영향력을 간과한 지적이다. 법은 사람들의 권리를 보호하고 지켜주며 사회의 혼란을 해결하기 위해서 존재한다. 낙태법이 과연 이러한 법의 본질적인 기능을 제대로 수행하고 있다고 판단할 수 있을까? 법이라는 영역 아래에서 원하지 않는 출산을 강제로 행해야 하는 것이 과연 정당한 것일까? 우리는 답을 이미 알고 있다. 이제 답을 향해 나아가는 길만이 남았다.

– 학생 글

이 글은 서론-본론-결론의 3단 구성으로 작성된 칼럼이다. 서론에서는 낙태법 개정과 관련해 의견이 양분된 상황을 제시하고 본론에서는 낙태법이 근본적으로 폐지되어야 하는 근거와 예상 반론에 대한 재반론을 담고 있다. 결론에서는 낙태법을 폐지해야 한다는 주장을 다시 한 번 강조하는 것으로 글을 마무리하고 있다. 이 글의 글쓴이는 다음과 같은 개요를 작성하고 글을 썼을 것으로 추측할 수 있다.

1. 서론: 낙태법 개정과 관련하여 의견이 분분하다.
2. 낙태법 폐지 주장의 근거는 다음과 같다.
   (1) 여성의 임신, 출산권이 보장되어야 한다.
   (2) 낙태법 개정안의 제한적인 허용 범위가 문제다.
3. 낙태법 폐지에 대한 예상 반론에 대한 재반론은 다음과 같다.
   (1) 태아의 생명권 침해 지적에 대해 반박한다.
   (2) 낙태법 폐지의 악용 현상 지적에 대해 반박한다.
4. 결론: 낙태법은 폐지되어야 한다는 주제를 다시 한 번 강조한다.

✅ 체크리스트

번호	항목
1	개요가 글 전체의 구성을 잘 보여주고 있는가?
2	개요의 세부 항목이 균형감 있게 설계되었는가?
3	개요가 하나의 주제로 통일되어 있는가?
4	개요가 명료하게 기술되었는가?

> **활동**
>
> 위 체크리스트를 중심으로 필자가 어떤 개요를 작성하고 글을 썼을지 아래 빈칸을 완성한 후 화제식 개요와 문장식 개요의 차이점을 토론해 보자.

'월요병'이 도지는 일요일 자정, 침대에 누우면 어김없이 들리는 소리. 누구보다 빨리, 이미 내일의 출근을 해버린 사람들의 소리가 조용한 골목길을 덮는다. 대형 트럭의 하차 소리, 짐을 옮기는 소리, 합을 맞추기 위해 기합을 넣는 소리 말이다. 청소노동자가 야밤에 우리의 쓰레기를 치운다. 다음날 출근할 때에는 산처럼 쌓인 쓰레기 더미가 말끔히 치워져 있다. 당신들 덕분입니다. 고맙습니다.

작년 말 이탈리아의 작은 마을 카판노리에 다녀왔다. 우리 마을뿐 아니라 다른 어디에도 소각장은 안 된다는 마음으로 20년 전 '쓰레기 제로 마을'로 전환한 곳이다. 우유를 자기 용기에 리필하는 우유 ATM, 1년 동안 배출한 쓰레기양을 기록하고 음식물 쓰레기를 퇴비로 만드는 '쓰레기 제로 가족' 프로그램, 천 기저귀에 붙는 지자체 보조금, 한 장에 만원이나 하는 종량제 봉투…. 유럽 최초의 쓰레기 제로 마을인 카판노리시는 재활용률 90% 이상을 달성하며 소각장을 짓지 않고도 쓰레기 문제를 해결한 선례를 보여준다.

그런데 어떤 정책이 가장 인상적이냐는 질문에 의외의 장면이 떠올랐다. '밀라노 패션'으로 출근하는 사람들 사이로 유유히 돌아다니던 청소 트럭과 아담한 쓰레기 봉투였다. 청소차는 햇빛에 반짝였고 쓰레기봉투는 적당해 보였다. 이탈리아엔 70 ℓ 가 넘는 쓰레기봉투가 없기 때문이다. 내가 사는 서울 마포구엔 종종 터질 듯한 100 ℓ 짜리 쓰레기봉투가 놓여 있다. 자기 몸통보다 큰 봉투를 들어 올리느라 청소노동자의 몸엔 요추염좌, 추간판탈출증 등이 찾아든다. 뉴스타파에 따르면 마포구 청소노동자 혼자 하루에 3t이 넘는 폐기물을 처리하는데, 이는 5분에 쌀 한 가마니(80kg)를 들어 올리는 양이다. 게다가 야간노동은 국제암연구소가 지정한 2급 발암요인이다. 국내 청소노동자의 야간노동 비율은 62%다. 깜깜한 밤 청소차 뒤편에서 청소노동자가 떨어지고 깔리고 뭉개진다. 공공 노동 가운데 가장 위험한 업종이 바로 청소업이다. 예측 불가능한 상황이 닥치는 어업이나 임업보다 오히려 청소업에서 다치는 노동자 비율이 더 높다.

작년에 환경부는 '환경미화원 작업안전지침'을 통해 변화를 도모했지만, 청소업무는 지자체 소관이라 속도가 더디다. 지난 5월1일 노동절에 뜻 맞는 사람들끼리 자기가 사는 곳 지자체에 민원을 넣었다. 청소일 낮에 하면 안 돼요? 광주는 100ℓ 종량제 봉투를 금지했는데 우리는요? 그 결과 서울 서대문구는 적극적으로 검토하겠다는 답변을 남겼고 경기 성남시는 주간에 시범운영 중인 청소차 사진을 보내왔다. 생애 첫 민원에 답을 받아 감개무량하다는 반응. 민원은 못 넣었지만 쓰레기봉투에 감사 문구를 써서 내놓은 사연, 관리인께 고구마를 구워드린 이야기가 넘실댔다.

다정한 사람들의 힘으로 다정한 제도를 만들면 좋겠다. 계산대 노동자를 위한 의자 캠페인 청소노동자를 위한 샤워실 설치 국민청원, 쓰레기봉투 크기를 제한하자는 주민의 목소리. 힘없는 사람들의 쫀쫀한 연대가 퍽퍽한 현실을 바꿔낼 수 있다. 존 버거의 말처럼 천국에는 연대가 필요 없어요, 연대는 지옥에서나 필요할 뿐. 100ℓ 봉투를 금지한 지자체는 광주 광산구와 동구, 부산 해운대구, 경기 성남·용인·고양·부천시다. 당신은 어디 살고 계신가요?

– 고금숙, 「청소노동자를 위한 착한 정책」, 경향신문, 2020. 5. 15.

항목		내용
서론		
본론	본론1	
	본론2	
	본론3	
결론		

2장

· 글쓰기의 과정 ·

집필하기

글쓰기의 두 번째 단계인 집필하기는 계획하기 단계에서 작성된 개요와 정리된 관련 자료를 바탕으로 하여 실제로 글을 작성하는 과정을 말한다. 집필하기는 글의 첫인상을 좌우하는 서론 쓰기와 주제를 본격적으로 논증하거나 설명하는 본론 쓰기, 전체 내용을 요약 정리하는 결론 쓰기로 구성된다. 여기에서는 다양한 글의 양식 중 대학생들이 가장 많이 쓰게 되는 학술적 에세이를 중심으로 집필하기의 과정을 살펴보기로 하자.

1 서론 쓰기

서론은 글의 첫인상이 된다는 점에서 유의할 사항이 많은 부분이다. 오직 글쓴이의 만족만을 위해 글을 쓰는 것이 아니라면 독자에게 흥미를 끌 수 있는 서론이 되어야 한다. 서론에서 다룰 내용은 글의 목적이나 예상 독자에 따라 다르지만 일반적으로 해당 사안에 대해 문제를 제기하고, 글의 대상이 무엇이고, 어떠한 과정을 통해 글을 전개할 것인가에 대한 글쓴이의 생각을 밝히는 과정이 포함된다. 서론은 이어질 본론의 내용을 종합적으로 안내해야 하기 때문에 본론을 작성한 이후에 서론을 쓰는 경우도 있고, 본론을 작성한 후 수정하는 경우도 있다.

| 문제 제기 | → | 대상 소개 | → | 관점 제시 |

1) 문제 제기하기

글을 쓸 때 처음 한 문장 혹은 한 단어를 어떻게 쓰는가 하는 것은 글쓰기를 전문으로 하는 작가에게도 쉬운 일은 아니다. 글쓰기가 독자와 나누는 대화의 일종이라고 생각한다면 글의 시작은 독자에게 쉽게 다가갈 수 있고, 독자에게 흥미를 끌 수 있는 것이 좋다. 예를 들면 주제와 관련된 글쓴이의 경험이나 일화, 최근 사회적으로 문제가 된 사건이나 현상 등을 활용하면 독자의 관심을 이끌어 낼 수 있다.

다음 〈예시〉 글은 독자에게 어떤 흥미를 끌면서 글을 시작하고 있는지 생각해 보자.

⊙ 예시

청명하고 통통 튀는 알람 소리가 귀를 때리며 나를 깨운다. 알람 여신의 목소리는 예쁘지만 잠을 깨우는 소리라 달갑지 않다. 이제 대학생이 되었으니 생활을 스스로 관리하려고 알람을 맞춰두고 일어나려고 노력 중이다. 아침에 누군가 나를 깨워주는 수고를 덜어주기 위해 알람 소리에 맞춰 일어나는 습관을 들이려는 건데 쉽지 않다. 처음 한 달은 실천이 힘들었지만, 이제 마음만 먹으면 언제든 알람 소리의 도움만으로 일어날 수 있다. 내겐 큰 수확으로 스스로 자부심마저 느껴진다. 아침에 나를 깨우며 힘들어하시던 어머니와 사이도 좋아지고 여러 가지로 잘한 일이다.

– 학생 글

이 글은 코로나19로 인해 개인은 물론 사회에도 큰 어려움이 발생했지만 긍정적인 측면도 있다는 내용의 에세이다. '알람 소리'를 '청명하고 통통 튀는' 소리로 시작한 첫 문장이 독자에게 신선하고 흥미롭게 다가온다. 더구나 어려운 수사나 기교 없이 본인의 경험을 담백하게 표현하여 글이 쉽게 읽힌다. 글쓴이는 대학 새내기가 되어 주체적인 자기관리를 거창하거나 어려운 일이 아닌 것에서 시작했고, 이제 생활화된 그것에 자부심까지 느끼고 있다. 독자는 신선한 첫 문장과 생생한 체험을 쉽게 쓴 도입부를 통해 글의 내용에 관심과 흥미를 갖게 된다.

대학에서 쓰게 되는 글은 대부분 설득이나 설명을 목적으로 한 학술적 성격의 글이라 할 수 있다. 학술적 글쓰기는 기존 지식 체계에 대한 의심과 회의에서 비롯되므로 문제를 제기하는 것은 서론의 중요한 요소가 된다. 여기에는 새롭게 발견한 내용이 학문 영역 안에서 논의할 가치가 있음을 밝히고, 이 논의가 어떤 지점에서 필요한 것인지를 기술한다. 또 기존의 질서나 가치 체계에 문제가 있음을 밝히고 이를 비판적으로 바라볼 필요가 있음을 지적하는 것도 좋은 서론이다.

아래 〈예시〉 글은 어떤 방식으로 서론을 쓰고 있는지 생각해 보자.

예시

소크라테스는 무지에 대해 악이라 간주했지만, 우리는 대체로 무지에 대해 관용을 가진다. 분명 촉법소년 또한 그런 관용의 일부로 생겨난 것이다. 정신적으로 신체적으로 미성숙한 어린아이의 상태를 이해하여 이에 대한 처벌을 면하는 것이다. 이 행위는 아이가 일종의 무지의 상태에 있다고 가정한 뒤, 무지에 대해 관용을 베푸는 것이라 볼 수 있다. 그러나 실제로 촉법소년은 무지한지, 혹은 그만큼 죄질이 가벼운지에 대해 의문을 품게 되는 사건이 연달아 일어났고, 촉법소년에 대한 처벌을 강화해야 한다는 여론이 늘고 있다. 그러나 우리는 촉법소년의 처분에 대한 결론을 내리기에 앞서 촉법소년은 정확히 무엇인지, 어째서 문제시되는지 구체적으로 알아야 한다. 이를 통해 촉법소년의 처벌을 어느 선에서 강화할 것인지 어떤 사회적 변화가 필요한 것인지 살펴볼 것이다.

– 학생 글

이 글은 촉법소년에 관한 법률에 의해 형사처벌이 이루어지지 않고 있는 사회 현실에 대해 문제를 제기한 글의 서론이다. 글쓴이는 미성숙한 소년범에 대한 사회적 관용이 만들어 놓은 법률이지만 최근 발생한 강력범죄를 통해 볼 때 그 의미가 퇴색되어 가고 있다는 것을 지적한다. 이후 앞으로 이 글을 어떻게 전개할 것인지를 구체적으로 밝히고 있다. 서론에서는 기존의 사회 체제나 질서에 대해 문제를 제기하고 이를 해결하기 위한 대안이 글쓴이의 주장에 있다는 점을 밝히는 것이 좋다.

2) 대상 소개하기

서론을 쓸 때에는 어떤 대상에 대해 글을 쓸 것인지 분명히 규정할 필요가 있다. 이것은 토론을 할 때 첫 입론 부분에서 대상의 정의와 범위, 한계 등을 확정해 주는 것과 마찬가지이다. 글을 쓰기 위해서도 쓰려고 하는 대상의 개념은 무엇이고, 대상이 미치는 범위와 한계는 어디까지인지 명확히 제시해야 한다. '안락사'에 대한 글을 쓴다고 가정할 때 필자가 말하는 안락사가 고통을 완화하고 병자의 생명을 단축시키지 않는 '순수한 안락사'인지, 무의미한 연명치료를 중단하는 '소극적 안락사'인지, 약물 투여 등을 통해 생명을 끊는 '적극적 안락사'인지 구분해 주어야 한다. 글쓴이가 말하는 안락사의 정의나 의미를 정확히 규정해 놓지 않을 경우 독자는 어떤 안락사를 말하는지 알 수 없고 이렇게 되면 독자는 글쓴이의 생각을 정확히 이해하기 어렵다.

우리가 쓰는 언어는 기표(記標)와 기의(記意)가 자의적으로 연결된다. 기호화된 언어는 주체(글쓴이)가 사용하는 의미를 정확하게 타자(독자)에게 전달하기 어려운데 이는 같은 기표로 전달되더라도 타자가 인식하는 기의와 주체가 전달하려는 기의가 달라질 수 있기 때문이다. '나무'라는 기호를 자주 쓰지만 사람들 각각의 머릿속에 그리고 있는 나무의 구체적인 모습은 모두 다르다. 따라서 글의 혼란을 방지하고 독자에게 명확한 내용을 전하고 싶다면 대상에 대한 구체적인 소개가 필요하다.

아래 〈예시〉 글은 어떤 대상을 소개하고 있는지, 그 방법에 문제가 없는지 생각해 보자.

⋯ 예시

정의의 사전적인 의미는 사회를 구성하고 유지하기 위해 사회 구성원들이 공정하고 올바른 상태를 추구해야 한다는 가치를 의미한다. 이 의미로 정착되기 이전에 정의는 라틴어로 justum으로 명령이라는 jussum의 변화형이고 독일어 recht, 프랑스어로 La justice로 재판을 의미하는 단어에서부터 유래되었다. 정의의 원초적인 개념은 포괄적인 개념이 아니라 단지 법으로 잘못된 일을 판단하고 명령한다는 의미만을 가지고 있었다. 하지만 그 당시 정해진 법률만으로는 부정한 일을 판단할 수가 없었고 오히려 법을 통해서 부정의한 일이 일어나기도 하였다. 이는 현재에도 법만으로 판단을 해서 잘못된 판결이 나고 억울함을 그대로 받아야만 했던 사건을 통해서 문제점을 확인할 수 있다.

　(중략)

　정의로운 사회를 만드는 데 있어서 또 다른 중요한 부분을 차지하고 있는 곳이 사람과 사람들 사이 관계라고 생각한다. 따라서 사람들이 생활을 하면서 만들어낸 문화 속에서 정의가 이루어지고 있는지 살피는 것 또한 중요하다고 생각한다. 회사의 공간을 예로 들어서 정의가 이루어지고 있는지 확인하려 한다.

먼저 우리나라에서 지금 크게 대두되고 있는 문제들 중 하나인 비정규직에 대해서 다루려고 한다. 비정규직은 회사에서 지속적으로 그 비중을 줄이지 않고 늘리고 있다. 왜냐하면 정규 직원에 비해서 임금을 덜 줘도 되고 고용과 해고가 용이하여서 회사 입장에서는 부담이 덜하기 때문이다. 하지만 그 수가 계속 커지고 비정규직들은 불공평한 대우를 받으면서 일을 하고 있기 때문에 문제가 되고 있는 것이다.

– 학생 글

이 글은 '사회 속 정의의 역할'이라는 제목의 학술적 에세이의 일부이다. 법적인 정의에서부터 문화적, 정치적 정의까지 우리 사회의 다양한 문제를 '정의'의 측면에서 들여다본 글이다. 첫 번째 단락은 '정의'에 대한 개념을 규정하고 있는 부분이다. '잘못된 일을 판단하고 명령한다'고 하는 '정의'의 어원을 통해 개념 정리를 시작하여 당시는 물론 현재까지 그것들이 잘 지켜지지 않고 있어 억울한 사람들이 있다는 내용이다. 그런데 본론에 해당하는 '문화적 정의' 부분에는 첫 단락에 제시된 정의의 개념과는 다른 의미로 쓰이고 있음을 알 수 있다. 서론에서 제시한 '정의'가 법적 정의의 측면에만 머물러 있기 때문에 독자는 이런 의미로만 '정의'를 이해하게 된다. 본론에서는 '정의'의 개념이 '진리에 맞는 도리' 정도로 매우 폭넓게 쓰이고 있다는 점을 글쓴이는 간과한 것이다. 이를 방지하기 위해서는 서론에서 어원적 정의, 법적 정의와 함께 글쓴이가 말하는 구체적인 '정의'의 의미를 밝힐 필요가 있다.

3) 관점 제시하기

서론의 마지막 부분에는 두 가지가 제시되어야 한다. 첫째는 이 글을 어떤 방식을 적용하여 작성할 것인지를 밝히는 부분이다. 보고서와 같은 학술적인 글의 경우 어떤 연구 방법이나 이론을 적용하여 글을 쓸 것인지 미리 알려주어야 한다. 에세이와 같은 비교적 가벼운 글의 경우 이 부분이 생략되기도 한다. 둘째는 본론이나 결론이 어떻게 전개될 것인지를 간략하게 제시한다. 서론은 앞으로 전개될 내용의 예고편이라 생각해도 좋다. 따라서 글이 앞으로 어떻게 전개될 것인지 대략적 그림을 보여주어 독자가 내용을 생성할 때 도움을 줄 필요가 있다.

　아래 〈예시〉를 통해 이 글이 본론에서 어떤 시각으로 글을 쓸 것인지 추측해 보자.

⊙⊙⊙ 예시

　　사람의 일을 대신 해주는 로봇이 생겨남으로써 인간의 역할 변화가 불가피할 전망이다. 현재도 인공지능 로봇에게 일자리를 넘겨준 실직자의 수가 기하급수적으로 늘고 있는 상황이다. 로봇이 인간의 일을 대신하는 사회에서 우리의 자아실현은 어떤 방향으로 목적을 달성하게 될 것일까? 분명한 것은 모든 인간에게 미래에 일어날 변화의 흐름을 직시하고 분석하여 그 물결에 동참하는 것이 불가피하다는 사실이다.

　　나는 4차 산업혁명 시대의 변화를 나의 입장에서 생각해 보기로 했다. 자연스레 '빠른 변화의 흐름에서 내가 로봇에 대체되지 않을 방법은 무엇일까?', '나의 장래 희망인 교육자의 꿈을 실현하기 위해서는 현재의 교육자 상을 좇는 것이 이상적일까?', '과연 현재의 교육 시스템이 미래에도 유효할 수 있을까?' 등의 물음이 머릿속에 떠올랐다.

　　이 물음에 답하기 위해 현존하는 교육 개혁 사례들을 찾아보았고, 앞으로의 글에서 사례들을 분류하고, 분석하고 이해하는 과정을 함께 할 것이다. 덧붙여, 이 에세이에서 나는 현존하는 교육 개혁 사례들을 살펴보는 것에서 더 나아가 4차 산업 시대의 교육이, 혹은 더 먼 미래의 교육이 나아가야 할 올바른 방향에 대해 고찰할 것이다.

　　－ 학생 글

　이 글은 4차 산업혁명이라는 시대의 변화와 함께 미래의 교육이 어떻게 전개될 것인지를 예측하고 올바른 교육 방향을 설정하기 위해 교육 개혁의 사례를 고찰한 학술적 에세이이다. 간략하기는 하지만 마지막 단락에서 어떤 과정과 방법을 통해 이 글의 주제를 구현할 것인지를 밝히고 있다. 기존 교육 시스템의 변화가 불가피하다는 내용과 함께 현재 실행되고 있는 교육 개혁의 사례를 분류·분석하여 바람직한 미래 교육의 방향을 제시하겠다는 것이다. 이 서론에서 좀더 보완할 점은 대상의 범위와 방법론에 대한 구체적 제시이다. 한국의 교육인지 세계의 교육인지, 초·중등 교육을 대상으로 한 것인지 고등교육을 대상으로 한 것인지, 또 어떤 자료를 통해 혹은 어떤 인식 조사를 통해 내용의 객관성을 확보할 것인지가 제시될 필요가 있다.

✓ 체크리스트

번호	항목
1	글의 시작이 독자의 흥미와 관심을 끌고 있는가?
2	글의 서론에 어떤 대상을 향해 문제를 제기하였는가?
3	글의 대상에 대해 명확하게 의미를 규정하고 있는가?
4	앞으로 전개될 내용에 대해 소개하고 있는가?
5	연구 방법이나 적용되는 이론을 제시하고 있는가?

활동

위 체크리스트를 중심으로 글쓴이가 '서론 쓰기'의 과정에서 어떤 내용을 구상하고 작성하였는지 아래 표를 완성한 후 부족한 부분을 토론해 보자.

2020년 5월 25일, 조지 플로이드(George Floyd)의 충격적인 죽음에 항의하여 미국은 물론 세계 곳곳에서 격렬한 시위가 벌어졌다. 코로나19 사태에도 불구하고 수많은 사람들이 거리로 쏟아져 나오게 된 데는 백인 경찰 데릭 쇼빈(Derek Chauvin)에게 짓눌려 죽어가는 플로이드의 모습이 현재 흑인의 처지를 여실히 보여주었기 때문이다. 쇼빈은 수갑을 채우고 바닥에 눕힌 플로이드의 목을 총 8분 46초 동안 무릎으로 짓눌렀는데., 미동조차 없어진 뒤로도 2분 53초간 더 눌렀다. 20달러짜리 위조지폐 사용 혐의로 체포된 플로이드는 경찰 검문을 받을 때부터 공포에 질려 있었으며, "숨을 쉴 수 없어요"(I can't breathe)라는 말을 스무차례 이상 되풀이 했고 "엄마, 사랑해요. 아이들에게 사랑한다고 전해주세요. 나 죽어요"라는 유언 같은 말을 남겼다.

이 사건을 통해 충격적으로 드러난 것은 노예해방(1863년) 이래 150년, 시민권 쟁취(1965년)로부터 50년이 지났고, 게다가 '흑인' 대통령 오바마의 8년 집권을 거쳤음에도 현재 대다수 흑인들의 삶은 참담하고 그들을 대하는 공권력의 태도 역시 더없이 가혹하다는 것이다. 이번 시위에서 두각을 나타낸 운동단계 '흑인 생명은 소중하다'(Black Lives Matter, 이하 BLM)와 운동연합체인 '흑인생명운동'(Movement for Black Lives, 이하 M4BL)은 모두 오바마 시절에 결성된 것이고, 그 명칭이 일러주듯 흑인의 생명 보호를 일차적인 목표로 내걸었다.

플로이드뿐 아니라 근년에 터무니없는 이유로 죽은 상당수 흑인들의 마지막 장면에는 그들이 아메리카 땅에서 겪은 온갖 형태의 차별과 냉대, 모멸과 예속이 응축된 듯하다. 가깝게는 1950~60년대 시민권운동 당시 인종격리와 차별에 저항하며 평등한 시민권을 요구한 흑인들로부터 멀리는 노예제 시대 백인 주인의 어떤 처벌에도 복종해야 했던 흑인 노예의 모습도 발견할 수 있다. 또한 20세기 초반 남부에서 북부 대도시로 이주하여 백인 주류 사회의 또다른 형태의 차별과 착취에 시달리던 흑인 노동자, 빈민들의 모습도 떠오른다. 특이한 것은 최근 죽임을 당한 흑인들의 삶과 죽음이 짐 크로우(Jim Crow) 시대나 시민권운동 시기보다 오히려 남북전쟁 이전의 노예들의 모습에 더 가까운 느낌을 주기도 한다는 점이다. 사실 플로이드 살해사건이 의미심장한 것은 그를 죽음에 이르게 한 경찰폭력의 야만성보다 그런 야만적 폭력을 공권력의 이름으로 버젓이 행사하는 방식이다. 경찰은 만약 혐의자가 백인이라면 엄두도 내지 못했을 과도한 폭력을 가난한 흑인들에게 행사했다. 백주의 거리에서 행인들이 지켜보는 가운데서 천연덕스럽게 자행된 공권력의 이런 폭력행위는 제도적인 지지가 없다면 가능하지 않은 일이다. 플로이드 죽음 이래 '체제적 인종주의'(systtemic racism)의 문제점을 지적하는 논의들이 쏟아진 것은 당연한 일이다.

그런제 '체제적 인종주의' 철폐/극복의 주장에서 '체제'를 어떤 범위와 차원으로 상정하느냐에 따라 문제의 틀과 해결책이 크게 달라질 수 있다. 가령 '체제'를 법무부와 경찰국, 사법제도처럼 국가기구의 부분적인 제도와 관행에 한정한다면 경찰폭력과 부당한 형사법 제도를 고치는 것만으로도 중요한 진전이 이뤄지는 셈이다. 그러나 이런 차원에서 제도와 관행이 개선된다고 해서 미국사회에서 인종주의가 종식될 가능성은 없다. 인종주의의 뿌리는 미국이라는 다인종 국가의 여러 사회적 관계 안에 속속들이 뻗어 있고, 사실은 근대 자본주의 세계체제의 밑바탕에까지 닿아 있기 때문이다. 미국은 처음부터 자본주의체제로 시작했고 북부 산업지역의 공장제 임금노동 외에도 흑인 노예제를 주요하게 활용했다. 아메리카 원주민에 대해서는 또다른 방식으로 대응했는데, 노예화하는 대신 학살하거나 인디언 보호구역에 가두어놓는 '정착식민주의'(settler colonialism)를 택했다. 미국의 백인 지배세력은 두 인종에 대해 다른 방식의 지배전략을 구사한 것이다.

이 글은 이런 논점들을 염두에 두고 플로이드 항의시위를 계기로 제기된 인종주의 극복의 과제를 '체제적' 관점에서 짚고자 한다. 그 일환으로 아메리카 땅에서 흑인 삶의 조건과 인종주의 문제를 천착한 몇몇 문학작품을 살펴보기로 한다. 인종주의 극복의 과제를 인종 간 평등과 정의, 시민권과 선거제도 등을 기준으로 사회정치적으로 따져보는 것도 중요한 일이지만, 노예화와 인종적 격리·차별이 개별 흑인들의 구체적인 삶에 어떻게 와닿았는가를 살펴보는 가운데 인종주의의 본질적 면모를 탐구하는 데는 문학 텍스트 논의가 요긴하다는 생각이다. 이런 차원에서 플로이드가 죽어가며 되풀이한 '숨을 쉴 수 없어요'라는 말이 노예제 때부터 지금까지 흑인들 대다수에게 절절히 닿는 언어라는 것에 주목하지 않을 수 없다. 이 말이 코로나19와 기후위기 시대에 갖는 특별한 호소력도 상기하게 된다. 코로나바이러스에 감염되었거나 그 때문에 실직한 사람들—흑인들이 인구비례 다수인—에게도 플로이드의 마지막 말은 더없이 아프게 느껴질 것이다. 자본주의 말기로 가면서, 한국을 포함한 세계 곳곳의 노동자들 상당수가 착취당할 뿐 아니라 '불완전 고용'(underemployment) 상태에 놓이고 여차하면 '폐기처분'되기도 하니, 생존의 위기에 몰린 이들은 제대로 '숨을 쉴 수 없'다. 이것이 아마도 이번 플로이드 항의시위에 전지구적으로 다양한 인종이 참여한 이유 중의 하나일 것이다.

– 한기욱, 「"숨을 쉴 수 없어"–체제적 인종주의와 미국문학의 현장」, 『창작과비평』, 창작과비평사, 2020. 가을호.

항목	내용
문제 제기하기	
대상 소개하기	
관점 제시하기	

2 본론 쓰기

본론은 글쓴이가 한 편의 글을 통해 드러내고자 하는 주제를 다양한 근거나 사실을 통해 논증하고 설명하는 부분이다. 글의 성격이나 목적에 따라서 본론을 쓰는 방법은 달라질 수 있다. 먼저 '○○은 무엇인가?'라는 질문의 형식에 답을 찾는 설명형 글쓰기는 독자가 주제를 충분히 이해할 수 있도록 풍부하고 깊이 있는 내용으로 본론을 구성해야 한다. 다음으로 '○○은 허용해야 하는가?' 혹은 '○○은 어떻게 해결할 것인가?'라는 질문에 답하는 설득형 글쓰기에서는 글쓴이가 하나의 입장을 선택한 후 풍부한 근거를 통해 그 내용을 정당화해야 한다.

1) 설명형 글의 경우

대학은 각 전공 영역 안에 형성된 학문 공동체의 언어를 습득하고 어떠한 방법으로 전공 영역의 학문을 계승·발전시켜 나가는지를 학습하는 공간이다. 이런 관점에서 설명형 글쓰기는 기존에 형성된 지식 체계를 익히고 정교화하기 위해서 매우 중요한 역할을 담당한다. 각 전공 영역에서 '○○학 개론'은 바로 그러한 물음에 답하는 설명형 글쓰기의 전형이라 할 수 있다.

설명형 본론은 크게 두 가지로 나누어질 수 있다. 먼저 자연과학적 현상이나 이론을 설명해야 할 때는 객관적인 사실을 근거로 분석이 주가 되는 본론을 작성해야 한다. 이 경우 새로운 의견을 제시하기보다는 학계에서 타당성을 인정받은 연구 결과를 적절하게 인용하는 것이 효과적이다. 다음으로 인간의 행위나 역사적 사건 등을 설명해야 할 때는 객관적 사실에 더하여 그것의 의미를 밝히는 것도 필요하다. 문학, 역사, 철학과 같은 인문학적 글쓰기는 단순히 사실의 나열이 아니라 그것이 지닌 사회적·역사적 의미를 해명하는 것이 꼭 필요하다.

아래 〈예시〉를 통해 설명형 글의 본론이 어떤 방식으로 구체화되는지 생각해 보자.

◌ 예시

한국은 알래스카의 경우와 같이 천연자원(석유)을 재원으로 하여 기본소득을 실시할 수는 없다. 당장 기본소득을 실행하고 싶다면 기존의 조세부담률보다 높은 세금을 납부해야 할 것이다. 기본소득한국네트워크는 기본소득 도입과 동시에 투기불로소득 중과세를 통해 신자유주의 금융수탈체제의 종식을 추구한다고 한다. 금융과세의 고율화와 토지세, 생태(환경)세, 부자증 세를 통해 재원을 마련할 것이라 말한다. 즉 조세개혁은 한국에 기본소득을 도입하는 데 있어서 열쇠가 될 것이다. 강남훈 기본소득한국네트워크 이사장은 연 360만 원을 지급하는 것을 목표로 하는 모델을 제시한다. 5천만 명에게 지급한다면 181조 원이 필요하다. 그가 제시하는 이 모델은 기존의 복지제도는 그대로 유지한 채 기본소득을 도입한다. 기존의 복지제도인 기초생활보장급여, 영유아 보육료, 가정양육수당 지원금, 기초노령연금에 들어가는 지원금을 합하면 13조 1천억 원이다. 불로소득에 세금을 매기고 생태세, 토지세를 도입한다. 모든 물건에 생태세를 부과해 40조 원을 마련한다. 2013년 전국 토지 개별공시지가 총액 3879조 원에 1% 토지세를 부과하게 되면 39조 원이 마련되며, 지하 경제 자원의 10%의 세금을 매겨 25조 원을 마련한다. 2014년 종합소득세 54조 2천억 원에 50%의 기본소득세를 부과하면 27조 1천억 원이 생긴다. 배당과 이자소득 원천 세율을 현재 15.4%에서 30%로 인상하면 각 15조 원이 더 생기며 증권양도소득 또한 종합 소득에 포함해 세금을 부과한다면 30조 원을 확보할 수 있다. 이것이 구체적인 한국 기본소득 도입의 모델이다.

– 학생 글

이 글은 기본소득을 통해 인공지능 시대 노동의 가치를 새롭게 정립한다는 주제를 다루고 있다. 여기서 중요한 것은 현재 경제 수준에서 어떻게 재원을 마련하여 기본소득을 실행할 수 있을지를 설명하는 것이다. 이 글은 주로 전문적으로 기본소득을 연구한 단체나 전문가의 의견을 제시하여 재원 마련이 가능하다고 설명한다. 현재 시행되고 있는 복지제도를 손보지 않고서도 기존의 세율을 상향 조정하고, 생태세나, 토지세 등을 도입하여 재원을 마련할 수 있다는 것이다.

이와 같이 본론을 쓸 때에는 글의 성격에 따라서 설명이 적절한 것인지를 점검해야 하며 다른 설명보다 글쓴이의 설명이 어느 지점에서 효과적인지를 밝힐 필요가 있다. 이를 위해서는 설명의 조건이 명확해야 하며 원인이나 현상에 대한 구체적인 검토가 중요하다. 검토의 방법으로는 설명 자체의 타당성을 확인하거나 글쓴이의 설명이 비교 우위에 있음을 반론하는 방법 등이 있다.

2) 설득형 글의 경우

인간 삶의 대부분은 어느 하나를 선택하고 결정하는 과정이라 해도 과언이 아니다. 그런데 세상은 다양하고 복잡한 체계로 작동되고 있어서 우리는 무언가를 선택해야 할 때에 매우 신중해야 한다. 최근에 벌어지고 있는 우리 사회의 문제에 합리적 의사 결정을 위해 쟁점이 되는 사안에 대해 의견을 밝히는 방법으로 설득형 글쓰기는 주로 활용된다. 여러 선택지 중에 하나를 골라야 할 수도 있고, 찬성과 반대 중 하나를 골라야 할 때도 있다.

특정 쟁점에 대해 하나의 입장을 선택했다면 글쓴이는 그것이 어떤 기준에 의해 최선의 선택인지를 밝혀야 한다. 그 기준은 흔히 논증을 위한 근거라고 지칭한다. 근거는 객관적 정보를 기본으로 하여 상세하고 풍부하게 제공되어야 한다. 또한 사실에 기초한 정보를 글쓴이가 풍부하게 분석하여 독자의 공감을 얻어낼 수 있도록 한다.

아래 〈예시〉를 통해 설득형 글의 본론이 어떤 방식으로 구체화되는지 생각해 보자.

💬 예시

> 첫 번째로 국가는 부모와 같다는 국친사상에 근거해 아이의 양육이나 발전에 필요한 환경을 국가가 친부모와 같이 제공해줘야 하는 '사회적 책임'을 지닌다. 아이가 범죄를 저지르더라도 처벌보다는 보호와 교육을 하고 올바른 방향으로 선도하는 것이 우선시 돼야 한다. 아이들의 범죄에 대해서 엄하게 처벌하는 엄벌주의만을 내세운다면 우리 국가나 사회가 해야 되는 올바른 성장을 위한 환경 개선, 교화를 위한 노력을 하지 않게 되므로 무책임하다고 생각한다. 따라서 범죄 예방이나 인성 등에 대해 배울 수 있는 교육의 환경이나 프로그램을 강화해 아이들의 변화 가능성을 지켜보고 그럼에도 해결되지 않으면 최후의 수단으로 엄벌주의를 내세우는 것이 마땅하다고 생각한다.

두 번째는 청소년은 정신적, 정서적, 사회적으로 발달하는 시기이기 때문에 처벌을 하게 되면 부작용이 있을 수 있다. 처벌을 하게 되면 아이들은 외부가 차단된 소년원 등 보호시설이나 교도소에서 지내게 된다. 이에 대해서 범죄전문가 이수정 경기대 교수는 촉법소년의 연령기준을 인하하게 되면 중학교 1학년이 처벌받을 시에 학교생활의 공백으로 인해 학업에 대한 의지가 줄어들어 결국은 중퇴자를 더욱 양산할 것이라고 지적했다. 이러한 아이들은 다양한 사람들과 소통하지 못하고 정상적인 교육을 받아 성장할 수 있는 기회를 박탈당해 사회에 진출했을 때 적응하지 못하고 또다시 범죄환경에 노출될 것이다.

마지막으로 범죄를 처벌함으로써 응징의 개념을 주입시키기 보다는 교화와 예방에 집중해 조화로운 사회 구성원의 삶을 영위하게 해야 한다. 특히 소년범죄에는 교화기능이 가장 중요한데, 이마저도 제대로 이루어지지 않을 경우 사회가 더 큰 악의 굴레에 놓일 수 있다. 그러나 현재 우리 법원의 역할은 '처벌'에만 집중되고 교화의 기능은 하지 못한다. 그 이유는 소년범죄는 경찰 수사를 받은 후에 가정법원으로 송치되는데 가정법원은 소년사건뿐만 아니라 가사사건과 가정 및 아동보호사건까지 담당하고 있어 소년사건에 대한 전문성을 갖추고 있지 않기 때문이다. 미국에서는 소년사건이 가정법원과 다른 별도의 소년법원에 이송된다. 따라서 처벌을 강화하기에 앞서 우리나라도 미국과 같이 소년전문법원의 도입을 통해 교화와 예방에 먼저 집중해야 한다.

– 학생 글

이 글은 '촉법소년에 대한 처벌을 강화해야 하는가?'라는 질문에 반대의 입장을 선택한 에세이 중 본론 부분이다. 처벌을 강화해서는 안 된다는 주장을 펼치면서 사회환경적 측면에서 '책임'을 강조하고, 교육적 측면에서 '성장 발달에 저해'되고 '범죄 환경에 노출'될 수 있음을 들고 있으며 형벌의 최종 목적이 '교화'에 있다는 점을 강조하고 있다. 글쓴이의 주장을 강화하기 위해 전문가의 의견이나 외국의 사례를 활용하는 등 권위 있는 자료를 통해 신뢰도를 높이고 있다.

논쟁적인 주제를 가지고 설득형 글을 쓸 때, 어느 하나의 선택지가 일방적으로 옳을 수는 없다. 따라서 자신의 주장을 관철시키기 위해 풍부하고 다양한 논증 자료를 활용함과 동시에 반론에 대한 재반론도 개진하여야 한다. 재반론을 통해 선택하지 않은 쟁점의 문제점을 부각하고 글쓴이가 선택한 방안이 최상의 선택지임을 보다 분명히 할 수 있다.

아래 〈예시〉를 통해 설득형 글의 본론이 어떤 방식으로 구체화되는지 생각해 보자.

💬 예시

> WHO의 섣부른 판단에 대해 많은 질문을 던질 필요가 있다. 게임에 심각하게 중독되어 사회적으로 많은 사람들에게 피해를 입히고 심지어 자신의 부모님에게도 피해를 입히는 그런 사람들은 반드시 해결해야 하는 문제가 맞다. 하지만 게임 장애를 가진 사람과 게임 장애를 가지지 않은 사람을 구별하는 정확한 판단기준을 알 수 있는가? WHO에서는 일상생활보다 게임을 중요시 여기며 부정적인 결과가 초래해도 게임을 12개월 이상 지속하면 게임중독으로 판단한다는 기준을 세웠다. 과연 12개월이라는 판단이 정말 사회과학적인 실험에 기인한 것인지 의구심이 든다. 지금의 과학적인 기술로는 게임중독을 판단할 수 없다고 많은 학자들이 말하고 있다. 게임중독은 정확한 '증상'이 나타나는 것이 아닌 우울증처럼 '감정'의 요소가 포함되어 있기 때문에 게임중독인지 아닌지를 정확히 판단하는 것에는 무리가 있다. 만약 게임중독과 같은 증세를 보여 게임중독이라고 판단하더라도 과연 그 증세가 게임중독이라고 확신할 수 있을까? 게임중독이 아닌 다른 변수들로 인해 증상이 나타났다는 가능성을 결코 배제시킬 수 없다.
>
> — 학생 글

이 글은 예시는 2019년 5월 WHO가 게임중독을 질병으로 분류한 것에 대한 반론을 펼친 글의 일부분이다. 글쓴이는 게임중독의 질병 분류가 성급한 판단에 의해 결정된 것임을 다양한 근거로 설득하고 있는데, 이 부분은 찬성했을 때 발생할 수 있는 문제점을 들어 자신의 주장을 강화하고 있다. 반대할 경우 '현재 발생하고 있는 게임중독으로 인한 사회적 문제를 어떻게 해결할 것인가?'라는 반론에 대해 게임중독은 감정의 문제이기 때문에 질병으로 분류하기 전에 그것이 게임에 몰입하는 현상만의 문제인지를 명확하게 밝히는 것이 선행되어야 한다고 주장한다. 이를 통해 질병 분류 전에 게임중독과 일상의 파괴 사이의 인과 관계를 분명히 하지 않는 찬성론자들의 문제점을 꼬집으면서 자신의 주장을 강화할 수 있게 된다.

개인의 의사결정에서부터 한 나라의 정책 결정에 이르기까지 우리는 주어진 문제에 대안을 요구할 때가 많다. 현대사회는 복합적이고 중층적인 만큼 발생한 사회문제에 대해 보다 빠르고 정확하며 미래지향적인 해결 방안을 모색해야 한다.

어떤 문제에 대해 실질적인 해결 방안을 마련해야 하는 글쓰기의 경우 쟁점에 대처하는 만족스러운 결과를 도출해야 한다. 독자의 만족을 이끌어 내기 위해서는 쟁점에 대해 다각적인 분석이 선행되어야 하고 글쓴이의 해결 방안이 효과적이면서도 적절한 것임을 입증할 필요가 있다. 특히 대안으로 제시된 의견이 실현 가능하다는 점은 매우 중요한 지점이다.

아래 〈예시〉를 통해 글의 본론이 어떤 방식으로 구체화되는지 생각해 보자.

예시

2015년 7월 기준 카메라등이용촬영죄 범죄 행위 검거자 중 32.1%가 기소됐고 그 중 10%만이 실형을 선고받는다. 한 번 유포되면 피해자의 사생활이 모두 침해당하며 일상생활에 치명적인 저해 요인이 되고 심할 경우 피해자의 목숨마저 앗아갈 수 있는 범죄이므로 실형 선고를 강화하여 범죄 행위를 엄중히 처벌함으로써 해당 범죄 행위를 근절해야 한다.

'몰카', '도촬' 등 범죄 예방의 경각심을 일깨워주기 어려운 단어들은 '불법 촬영'으로 변경하여 상대방의 동의 없는 촬영은 '불법'이며 엄연한 범죄 행위로 처벌을 받음을 유념하도록 해야한다.

'리벤지 포르노'라는 명칭은 '디지털 성폭력'으로 대신하여 성행위 영상을 고의로 유포하는 것이 단순히 원색적인 포르노에 초점을 맞추는 것이 아니라 성폭력 행위임을 상기시키도록 한다. 언어는 차별의 시작을 뜻한다. 누구의 관점으로 쓰인 언어인지에 따라 사람들의 인식이 달라진다. 가해자 입장에서는 몰래카메라, 도둑촬영이었겠지만 피해자에겐 불법 촬영이고 가해자는 보복성으로 올린 포르노일지 모르겠지만 피해자에게는 성폭력이 된다.

카메라등이용촬영죄에 대한 말들을 들어보면 애초에 노출이 심한 옷을 입어놓고 찍는 게 뭐 그리 큰 잘못이냐는 사람들도 있고 촬영과 유포하는 것은 잘못이지만 보는 것은 괜찮다고 생각하는 사람들은 특히 많다. 남성들은 그들의 성으로 인한 폭력이 여성의 유혹으로 인한 것이라고 책임을 전가한다.

카메라이용촬영죄는 '상대방의 동의 없이'가 초점인 만큼 피해자는 피해 상황을 인식하는 것조차 어려운 경우가 많다. 그렇기 때문에 애초에 가해하지 않도록 사전에 예방하는 것이 더욱 중요하다. '몰래카메라 조심'이라는 문구 대신 '불법촬영 금지'라는 문구 등으로 변경하여 해당 범죄 행위의 책임은 전적으로 촬영자 및 유포자에게 있음을 알려야 한다. 또한 불법 촬영물을 보는 것 또한 명백하게 범죄 행위에 가담하고 방조하는 행위임을 교육해야 할 것이다.

– 학생 글

이 글은 이용자의 동의 없이 불법으로 영상을 촬영하거나 유포하는 문제를 어떻게 해결할 수 있을지 그 대안을 강구한 에세이이다. 글쓴이는 이 글에서 크게 세 가지의 대안을 제시한다. 실형 선고 등 해당 범죄에 처벌을 강화할 필요성과 '불법'이며 '성폭력'이라는 사실을 인지할 수 있는 언어를 사용해야 한다는 점, 촬영은 물론 시청 또한 범죄라는 사실을 교육하는 것 등이다. 불법 촬영이라는 사회 문제에 대해 처벌, 언어, 교육의 측면에서 다각적으로 대안으로 모색하고 실현 가능한 해결책을 제시하고 있다는 점에서 잘 쓴 글이다. 다만 두루뭉술하게 교육을 통한 인식 개선이 필요하다고 하기보다는 어떠한 정책적 입안을 통해 교육할 것인지 구체적으로 제시할 필요가 있다.

✅ 체크리스트

번호		항목
1	설명형 글	글의 시작이 독자의 흥미와 관심을 끌고 있는가?
2		글의 서론에 어떤 대상을 향해 문제를 제기하였는가?
3	설득형 글	글의 대상에 대해 명확하게 의미를 규정하고 있는가?
4		앞으로 전개될 내용에 대해 소개하고 있는가?
5		연구 방법이나 적용되는 이론을 제시하고 있는가?

위 체크리스트를 중심으로 글쓴이가 '본론 쓰기'의 과정에서 어떤 내용을 구상하였을지 빈칸에 작성한 후 부족한 부분을 토론해 보자.

결국 원점으로 돌아간 의사파업 봉합 직후 들려온 독일 의사들의 소식은 그야말로 딴 세상 이야기였다. 독일은 우리나라보다 인구당 의사 수가 2배 가까이 많은데도 의회에서 의대 입학 정원 50% 확대 추진을 밝혔다. 쟁점은 같지만 독일 의사들의 반응은 정반대였다. 코로나19 확산으로 의료 인력 확대를 요구해 온 독일 의료계는 이 방안을 열렬히 환영하고 있다. 반면 한국 의사들은 거의 살인적인 장시간 노동에 시달리면서도 정원 10% 증원안에 대해 극렬하게 저항했다. 무슨 차이일까. 독일에선 예비 의사들을 국민건강을 함께 지키는 동료로 본 반면, 한국에선 내 몫을 빼앗아갈 경쟁자로 본 것이다.

이번 의사 파업을 보며 가장 당혹스러웠던 장면은 보건복지부 고위 관료의 "의사는 공공재" 발언에 대한 의료계의 격앙된 반응이었다. 사람을 재화에 빗댄 것은 실수라 쳐도, 교육이나 국방, 소방처럼 의료도 공공재여야 한다는 것이 일반적인 상식 아닌가. 그러나 국내 공공의료의 실상은 시설로는 5.7%, 병상 수로는 10%에 불과하다. 경제협력개발기구(OECD) 회원국 평균 공공 병상 수가 71%이고, 민간 병원 비율이 높은 일본과 미국도 26%, 25%이니 한국은 압도적인 최하위다. 의사가 되기까지 정부 지원도 딱히 없다. 장기간 비싼 등록금을 개인이 부담해야 하고, 전공의 수련 과정 비용은 병원이 부담한다. 빚을 내 병원을 개업하는 것도, 환자를 유치해 병원을 운영하는 것도, 파산 시 책임도 의사 몫이다. 공공병원들조차 민간병원과 다를 바 없이 성과 내기를 강요받으며 부대사업으로 수익 창출에 나서야 한다. 이러니 의료가 공공재라는 생각에 의사들이 반발하지 싶다. 건강보험심사평가원에 따르면 지난해 동네병원(의원) 1819곳이 문을 열고 1046곳은 문을 닫았다. 수도권 '빅5 병원' 외 대부분 병·의원 의사들이 만성적 폐업 불안에 떨며 과로에 시달리는 자영업자나 다를 바 없다.

이렇게 시장 논리에 지배받는 한국 의료가 재난이나 비상상황이 닥쳤을 때 할 수 있는 것은 민간 부문에 인센티브를 던져주는 것뿐이었다. 이 방식은 더 이상 지속 가능하지 않다. 김창엽 시민건강연구소장(서울대 보건대학원 교수)은 "시대가 달라졌다. 감염병 상시화, 인구 고령화 등으로 의료수요가 급증하는 상황에서, 이제까지처럼 민간이 메우는 방식은 밑 빠진 독에 물을 붓는 셈"이라고 말했다. 이윤 추구와 공공성은 함께 갈 수 없다. 막대한 시간과 비용을 개인적으로 투자한 한국 의사들로선 과잉진료, 3

분진료, 비급여 진료라는 유혹에 빠지기 쉽다. 그러나 이번 의사파업으로, 생명권이 저당잡히는 공포 속에서 우리는 민간에 손벌리는 것이 근본해법이 되지 못한다는 사실을 생생하게 목격했다.

환자와 정부, 의사가 모두 불안한 의료 체질을 바꿔야 한다. 우리에겐 경험이 있다. 교육에 대한 꾸준한 투자로 1970년대 콩나물시루 교실을 OECD 평균에 가깝게 바꿔놨고, 내년엔 고교무상교육까지 완성된다. 1980년 97%에 달했던 사립유치원 취원 원아 비율은 최근 국공립을 늘려달라는 여론이 들끓으며 올해 71%까지 빠르게 내려왔다. 적어도 보육과 교육에선 국공립이 새로운 표준으로 자리잡고 있다. 몇 시간을 헤매고도 필수의료인 분만실, 응급실을 찾지 못하는 지방 의료 현실과는 판이하다.

의사파업 사태를 겪으며 분명해진 건 국민 생명이 달린 협상 테이블에 의료계와 정부만 앉아서는 안 된다는 점이다. 2000년, 2014년 대규모 의사 파업도 땜질 처방으로 귀결됐다. 결과적으로 의사들의 자기 권리 지키기에 대한 내성만 키웠다. 팬데믹 시대, 시민들이 요구하는 시대정신은 공공의료다. 코로나19 환자 치료 대부분도 5% 남짓의 공공병원이 담당했다. 세계 각국은 이미 의료진과 시설 투자 등을 두껍게 하고 있다. 2005년 노무현 대통령이 공공의료 비율을 30%까지 확충하겠다고 공언했지만, 공공병상 비율은 2012년 11.7%에서 2018년 10.0%로 되레 뒷걸음쳤다. 까마득하게 보이지만 지금부터라도 공공병상을 차근차근 늘려가야 한다. 앞으로도 닥쳐올 재난의료 속에서 필요한 것은 덕분에 챌린지가 아니다. 공공병원도 국공립유치원처럼 시민들이 선호하는 곳으로 양과 질을 높여가야 한다. 교육의 질은 교사의 수준을 넘지 못한다는 말이 있다. 의료도 마찬가지다. 수익과 시간에 쫓기는 전교 1등 출신의 자영업자 마인드 의료가 아니라, 여유 있는 진료 여건 속에서 고객이 아닌, 한 명 한 명의 환자를 만나는 '인간의 모습을 한 의료'가 우리의 의료현실이 되길 바란다.

– 송현숙, 「의료는 공공재여야 한다」, 경향신문, 2020. 9. 17.

항목	내용
근거의 풍부함	
근거의 신뢰성	
예상 반론에 대한 재반론	

3 결론 쓰기

결론 쓰기는 서론에서 제기한 문제를 본론에서 어떻게 해결하였는지를 간략하게 정리하는 부분이라 할 수 있다. 글쓴이의 문제의식을 환기하면서 전체 내용의 핵심을 요약하고, 글쓴이가 제시한 주제가 문제 해결에 주요한 의미가 됨을 다시 한 번 강조하며, 앞으로 이와 관련된 주제가 어떻게 전개될 것인지를 전망한다. 결론은 글의 마무리 단계이므로 핵심이 되는 몇 문장으로 독자에게 강한 인상을 남길 수 있어야 한다.

1) 문제 환기하기와 요약하기

결론은 본론의 핵심 내용을 요약하고 정리하는 부분이다. 이를 위해서는 먼저 서론에서 밝힌 문제의식을 독자에게 다시 환기하는 것이 필요하다. 본론에는 세부적이면서 전문적인 내용이 다수 포함될 수 있기 때문에 독자는 전체 주제를 파악하지 못할 수 있다. 즉 나무만 보고 숲을 보지 못하는 경우를 방지하기 위해 결론에서 본론의 핵심을 일목요연하게 정리해주는 것이 좋다. 여기서 유의할 것은 본론의 내용을 너무 장황하게 반복하지 않아야 한다는 것이다.

아래 〈예시〉를 통해 결론에서 문제를 환기하고 내용의 요약을 어떻게 하고 있는지 생각해 보자.

⊙ 예시

지금까지 국가에서 지원하는 긴급재난지원금의 합리적 지급방식과 바람직한 소비문화를 위하여 크게 네 가지를 제안하였다. 소외된 사람들을 위한 지급 방법 개선, 카드와 상품권 혼용지원, 섬세한 지급기준 설정 그리고 윤리적인 소비가 그것이다. 우리말에는 "위기가 기회다, 걸림돌을 디딤돌로"라는 말이 있다. 만약 이 제안들이 실현된다면, 경제력이 취약한 사람 모두에게 빠짐없는 선별적 복지가 가능하게 되고, 합리적이고 윤리적인 소비문화가 이루어져 코로나 확산을 최소화하면서 침체된 경제를 슬기롭게 극복할 수 있을 것이다. 위기가 기회라는 말이 있다. 우리는 코로나19의 재난에 맞서, 걸림돌을 디딤돌로 만들 수 있을 것으로 확신한다.

- 학생 글

이 글은 코로나19로 인해 발생한 국가적 재난을 극복하기 위해 지급된 국가긴급재난지원금의 합리적 지급방식과 소비방식에 대해 다룬 학생 글이다. 서론에는 코로나19가 끼친 우리나라 경제의 위기 상황과 이를 극복하기 위한 정책으로 재난지원금이 지급되었다고 한다. 또한 이 정책의 시행에 따른 문제점을 어떻게 해결할 수 있을지 그 방안에 대해 논의하겠다고 글의 목적을 밝힌다. 본론에서는 신청 방법과 지급방식, 지급기준과 이를 어떻게 소비하는 것이 좋은지 구체적으로 제시하였다. 결론의 첫 단락인 이 단락은 본론의 내용을 중언부언하지 않고 주장의 핵심을 잘 정리하였다. 결론에서는 이와 같이 서론에서 제기한 문제를 다시 확인하고 본론의 내용을 간략하게 요약하는 것이 좋다.

2) 주제 강조와 전망 제시하기

본론의 내용이 잘 요약되었다면 결론 쓰기의 다음 단계는 주제를 다시 한 번 강조하는 것이다. 글 읽기를 마치고 난 후에도 글의 주제가 마지막까지 독자의 머릿속에 남을 수 있도록 재차 확인할 필요가 있다. 다만 서론에서 밝힌 주제 하나에 대해서 강조해야지 여기에서 새로운 주제나 견해를 가져와 글의 통일성을 해쳐서는 안 된다.

결론의 마지막 부분에는 주제와 관련한 앞으로의 전망이나 과제를 제시한다. 그런데 학생들이 쓴 결론에는 '정부의 지대한 관심이 필요하다'거나 '교육을 통해 인식을 개선해야 한다'라는 피상적인 제안을 하는 경우가 자주 보인다. 이런 제안은 공들여 쓴 서론이나 본론의 정성을 한 번에 무너뜨리는 결과를 초래한다. 막연하고 피상적인 대안 제시로는 독자를 효과적으로 설득할 수 없기 때문이다. 어떤 정책을 어떻게 바꾸어 적용하는 것이 바람직한지, 어떤 교육의 과정을 통해 무슨 변화를 가져와야 하는지에 대한 구체적이고 명확한 전망을 내놓아야 한다. 전망을 제시할 때에는 해당 사안이 긍정적으로 적용될 것인지 부정적으로 적용될 것인지를 고려하여 작성하는 것이 좋다.

아래 〈예시〉는 결론에서 글 전체의 문제를 어떻게 다시 환기하고 핵심을 요약하고 있는지 생각해 보자.

⟨⟩ 예시

이미 게임 이용 장애가 질병으로 분류되었으나, 아직 잘못된 점을 올바르게 고칠 시간이 있다. ICD-11은 2022년부터 적용된다. 또한 대한민국 통계청은 한국표준질병 · 사인분류(KCD)를 5년마다 개정하고 있다. 따라서 ICD-11를 KCD에 반영하려면 2025년에 고시해 2026년 시행될 것이다. 짧은 시간일 수도 있지만, 잘못을 바로잡을 마지막 기회이다. 이를 위해서는 게임 업계와 게임 학계는 소극적 대응에서 벗어나 의학계와의 협업을 해야만 한다. 게임 이용 장애에 대한 발전 없는 소모적인 논쟁으로 더 이상 허비할 시간이 없다. 게임 이용 장애 연구에 부족한 게임 이해도를 게임 업계는 충분히 채워줄 수 있을 것이다. 게임 업계와 의학계의 협업으로 게임 이용 장애에 명확한 정의와 신뢰도 높은 판단 기준을 내리고, 게임 이용 장애에 고통 받는 사람들에게 올바르고 적절한 도움을 줄 수 있도록 노력해야 할 것이다.

– 학생 글

이 글은 WHO에서 게임중독을 질병으로 분류한 것에 반대하며 쓴 글의 결론 마지막 단락이다. 본론에서 게임중독 분류가 성급하게 진행되면서 여러 문제가 나타날 수 있다는 점과 우리나라 게임 산업 발전에 악영향을 끼친다는 점을 지적하였다. 이제 결론 부분에서 게임중독의 질병 분류를 바로잡기 위해서 게임 업계와 의학계의 협업이 필요하고 게임 이용 장애의 정확한 진단이 선행되어야 한다는 점을 강조하고 있다. 이러한 결론은 단순히 어떤 문제점을 비판하는 데 그치는 것이 아니라 구체적인 대안을 제시했다는 점에서 잘 쓴 결론이라 할 수 있다.

번호	항목
1	글의 서론에 제시한 문제를 다시 환기하고 있는가?
2	본론의 내용을 요약하여 제시하고 있는가?
3	글의 주제를 다시 한번 강조하고 있는가?
4	논의한 문제와 관련하여 앞으로의 전망을 제시하는가?

활동

위 체크리스트를 중심으로 이 글의 필자가 '결론 쓰기'의 과정에서 어떤 내용을 구상하였을지 빈칸에 작성한 후 부족한 부분을 토론해 보자.

이렇게 에너지전환은 다만 에너지 연료를 바꾸는 것에 머무는 것이 아니라 일자리 창출, 지역경제 활성화, 에너지 민주주의로의 이행을 가능하게 해준다. 국내 전환정책의 하나인 '재생에너지 3020' 계획은 재생에너지 확대에 따른 일자리 창출 효과를 가져올 수 있다. 태양광발전 설비 업체, 발전소 정비업체 등 신규 사업 영역이 생겨나면서 새로운 일자리들이 만들어지고, 관련 연구들에 대한 지원도 늘어나면서 연구인력 확장도 일어날 수 있다. 지능형 전력망, 스마트미터기 보급과 건물 에너지 관리서비스 등 새로운 서비스업종도 등장하면서 에너지 신산업으로 인한 일자리 창출도 이어질 것으로 보여진다.

그리고 이런 경제적 성과는 전환정책을 어떻게 계획하느냐에 따라 지역경제로 분산될 수 있다. 전국에 고르게 분포되어 있는 태양에너지, 풍력에너지와 바이오매스 등 재생에너지 자원을 지자체 특성에 맞게 활용하는 재생에너지계획을 지자체 단위에서 수립하고 이들 이행에 필요한 재원을 중앙에서 지원하는 방식이 제도화하면 전환 성과의 분산화가 가능할 것이다. 현재와 같은 중앙행정에서의 에너지 공급계획 독점화에서 벗어나 지자체에 에너지공급 및 에너지정책에 대한 권한을 이양하는 에너지 분권화를 실행할 필요가 있다. 재생에너지 설비에 대한 시민들의 투자가 활발해질 수 있도록 현재의 신재생에너지고급의무화(RPS) 제도를 개정하는 것도 필요하다.

에너지전환은 시민사회의 적극적인 참여가 전제되어야만 실질적으로 이행될 수 있다. 그리고 정책설계—재생에너지의 분산적 특성에 맞추어 발전설비 계획, 기술개발계획이 이루어지고 시민참여를 활성화하는 방안이 적용될 때 그 경제적 성과를 시민

개개인이, 공동체가 누릴 수 있다. 전환정책 내용이 이런 원칙을 따르고 있는지, 관련 제도들은 이에 맞게 정비되어 있는지를 세밀하게 살펴볼 때이다. 에너지전환이 공동체 경제 활성화로 이어질 수 있도록 말이다.

– 박진희, 「에너지전환, 일자리, 지역경제 살리기」,
『녹색평론』제166호, 녹색평론사, 2019. 5.

항목	내용
문제 환기와 요약하기	
주제 부각과 전망 제시하기	

3장

• 글쓰기의 과정 •

수정하기

수정하기는 글쓰기 과정의 마지막 단계로 자신의 글이 원래의 의도대로 작성되었는지 확인하는 과정이다. 일반적으로 한 편의 글을 완성하기까지 여러 번의 수정을 반복하게 된다. 처음 개요를 구상할 때와 집필할 때 시시때때로 글을 고치는 과정을 거쳐 초고를 완성한 후에 마지막으로 한 번 더 글을 다듬는 과정을 거친다. 마지막 단계의 수정하기는 글의 완성도를 높이는 최종 작업으로 퇴고하기, 고쳐 쓰기, 글다듬기라고 부르기도 한다. 수정하기의 과정은 '맞춤법', '단어', '문장', '단락', '구성', '주제'의 차원에서 이루어지며, 부분에서 전체로 혹은 전체에서 부분을 향하는 양방향으로 이루어진다.

1 수정하기의 방법

1) 수정하기의 검토 영역

초고 → 전체 → 부분

부분 → 전체

글을 수정하는 작업은 사람마다 각기 다른 방법으로 행해지기에 명확히 정해진 순서가 있는 것은 아니다. 글의 제목부터 고쳐나갈 수도 있고 맞춤법이나 전체 구성에 먼저 신경을 쓸 수도 있다. 중요한 것은 자신의 글을 수정해나가는 구체적 단계와 방법을 스스로 계획하고 있어야 한다는 점이다. 막연하게 눈에 보이는 것들 위주로 고치기보다는 일정한 수정 원리에 따라 글을 고쳐나가면 한층 수월하게 글을 완성할 수 있다.

글을 다듬을 때에는 먼저 글의 어디부터 어디까지를 수정할 것인지 정해두는 게 좋다. 전체에서 세부적인 부분으로 좁혀 나가는 방법과 세부적인 부분에서 전체로 넓혀가는 방법 중 하나를 선택하여 수정 영역과 단계를 설정할 수 있다.

첫째로, 전체에서 세부적인 부분으로 좁혀 나가는 방법은 글의 주제와 구성을 포함한 전체 내용을 먼저 점검한 후에 맞춤법과 단어, 문장 표현을 수정하는 것을 말한다. 글이 주제를 효과적으로 드러내고 있는지, 단락과 단락이 유기적으로 연결되고 있는지, 주장과 근거가 적절하게 제시되어 있는지 등을 확인한 후에 틀린 맞춤법과 비문을 점검하는 방식으로 수정의 영역을 좁혀 나간다. 이러한 방법은 특히 글의 분량이 길어 구성적인 측면을 한눈에 파악하기 어려울 때 유용하다. 또한 이전 단계에서 작성한 개요가 초고에 제대로 반영되었는지를 먼저 확인하고자 할 때 유용하다.

둘째로, 부분에서 전체로 수정의 영역을 확장하는 방법은 틀린 맞춤법과 오탈자를 점검한 후에 단락과 전체 글을 검토하는 것을 말한다. 대부분의 사람들은 초고를 처음 수정하려 할 때 어디를 어떻게 고쳐야 할지 막막함을 느끼게 된다. 이때 글의 부분에서 전체로 접근해 나가는 방식은 눈에 띄는 세세한 부분부터 고쳐나가는 것이기 때문에 특히 퇴고 작업에 익숙하지 않은 경우에 글의 수정에 대한 부담을 줄여줄 수 있다. 또한 맞춤법과 띄어쓰기를 시작으로 단어, 문장, 단락의 순서로 수정의 영역을 확장하면서 자신의 글을 여러 번 점검하면 자신의 글을 객관적으로 보는 시선을 기를 수 있는 장점도 있다.

2) 초고 점검의 방법

글을 수정하기 위해서는 객관적인 눈으로 자신의 글을 바라보려고 노력해야 한다. 객관적인 시각을 확보하기 위한 몇 가지 방법이 있다.

'거리두기'는 초고를 쓰고 나서 일정 기간 동안 그 글에 대해 생각하지 않는 것을 말한다. 자신의 글에 지나치게 몰입하면 글의 문제점을 객관적으로 파악하기 어려워진다. 거리두기를 통해 자신의 글을 제3자의 입장에서 살펴볼 수 있게 된다.

'소리 내어 읽기'는 글을 소리 내어 읽으면서 어색한 문장과 표현을 찾아내는 것을 말한다. 글을 마음속으로 읽을 때는 문제점을 그냥 지나칠 수 있지만, 발표하듯이 천천히 읽으면 어색하거나 잘못된 부분을 쉽게 발견할 수 있다.

'요약하기'는 마치 다른 사람의 글을 읽듯이 요점을 간추리는 것을 말한다. 글의 주제가 명료하게 드러나는지, 주제에 맞는 근거를 적절하게 제시했는지 등을 검토할 때 요약하기를 활용한다.

'다른 사람에게 읽히기'는 타인의 시선에서 자신의 글을 객관화하여 보는 방법이다. 이를 통해 글이 잘 읽히는지, 글의 의도가 잘 전달되는지, 주장에 설득력이 있는지 등을 확인할 수 있다. 이때 글을 읽어주는 사람에게 미리 글의 의도와 목표를 일러주면 더 심층적인 검토가 가능하다.

위와 같은 방법으로 초고의 부자연스러운 부분을 점검한 후에 잘못된 부분을 표시하여 원활한 수정이 이루어질 수 있도록 한다.

3) 첨가하기, 삭제하기, 교체하기

글의 수정은 '첨가하기', '삭제하기', '교체하기'라는 기본 원리에 의해 진행된다.

첨가하기는 글의 부족한 부분을 보충하는 것을 말한다. 글의 형식적 측면에서 서론, 본론, 결론의 구조가 논리적 흐름에 맞게 구성되고 있는지를 확인하여 비약이 발생하지 않도록 해당 부분을 보완한다. 또한 본론의 양이 서론이나 결론에 비해 부족하다면 필요한 내용을 추가하여 글의 균형을 맞춘다. 내용적 측면에서는 글의 목적이나 주제의식, 뒷받침 문장이 충분히 제시되었는지 살핀 후 비어 있는 부분을 채운다. 자료적 측면에서는 글의 신뢰성과 객관성을 확보하기 위해 적절한 근거를 제시하였는지 검토한다.

삭제하기는 글의 불필요한 부분을 버리는 것을 말한다. 형식적 측면에서 글의 구조상 유기적 흐름을 해치는 문장이나 단락을 삭제한다. 내용적 측면에서는 주제 전달에 방해가 되거나 불필요하게 덧붙여진 부분을 삭제한다. 그리고 자료적 측면에서는 출처가 불분명해 글의 신뢰를 떨어뜨리거나 글의 주제를 뒷받침하는 근거로 적합하지 않은 자료가 있다면 과감하게 삭제한다.

교체하기는 어색하거나 불명료한 부분을 수정하는 것을 말한다. 글의 형식적 측면에서 단락과 단락이 자연스럽게 이어지는지를 살피고 단락의 배치 순서도 고려한다. 또한 단락이 적절하게 나뉘어 있는지를 확인한다. 내용적 측면에서 불분명한 문장이 있다면 글의 의도에 맞게 수정한다. 또한 틀린 맞춤법이나 비문 등 어문 규정에 어긋나는 부분이 있다면 바르게 고친다. 그리고 자료적 측면에서 글에 인용한 자료의 배치가 적당한지, 출처 인용이 제대로 되었는지를 점검한다.

이처럼 글을 수정하는 작업은 첨가하기, 삭제하기, 교체하기의 원리에 의해 이루어지며 각 원리는 서로 긴밀하게 연결되어 있다. 글의 내용적 측면과 형식적 측면을 고려하여 더하기와 빼기, 바꾸기의 과정을 거쳐서 글의 완성도를 높인다.

 워드를 사용하여 글을 작성할 때에는 잘못된 부분을 즉시 수정할 수 있지만, 종이에 글을 작성한 경우나 동료의 글을 첨삭해주는 경우에는 어떠한 부분이 잘못되었는지를 분명하게 표시해두어야 한다. 이때 표준화된 교정부호를 사용하면 수정에 드는 시간이 단축되는 동시에 수정 사항 또한 분명하게 확인할 수 있다. 아래 표는 첨삭 과정 중에 가장 빈번하게 사용되는 몇 가지 교정부호를 정리한 것이다.

항목	교정부호
띄움표	이제 과제를 할수밖에 없다.
붙임표	지금 확인 해야 한다.
넣음표	인용을 할 때에는 반드시 표시를 해야 한다. 출처
뺌표	1990년의 서울과 2000년의 서울은 판이하게 다르다.
고침표	한국에서 담배를 파는 인구는 몇 명이나 될까? 피우는
자리 바꿈표	흡연은 부정적 영향을 청소년에게 미친다.
줄 바꿈표	부모님의 관심과 사랑이 중요하다. 한편,
줄 이음표	나는 영화 감상을 좋아한다. 그리고 드라마 감상도 좋아한다.

 아래 예시는 '갑질 문화가 만연한 한국사회'라는 제목으로 작성된 초고이다. 첨가하기, 삭제하기, 교체하기의 원리가 어떻게 적용될 수 있는지 확인해 보자.

⊙ 예시

　　"나 이 비행기 안 띄울 거야. 당장 기장한테 비행기 세우라고 연락해!" 일명 '땅콩회항'

사건의 상황 속 전 대한항공 부사장의 발언이다. 사회적 지위에 기인한 권력관계에서 나

온 부당한 행위, 즉 ①'갑질'을 한 것이다. 당시 많은 사람들은 충격에 휩싸였지만, 동시에
　　　　　　　　　　　　　　첨가하기: '갑질'의 어원과 의미

'안타깝다'라는 동정심만 가진 채 또 똑같은 일상을 보냈다. 전 국민이 담합하여 촛불 집

회를 한 것이 아니라, 그 사건의 이해관계자들 즉, 관련된 사람들만이 모여서 ⑦시위를

하고 맞서 싸웠다. 이 밖에도 정경계에서 일어나는, 일상생활에서 일어나는 수많은 갑질
　　　　　　　　　　　　　　　교체하기: '일어나는'의 반복, 교체 필요함

에 대해 상처를 받지만, ②감내해야만 하는 것일까? 우리는 한국사회에 뿌리 깊이 만연한
　　　첨가하기: 누가, 무엇을

일명 ⓐ'갑질문화'에 대한 근본적인 원인에 대해서 사유하고 이를 인식할 필요가 있다.

　　현재, 갑과 을의 현실을 적나라하게 연출하여 이를 풍자하는 개그 코너, 영화 등의 콘

텐츠들이 대중들의 주목을 받고 있다. 대한민국 국민이라면 예를 나열하지 않더라도 머

리에 스쳐지나가는 것들이 있을 것이다. ⓒ아마도 대중들 자신과 이해관계에 놓여있는

주제이기 때문에 관심을 가지지 않을까? ③〈한국인의 갑질인식〉 조사 통계자료에 따르

면, "열이면 열, 갑질 문화 심각하고, 열에 아홉은 1~2번 이상 갑질을 당해봤다."라고 진

단을 내렸다. 그 만큼 한국사회에서 갑질문화는 대다수에게 해당되는 제재라고 확언할
　　　　　　　　　　　　　　　　　　　　　　　교체하기: 문제

수 있다. 그렇다면, 근본적인 문제는 ⓑ무엇일까요?

　　필자는 한국 사회가 오래 전부터 유교적 질서를 기반으로 확립되었기 때문이라는 쪽
　　　　　　　　　　　　　　　　　　　　　　　　교체하기: 때문이라고 생각한다.

이다. ④관료제, 고조선 8조법부터 내려져온 신분제 등으로 정립된 권위주의적 행위양식
　　　　　　　　　　　　　교체하기: 내려온

으로 하여금 다져진 대한민국에 갑질은 항상 존재해왔다. 이것을 바꾸자 하니, 살짝 건들

어면 깨지는 달고나처럼 사회 질서가 깨져버리는 것이다. 이런 사회분위기 속에서 자라
　　　교체하기: 적절한 비유로 수정　　　　　　　교체하기: 건드리면

나면서 한국인들의 특유의 갈등해결 방식이 문제가 되어 왔다. '갈등 해결방식의 문화 차

이'의 주제로 수행된 연구에 따르면, '지배'와 '양보'로 한국의 갈등 해결방식이 특정된다
교체하기: 라는　　　　첨가하기: 연구자 정보와 자료 출처 기입

는 결과를 도출해냈다. 갈등에 대해서 한 쪽은 지배하려 하고, 한 쪽은 양보하려는 성향

을 보이는 것이다. ⓒ(이는 갑질이 일어날 수밖에 없는 근본적인 성향을 한국인이 지니고

교체하기: 논리적 비약이 있지 않은지 점검

있는 것이며, 우리 스스로가 변화해야 함을 암시한다.)

첨가하기: 무엇을 변화시켜야 하는지 생략되어 있음

우리사회의 갑질 문화는 유교 윤리, 신분제 등으로 다져진 풍토 때문이라 하지만, 이전

과 달리 현대사회는 자유주의적 사고방식이 대중화되었다. 정부가 갑질문화 근절에 앞장

선다고 여러 조정회의에서 브리핑하며, 정부 또한 공공분야에서부터 갑질문화의 근본적

원인 제거를 위해 여러 교육과 대책방안들을 강구하고 있다. 더불어, 우리 개개인도 노력

첨가하기: 무엇을

해야 한다. 더 이상 '갑질문화' 프레임에 갇혀서 현태판 노비의 삶을 살지 말고 누구나 아

교체하기: 적절한 비유인지 점검할 것, 삭제도 가능해보임

는 헌법 제11조 '모든 국민은 법 앞에서 평등하다.'를 명심하자. 갑질을 당할 정당한 이유

는 그 어디에서도 찾아볼 수 없다는 말이다.

현대사회에서 나날이 타인에 대한 관용이 없어지고 있다. 그러니 사소한 것에서도

상대방에 예민해지고 감정을 여과 없이 말과 행동으로 들어내버리는 경우가 다반사이

교체하기: 드러내는

다. 인간의 존엄성을 상실해가는 이 각박한 세상 속에서, 자신이 살고자 더 낮은 사람을

교체하기: 생존하고자

짓밟고 무시해야 사는 세상이 멈추도록 상대방에 대한 올바른 윤리의식을 확립해야 한

다. 되게 많아 딱딱하고 당연한 듯한 교과서적인 해결방안이다. 하지만 너무나도 뿌리 깊

교체하기: "물론" 정도로 수정

게 ⓒ만연되어져 있는 우리사회에서의 갑질 문화는 이렇게 명백한 답이 주어져 있음에도

해결되지 못한 채 극심해져만 가고 있다. 우리 모두는 존엄하며 서로에게 필요한 존재라

는 사실로 과오인 갑질 문화를 잠식시키자.

교체하기: 사실을 인식하여   교체하기: 근절

– 학생 글

우선 첨가하기의 측면에서 수정할 사항을 살펴보자.

① 신조어(갑질)가 글의 핵심어일 경우에는 단어의 어원과 의미를 정확하게 밝혀
   주어야 한다.

② 문장에 주어와 목적어가 생략되어 있지는 않은지 점검하여야 한다. 첫 번째 단
   락에서 "~ 감내해야만 하는 것일까?"라고 문장을 마무리하고 있는데, 누가 무

엇을 감내해야 하는지가 드러나지 않으면 의미의 명료성이 떨어지기 때문에 적절한 문장성분을 추가해야 한다.

③ 주제와 관련된 자료를 인용할 때에는 자료 제목뿐만이 아니라 자료를 만든 기관(연구자)과 발행 연도 등의 정보를 명시해야 한다.

④ 갑질의 원인을 '권위주의적 행위양식'에서 찾고 있고, 이를 다시 '유교적 질서', '관료제', '고조선 8조법' 등의 개념으로 설명하고 있다. 많은 설명이 필요한 부분인데 단어를 나열하는 데 그치고 있다. 주장을 뒷받침하는 핵심 개념이라면 상세히 설명할 필요가 있고, 논증할 수 없는 내용이라면 삭제하는 편이 낫다.

다음으로 삭제하기의 측면에서 수정할 사항을 살펴보자.

㉠ 글을 수정할 때 문장부호의 사용이 적절한지를 점검해야 한다. 이 문장에는 지나치게 많은 쉼표가 사용되고 있다. 적절한 쉼표 사용은 의미를 명료하게 전달하는 데 도움이 되지만, 과도하게 쓰인다면 오히려 가독성을 떨어뜨릴 수 있다는 점을 기억하자.

㉡ 글의 흐름에 맞지 않는 질문 형식의 문장이다. 또한 "아마도~"와 같은 표현은 주장의 힘을 약화시키기 때문에 적절하지 않다.

㉢ "만연되어져"와 같이 피동 표현이 중복되는 경우 해당 부분을 삭제해야 한다.

㉣ 이외에 본문에 표시한 '빼기' 부호를 확인해 보자.

마지막으로 교체하기의 측면에서 수정할 사항을 살펴보자.

ⓐ '갑질 문화'의 띄어쓰기가 각기 다르게 표기되어 있는데, 띄어쓰기는 맞춤법 규정에 맞게 통일시켜야 한다.

ⓑ 한 편의 글을 작성할 때 생각보다 빈번하게 발견되는 오류 중 하나로, 문체의 통일성 문제를 들 수 있다. "-다."와 "-요."를 혼용하면 글의 통일성을 해칠 위험이 있으니 주의해야 한다.

ⓒ 세 번째 문단의 제일 마지막 문장에서 논리적 비약이 발생하고 있다. 갑질 문화를 개선시키기 위해 국민이 변화해야 한다는 주장을 강조하기 위해 "갑질이 일어날 수밖에 없는 근본적인 성향을 한국인이 지니고 있는 것"이라고 부연 설명

하고 있는데 많은 독자를 설득하기 어려운 전개 방식이므로 내용을 다듬어야 한다.

ⓓ 이 글의 문단 구성은 〈현상1 – 현상2 – 분석 – 제안1(해결 방안) – 제안2(해결 방안)〉으로 되어 있다. 첫 번째 문단과 두 번째 문단에서 주제에 대한 화제와 문제의식을, 세 번째 문단에서 갑질의 원인과 심각성을, 네 번째 문단과 다섯 번째 문단에서 글쓴이 나름의 해결방안을 제시하고 있다. 비슷한 내용이 반복되면 글이 다소 산만해 보일 수 있기 때문에, 글의 구성을 〈현상 – 분석(근거 보강) – 제안〉으로 단순화하는 방안을 생각해 보아야 한다.

✅ 체크리스트

번호		항목
1	첨가하기	서론, 본론, 결론 중 논리적으로 부족한 부분이 있는가?
2		주장에 대한 뒷받침 문장이 충분한가?
3		주어나 목적어 등 문장 구성의 측면에서 생략된 부분은 없는가?
4	삭제하기	전체적인 흐름을 해치는 문장이나 단락이 있는가?
5		불필요하게 덧붙여진 표현이나 문장 부호가 있는가?
6		주제를 뒷받침하는 근거로 적합하지 않은 자료가 있는가?
7	교체하기	단락의 배치 순서가 자연스러운가?
8		맞춤법에 어긋나는 부분이 있는가?
9		글의 내용을 효과적으로 드러낼 수 있는 제목인가?
10		논리적 비약이 있는 문장 표현이 있는가?
11	교정 부호	자주 사용되는 교정 부호를 제대로 활용할 수 있는가? (띄움표, 붙임표, 넣음표, 뺌표 등)

위 체크리스트를 활용하여 아래 예문을 수정해 보자. 예문에 직접 교정부호를 사용하여 수정 사항을 표시하고 동료와 비교해 보자.

어린 천사를 추락시킨 악마들

2017년 9월 1일, 부산광역시 사하구 장림동에 거주하는 총 4명의 여학생들이 엄궁중학교 2학년 학생을 폭행해서 끔찍한 상해를 입히고, 사진을 찍어 SNS에 올리게 되었다. 앞에서 말한 사례와 같이 학교 내외에서 학생을 대상으로 발생한 상해, 폭행, 감금, 협박, 공갈, 따돌림, 정보통신망을 이용한 음란, 폭력 정보 등에 의하여 신체, 정신 또는 재산상의 피해를 수반하는 행위를 학교폭력이라고 한다. 최근 청소년 범죄의 범죄 유형이 점점 잔혹해지면서 처벌 대신 보호에 중점을 두고 있는 소년법에 대해 소년을 보호하는 법이 아니라 피해자를 방치하는 법 또는 가해자 범죄 촉발법이라는 비난이 늘고있어 소년법 개정에 관하여 관심이 높아지고 있다. 사건을 지켜보는 국민들은 형사미성년자가 아닌 가해자들은 당연히 최대한 중대한 처벌을 받을 것이라 기대했으나 2018년 2월 1일 보호처분 판결을 내렸다. 제대로된 처벌이 힘든 이유는 그들의 나이가 14~15살로 매우 어리고, 소년법에서는 소년들이 건전하게 성장하고 사회에 복귀할 수 있도록 형사처벌 보다는 소년보호처분을 통해 일깨우는 것이 적절하다고 권고하였기 때문이다. 이런 사례를 통해서 10대 가해자는 소년법의 적용을 받아 같은 범죄를 저질러도 성인보다 가벼운 처벌을 받는다는 것을 알 수 있었으며, 사형이나 무기징역에 해당하는 중범죄를 저질러도 최대 징역 20년형밖에 내릴수 없다. 소년법에 대한 반응은 지난해 긍정 28%, 부정 72%에서 올해 긍정 17%, 부정 83%로 나타났다.

소년법 감성 키워드는 피해, 악용하다, 우려 등 소년법 악용에 대한 우려가 나타나는 등의 의견을 통해 처벌 수위를 변화해야 하는 방향으로 나아가야 한다고 하지 않을 수 없다.

가해 청소년들을 교육적 조치로 보호하고 교화시키는 것도 중요하고 단순히 처벌을 약화하는 것만이 답은 아닐 것이다. 그렇지만 청소년 범죄의 가해 청소년들의 나이가 점점 어려지고 죄질이 흉악해지며 성질이 악해지는 추세를 보이는 요즘은 촉법소년의 연령 상한 기준을 하향시키거나 범죄의 죄질에 따라 형사처벌이 가능하도록 하는 등 소년법에도 시대 변화에 있어 변화가 필요한 시기라고 보여진다. 만 10세 이하는 처벌을 받지 않는 것으로 연령을 낮추되 그 이상의 아이들에게는 성인범죄자와 똑같은 처벌을 가하고, 가해자가 가해 행위의 위법성에 있어 너무나도 무거운 책임을 느낄 수 있도록 개정되어야 한다고 생각하는 바인 것이다.

항목	내용
첨가하기	
삭제하기	
교체하기	

2 수정하기의 실제

글쓴이는 초고를 작성한 후에 거리두기, 소리 내어 읽기, 다른 사람에게 읽히기, 요약하기 등의 방법을 사용하여 자신의 글을 객관적인 시각에서 점검한다. 그리고

초고의 점검 과정에서 어색하거나 불명료한 부분을 찾아 교정부호로 표시를 해둔다. 이후 수정하기의 원리를 활용하여 대대적인 수정하기의 작업에 돌입한다. 초고에서 완성까지 글을 마무리하기 위해서는 몇 번의 퇴고 과정을 거쳐야 하고, 여기에는 글을 다시 읽는 데 필요한 물리적 시간과 집중력이 요구된다. 이때 글을 한꺼번에 고치려 하면 오히려 중요한 부분을 놓칠 수 있으므로, 글을 수정할 때에는 일정한 방법과 계획이 필요하다.

초고를 고칠 때 먼저 수정의 영역을 정하는 게 좋다. 전체에서 부분으로 좁혀 나가거나 부분에서 전체로 넓혀 나가는 방법이 있는데, 본 절에서는 세부적인 부분부터 전체 글로 확장하여 글을 점검하는 방법을 예로 들고자 한다. 이 방법은 수정에 대한 부담을 한결 줄일 수 있기에 퇴고에 익숙하지 않은 경우에도 자잘한 오류를 고쳐 나감으로써 글 전체의 완성도를 높일 수 있다는 장점이 있다.

1) 맞춤법과 단어 · 문장 표현의 점검

검토사항	단어	철자법과 띄어쓰기를 잘 지키고 있는가?
		오탈자는 없는가?
		용어의 선택은 적절한가?
		용어의 의미는 명료한가?
	문장	문체가 통일되어 있는가?("-다.", "-요.", "-습니다.")
		주어와 술어가 호응하는가?
		접속어의 사용이 자연스러운가?
		문장에서 불필요한 부분은 없는가?
		문장의 연결이 자연스러운가?
		비문이나 어색한 문장은 없는가?

수정하기를 할 때에는 먼저 눈에 띄는 맞춤법부터 고쳐 나가면서 글을 천천히 읽는다. 자신이 사용한 단어가 맞춤법에 어긋나지는 않는지, 띄어쓰기가 잘 되어 있는지를 점검한다. 맞춤법의 점검은 글을 수정하는 모든 단계에 걸쳐 반복적으로 이루어지지만 초고의 작성 이후 본격적으로 글을 수정하기 시작한 단계에서 먼저 확인하

여 오류를 줄어 나간다. 맞춤법과 함께 잘못 사용되거나 빠진 글자가 있는지를 점검한다. 그리고 글에 사용된 단어와 문장 표현을 점검하는데, 문장의 길이가 너무 길거나 짧지는 않은지, 그리고 사용한 단어가 주제와 어울리는지를 확인한다. 또한 주제를 효과적으로 드러내기 위해 사용한 수식이 오히려 글의 통일성을 해치지 않는지를 확인한다.

아래 예시는 '헌법에서 정의(正義)의 의미를 찾다.'라는 제목으로 작성된 초고이다. 맞춤법과 단어, 문장 차원에서 수정할 부분을 살펴보자.

⊙⊙⊙ 예시

헌법에서 정의(正義)의 의미를 찾다.

고등학교를 졸업하기 전까지만 하더라도, 나의 모든 관심은 나 자신에게만 있었다. 그러나 세월호 사태를 시작으로 구로역 노동자 사망사건, 가습기 살균제 사건들이 오로지 내 갈 길만 가던 이기적인 나를 붙잡아 세웠다. 그 후로 '정의로운 사회', '정의'라는 개념에 대해 묻기 시작했다. 정의(正義)의 사전적인 의미는 '바르고 옳음'이다. 이때의 바르고 옳음이란 무엇일까? 누가 바르고 옳은 가치를 정하는 것일까?

①구시대적인 악습과 불의를 물리치고, 자유민주적 기본질서를 공고히 하고, 기회의 균등함을 보장하고, 개인의 능력을 중요시하고, 국민들의 안전과 행복을 확보하는 것이 ②대한민국이라는 공동체사회가 생각하는 정의다. 그럼 이제 각 정의에 대해서 각각의 설명과 함께 자세히 살펴보자.

첫째, 구시대적인 악습과 불의를 타파하는 것이 '정의'이다. 아직 개선되지 않은 관습이나 불의는 주변에서 쉽게 찾아볼 수 있다. 열정페이나 사내 성희롱, 강권 문화, 성차별적 문화, 온갖 다양한 갑(甲)질 등이 그것이다. 정의로운 사회로 나아가기 위해서는 이러한 사회적 폐습과 불의들을 물리치는 것이 중요하다.

둘째, 자유민주적 기본질서를 공고히 하는 것이 '정의'이다. 그런데 불과 1년 전, 이 가치를 <u>회손</u>시킨 사건이 발생했다. 바로 대한민국 <u>한반도를</u> 발칵 뒤집었던 국정농단 사태

교체하기: 훼손   첨가하기: 을

이다. 정당한 민주주의 절차를 통해 선출되지 않은 자가 국정 전반에 관여하고, 블랙리스트로 언론, 표현의 자유를 억압하여 자유민주주의를 뿌리부터 흔들었던 이 사건은 대한민국 공동체 구성원 모두에게 큰 충격으로 다가왔다. <u>자유민주적 기본질서라는 '정치'는 자칫하면 어그러질 수 있는 것이며 그 부작용 또한 이번에 겪었던 바와 같이 상당하기 때문에, 행정부, 입법부, 사법부, 그리고 언론은 물론이고, 각 사회공동체 구성원들도 정</u>

교체하기: 문장을 두 개로 나누기
<u>의를 지켜야 할 책임을 등한시해서는 안된다.</u>

셋째, 기회의 균등을 보장하는 것이 '정의'이다. 기회의 균등이 보장되지 않아서 생기는 불평등에 대해 청년층이 느끼는 박탈감은 너무 크다. 청년들이 스스로를 흙수저라고 부르는 <u>조롱적인</u> 현상이 인터넷에서 큰 지지를 얻는 것을 보면, 그들에게 주어진 ③<u>한쪽</u>

교체하기: 자조적
<u>으로 쏠린</u> 환경들을 극복하려는 의지를 상실한 듯 보인다. 모두가 동등한 <u>최소한 유사한 정도의</u> 출발선에서 경쟁을 시작할 수 있게 국가가 도와주는 것이야말로 진정한 의미의 복지이며 <u>정악의</u> 길이다.

교체하기: 정의를 바로 세우는

넷째, 개인의 능력을 중요시하는 것이 '정의'이다. 개인의 능력보다는 인맥, 경제력 등의 다른 요소가 취업을 결정한다는 사실은 청년 실업률이 사상 최고인 현재, 모든 취업준비생들에게 상대적 박탈감과 사회에 대한 불신을 야기한다. ④<u>개인이 능력을 잘 길러서 그들이 낸 성과만큼 보상받을 수 있는 사회에 대한 믿음을 회복시키는 것이 '정의'에 부합하는 것이다.</u>

마지막으로, 국민의 안전과 행복을 확보하는 것이 '정의'이다. 안전은 국민의 행복을 위한 필요조건이며 밑거름이다. 안전이 보장되지 않은 사회에서의 삶의 질은 결코 향상될 수 없다. 따라서 국민의 안전을 확보해야 할 '정의'는 국가의 <u>역활</u>과 정체성에 대한 것

교체하기: 역할
<u>으로써</u> 중요한 의의를 가진다.

교체하기: 서

지금까지 대한민국이라는 사회공동체가 ~~생각하는~~ '정의'에 대해서 살펴보았다. ⑤국민
> 교체하기: 의

개개인이 생각하는 '정의', 또는 다른 국가와 그 국가의 국민이 ~~여기는~~ '정의'는 이와 다를
> 교체하기: 생각하는

수 있다. 이 글을 쓰며 공동체를 이끄는 행정부, 사법부, 입법부는 '정의'의 방향성에 맞추

어 공동체를 이끌어나가야 하고, 구성원 개개인도 그 가치가 힘 있는 자들에 의해, 또는

그들 스스로에 의해 ~~회손~~되지 않도록 항상 감시하고 수호하려는 태도를 ~~갖어야~~ 한다.
> 교체하기: 훼손   교체하기: 갖추어야

- 학생 글

① 한 문장의 길이가 지나치게 길기 때문에 문장을 두 개로 나누는 게 좋다. 또한
연결어미 '-고'의 반복이 가독성을 떨어뜨리고 있다.

② '대한민국이 생각하는 정의'라고 단언하기 위해서는 근거 문장이 필요하다.

③ '주어진'(관형어) + '한쪽으로 쏠린'(관형어)의 조합으로 문장이 어색하기 때문에
둘 중 하나를 삭제하거나 수정해야 한다.

④ 문장을 두 개로 나누어 의미를 명료하게 드러내야 한다. 예) "우리 사회는 개인
이 능력을 잘 길러서 그들이 낸 성과만큼 보상받을 수 있는 사회여야 한다. 그
리고 그 사회에 대한 믿음을 회복시키는 것이 '정의'에 부합하는 길이다."

⑤ 앞의 주장과 다른 의견을 결론 부분에 제시하여 글의 통일성을 해치고 있다.
삭제하는 편이 좋다.

2) 단락의 구성과 전체 내용 점검

검토사항	단락	단락과 단락의 연결이 자연스러운가?
		각 단락에 소주제문이 있는가?
		단락을 통합하거나 나누어야 하는 부분이 있는가?
		각 단락의 분량은 적절한가?
		단락의 순서를 재배치할 부분이 있는가?
		주제에서 벗어난 단락은 없는가?
	전체	글의 제목이 내용을 효과적으로 드러내고 있는가?

검토사항	전체	한 편의 글이 유기적으로 연결되어 있는가?
		글의 주장이 잘 드러나 있는가?
		주장을 뒷받침하는 근거가 충분한가?
		개요와 비교했을 때 빠뜨리거나 달라진 부분이 있는가?
		출처 표시와 인용 방법이 올바른가?
		글이 제출 양식에 맞게 작성되었는가? (표지, 페이지, 참고문헌 등)

틀린 맞춤법과 적절하지 않은 단어·문장을 고쳤다면 다음으로 단락과 전체 글의 차원에서 수정을 한다. 단락과 전체 글의 차원에서 글을 수정할 때에는 주제와 문제의식이 잘 드러나도록 구성되었는지 확인하고 단락의 연결이 유기적인지 점검한다. 세부적인 부분에서 글의 전체 맥락으로 시선을 확장하면서 글의 완성도를 높인다.

아래 예시는 맞춤법과 단어·문장 표현의 점검을 거친 원고이다. 다음 단계로 단락의 구성과 전체 내용을 점검하는 방법을 살펴보자.

⊙⊙ 예시

헌법에서 정의(正義)의 의미를 찾다.

고등학교를 졸업하기 전까지만 하더라도, 나의 모든 관심은 나 자신에게만 있었다. 그러나 세월호 사태를 시작으로 구로역 노동자 사망사건, 가습기 살균제 사건들이 오로지 내 갈 길만 가던 이기적인 나를 붙잡아 세웠다. 그 후로 '정의로운 사회', '정의'라는 개념에 대해 묻기 시작했다. 정의(正義)의 사전적인 의미는 '바르고 옳음'이다. 이때의 바르고 옳음이란 무엇일까? 누가 바르고 옳은 가치를 정하는 것일까?

대한민국 헌법 전문은 우리나라가 지향하고 추구해야 할 가치를 제시하고 있다. 헌법에는 구시대적인 악습과 불의를 물리치고, 자유민주적 기본질서를 공고히 하며, 기회의 균등을 보장하는 것의 중요성이 나타나 있다. 또한 개인의 능력을 중요시하고, 국민들의 안전과 행복을 확보하는 것을 지향하고 있다. 그럼 이제 각 정의에 대해서 설명과 함께 자세히 살펴보자.

첫째, 구시대적인 악습과 불의를 타파하는 것이 '정의'이다. 아직 개선되지 않은 관습이나 불의는 주변에서 쉽게 찾아볼 수 있다. 열정페이나 사내 성희롱, 강권문화, 성차별적 문화, 온갖 다양한 갑(甲)질 등이 그것이다. 정의로운 사회로 나아가기 위해서는 이러한 사회적 폐습과 불의들을 물리치는 것이 중요하다.

둘째, 자유민주적 기본질서를 공고히 하는 것이 '정의'이다. 그런데 불과 1년 전, 이 가치를 훼손시킨 사건이 발생했다. 바로 대한민국을 발칵 뒤집었던 국정농단 사태이다. 정당한 민주주의 절차를 통해 선출되지 않은 자가 국정 전반에 관여하고, 블랙리스트로 언론, 표현의 자유를 억압하여 자유민주주의를 뿌리부터 흔들었던 이 사건은 대한민국 공동체 구성원 모두에게 큰 충격으로 다가왔다. 자유민주적 기본질서라는 '정치'는 자칫하면 어그러질 수 있는 것이며 그 부작용 또한 이번에 겪었던 바와 같이 상당하다. 때문에 행정부, 입법부, 사법부, 그리고 언론은 물론이고 각 사회공동체 구성원들도 정의를 지켜야 할 책임을 등한시해서는 안 된다.

셋째, 기회의 균등을 보장하는 것이 '정의'이다. 기회의 균등이 보장되지 않아서 생기는 불평등에 대해 청년층이 느끼는 박탈감은 너무 크다. 청년들이 스스로를 흙수저라고 부르는 자조적인 현상이 인터넷에서 큰 지지를 얻는 것을 보면, 그들에게 주어진 환경들을 극복하려는 의지를 상실한 듯 보인다. 모두가 동등한 출발선에서 경쟁을 시작할 수 있게 국가가 도와주는 것이야말로 진정한 의미의 복지이며, 정의를 바로 세우는 길이다.

넷째, 개인의 능력을 중요시하는 것이 '정의'이다. 개인의 능력보다는 인맥, 경제력 등의 다른 요소가 취업을 결정한다는 사실은 청년 실업률이 사상 최고인 현재, 모든 취업준비생들에게 상대적 박탈감과 사회에 대한 불신을 야기한다. 우리 사회는 개인이 능력을 잘 길러서 그들이 낸 성과만큼 보상받을 수 있는 사회여야 한다. 그리고 그 사회에 대한 믿음을 회복시키는 것이 '정의'에 부합하는 길이다.

마지막으로, 국민의 안전과 행복을 확보하는 것이 '정의'이다. 안전은 국민의 행복을 위한 필요조건이며 밑거름이다. 안전이 보장되지 않은 사회에서의 삶의 질은 결코 향상될 수 없다. 따라서 국민의 안전을 확보해야 할 '정의'는 국가의 역할과 정체성에 대한 것으로서 중요한 의의를 가진다.

지금까지 대한민국이라는 사회공동체의 '정의'에 대해서 살펴보았다. 공동체를 이끄는 행정부, 사법부, 입법부는 '정의'의 방향성에 맞추어 공동체를 이끌어나가야 하고, 구성원 개개인도 그 가치가 힘 있는 자들에 의해, 또는 그들 스스로에 의해 훼손되지 않도록 항상 감시하고 수호하려는 태도를 갖추어야 한다.

— 학생 글

① 제목이 글의 내용과 어울리는지 점검해보자. 또한 문장 형태의 제목을 바꾼다면 어떻게 바꿀 수 있는지 생각해보자.

② 두 번째 문단에 헌법 전문을 요약한 부분이 있는데, 출처가 표시되어 있지 않아 글쓴이의 개인적 의견인지 헌법에 명시되어 있는 내용인지 정확하게 파악하기 어렵다. 정확한 출처 표기를 추가해야 한다.

③ 마지막 문단이 이 글의 결론인 셈인데, 본문의 내용을 반복하고 있다는 느낌을 준다. 또한 전체 글의 분량에 비해 결론 문단이 짧은 편이다. 글쓴이의 입장이 보다 명확하게 드러나는 결론 단락이 필요하다.

✔ 체크리스트

영역	항목
단어	1. 철자법과 띄어쓰기를 잘 지키고 있는가?
	2. 오탈자는 없는가?
	3. 용어의 선택은 적절한가?
	4. 용어의 의미는 명료한가?
문장	1. 문체가 통일되어 있는가?("-다.", "-요.", "-습니다.")
	2. 주어와 술어가 호응하는가?
	3. 접속어의 사용이 자연스러운가?
	4. 문장에서 불필요한 부분은 없는가?
	5. 문장의 연결이 자연스러운가?
	6. 비문이나 어색한 문장은 없는가?
단락	1. 단락과 단락의 연결이 자연스러운가?
	2. 각 단락에 소주제문이 있는가?
	3. 단락을 통합하거나 나누어야 하는 부분이 있는가?
	4. 각 단락의 분량은 적절한가?
	5. 단락의 순서를 재배치할 부분이 있는가?
	6. 주제에서 벗어난 단락은 없는가?
전체	1. 글의 제목이 내용을 효과적으로 드러내고 있는가?
	2. 한 편의 글이 유기적으로 연결되어 있는가?
	3. 글의 주장이 잘 드러나 있는가?

영역	항목
	4. 주장을 뒷받침하는 근거가 충분한가?
전체	5. 개요와 비교했을 때 빠뜨리거나 달라진 부분이 있는가?
	6. 출처 표시와 인용 방법이 올바른가?

활동

위 체크리스트를 활용하여 아래 글을 수정하고, 동료와 수정 사항을 비교해 보자. 맞춤법과 단어 · 문장 표현에 대한 수정 사항은 교정부호를 사용하여 교재에 직접 표시하고, 단락의 구성과 전체 내용에 대한 수정 사항은 아래 빈칸에 적어 보자.

대한민국의 현실

우리나라는 정의로운 사회라고 할 수 있는가? 결론부터 말하자면 아니라고 할 수 있다. 정의란 공정함으로 표현할 수 있으므로 정의로운 사회란 우선 먼저 공정한 사회라고 본다. 한국 사회의 공정성을 묻는 설문조사 항목에서 응답자의 76.2%가 '공정성 수준이 낮다'고 평가했다. 또 다른 조사 결과로 한국 사회 공정성에 관한 인식 조사에 관하면 80.1%가 '공정하지 않다'고 응답했다. 정의로운 사회에 있어 첫 조건부터 탈락인 셈이다. 특히 두 번째 설문에 따르면 공정성을 저해하는 분야로 정치 분야가 51.9%로 가장 높게 나타났다. 왜 우리는 이 사회가 불공정하다고 느끼고 있는 것일까? 첫째로 우리나라의 성장 속도와 성장 과정을 들 수 있다. 선진 국가에 비해 비교적 늦게 시작된 한국의 산업화와 근대화는 1962년 박정희 정권의 '경제개발계획'을 통해 엄청난 성장을 거머줬다. 그러나 이 성장은 자유주의 경제개발과 달리 계획경제였다. 즉 정부가 결정하고 국민의 자유는 없던 성장이었다. 이러한 성장 과정 속에서 낳은 불공정한 관행들은 묻어둔 체, 1995년 계획경제체제 포기와 함께 시장 경제체제로 들어섰다. 묻어 두었던 불공정한 관행들의 역사와 짧은 시장경제체제의 역사는 곧 문제점으로 나타났다. 둘째로 청년세대의 위기를 들 수 있다. 청년세대의 문제가 심각해지고 있다는 것은 모두가 다 동의한다. 청년실업과 맞물려 고령화시대의 부양세대로서의 부담은 일자리에 대한 사회 제도의 불공정성에 대한 불만으로 이어졌다. 특히 과거 불공정 수혜자 자녀들과의 경쟁에서 느끼는 불공정은 사회에 대한 불만으로 인식되어졌다. 이는 '금수저'라는 신조어를 만들어내기까지 하였다. 한국 사회에서 성공은 부모의 직업이나 재력에 영향을 미친다고 느껴지는 것이었다. 셋째로 법, 제도, 정책의 문제를 들 수 있다. 법과 제도와 정책은 타당성과 공정성을 가지고 있어야한다. 하지만 위의 조사결과에서도 보여졌듯이 공정성에 대한 의문이 제기되어진다. 특히 이 공정성과 타당성은 시장의 공정경쟁을 지원하기 위함이 아닌 기득권을 과보호하는 역할을 하고 있다는 비난이 거세고 있다. 이는 곧 기득권의 편법과 횡포로 이어지고 사회의 불공정에 관하여 불만으로 이어졌다. 공정성을 회복하기 위해서는 우리는 어떠한 노력을 해야 하는가? 불평등을 경험한 미국을 보면, 루즈벨트 대통령의 정책으로 그 불평들을 완하한 사례가 있다. 즉 정책으로 불평등을 해소할 수 있다는 희망이 생겨지는 것이다. 과제는 많겠지만 차근차근 풀어간다면 못 풀어나갈 것도 없다. 지금 대한민국은 경제성장보다는 정의로운 사회로 나아가야 할 때이다.

항목	수정 내용

1장

· 글쓰기의 장르 ·

학술적 글쓰기1

학술적 글쓰기(Academic writing)는 학문적 이론, 방법, 지식을 바탕으로 연구한 결과물을 일정한 형식에 맞추어 작성한 글을 말한다. 표준국어대사전에 학술(學術)은 "학문과 기술을 아울러 이르는 말", "학문의 방법이나 이론"으로 규정되어 있다. 이러한 관점에서 학술적 글쓰기는 연구 과정에서 얻은 성과를 타당한 근거와 함께 논리적이고 체계적으로 전달하는 문제해결 과정으로서의 글쓰기라고 정의할 수 있다.

1 학술적 글쓰기의 이해

1) 학술적 글쓰기의 특징

학술적 글쓰기는 인문학, 사회과학, 자연과학 등의 분야에서 특정 소재에 대한 자신만의 문제의식을 바탕으로 주장과 근거를 제시하여 상대를 납득시키는 '논증 중심

의 글쓰기'를 말한다. 이를 위해 학술적 글쓰기에는 주장에 신뢰를 줄 수 있는 적절한 참고 자료, 명료한 문장과 정확한 어휘, 비판적 사고와 논리적 표현, 주제에 대한 집중과 다각도적인 조망 등이 요구된다. 학술적 글쓰기는 문제 상황과 관련된 주장이나 자료를 새로운 관점에서 해석하거나 기존의 주장을 비판하는 경우가 많기 때문에, 기존 텍스트를 '객관적으로 분석하고 평가하는 과정'이 중요하다.

학술적 글쓰기는 '일정한 형식과 내용'을 필요로 한다. 글의 양식은 제출하는 기관의 성격에 따라 결정된다. 연구 논문과 학위 논문의 경우에는 제출 기관에서 요구하는 양식이 명확하게 정해져 있는 경우가 많다. 대학 수업에서 작성하는 학술적 보고서와 학술적 에세이의 경우, 전공의 성격에 따라 양식이 다를 수 있다. 또는 교수자가 요구하는 양식이 따로 있을 수 있으므로 반드시 정해진 양식을 파악한 후 글을 써야 한다.

2) 학술적 글쓰기의 요건

학술적 글쓰기는 다양한 주제 및 유형의 글을 수용하고 생산하는 활동을 통해 학문의 기초 능력, 능동적이고 효과적인 소통 능력을 길러 합리적 의사소통 역량을 함양하는 데 목적이 있다. 성공적인 학술적 글쓰기를 위해서는 문제 해결을 위해 필요한 지식과 정보를 획득하고 선별·결합하여 논지의 정합성을 꾀해야 한다. 이러한 글쓰기 과정은 모든 학문 활동의 근간을 이루게 된다. 학술적 글쓰기를 할 때 고려해야 하는 다섯 가지 기본 요건이 있다.

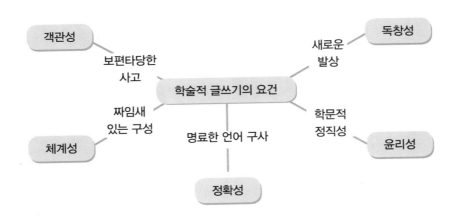

(1) 독창성

독창성은 자신만의 관점을 세우고 새로운 발상과 구상을 만들어 내는 성질을 말한다. 독창성 있는 글을 쓰는 방법에는 다음과 같은 것들이 있다. 첫째, 지금까지 주목하지 않았던 대상에 대해 새롭게 논의하는 경우, 둘째, 자신만의 독특한 관점과 방법으로 대상을 바라보는 경우, 셋째, 세상에 공개되지 않은 자료를 새로 발굴하여 소개하고 분석하는 경우, 넷째, 자신만의 대안 및 해결책을 제시하는 경우가 있다. 이러한 방법들을 활용하여 새로운 학술적 가치를 만들어낼 수 있다.

(2) 객관성

객관성은 주관에 좌우되지 않고 보편타당한 사고나 인식에 의해 생성된 성질을 말한다. 객관성을 확보하기 위해서는 작성자의 편견이나 감정 등이 논리 전개 과정에 작용하지 않도록 주의해야 한다. 입증을 위해 인용한 자료의 내용이 증명 가능해야 하고, 자료의 출처 역시 정확해야 한다. 글쓴이는 편향된 주장에 힘을 싣기 위해 출처가 불분명하고 편협한 근거 자료를 제시하지는 않았는지 점검해야 한다.

(3) 체계성

체계성은 일정한 원리에 따라 부분을 짜임새 있게 연결하여 통일된 전체를 이루는 성질을 말한다. 주장을 합리적이고 논리적으로 작성하기 위해서는 내용을 유기적으로 연결하고 글의 형식을 통일된 양식에 맞추어야 한다. 또한 한 편의 글을 균형 있게 구성하는 동시에 인용, 각주, 참고문헌 등의 형식적 조건도 갖추어야 한다.

(4) 정확성

정확성은 명료하고 분명한 성질을 말한다. 정확성을 갖추기 위해서는 용어나 개념이 분명해야 하고, 전달하고자 하는 내용이 분명하고 간결해야 한다. 또한 어문 규정에 부합하는 정확한 문장을 구사해야 한다. 학술적 글쓰기는 연구자들이 소통하는 장이라 할 수 있기 때문에 성공적인 소통을 위해서는 자신의 논의가 확실하게 전달될 수 있도록 점검해야 한다.

(5) 윤리성

윤리성은 마땅히 행하거나 지켜야 할 행동의 규범을 말한다. 윤리성을 갖추기 위해서는 다른 사람의 성과물을 표절·변조·위조하지 않고, 학문적 정직성에 입각한 태도로 글을 작성해야 한다. 비윤리적인 글은 독자의 신뢰를 깨뜨릴 뿐만 아니라 연구자로서의 자격 박탈을 야기할 수 있기 때문에 글을 제출하기 직전까지 끊임없이 글을 검토해야 한다.

✅ 체크리스트

번호	항목
1	독창성 : 자신만의 관점을 세우고 새로운 발상과 구상을 만들어 내고 있는가?
2	객관성 : 증명 가능한 자료를 인용하고 있는가?
3	객관성 : 글쓴이의 주관적 판단이나 감정 등이 지나치게 드러나지 않는가?
4	체계성 : 글의 내용이 유기적·논리적으로 연결되어 있는가?
5	체계성 : 인용, 각주 등의 형식적 조건을 갖추고 있는가?
6	정확성 : 정확한 문장을 구사하고 있는가?
7	정확성 : 용어나 개념의 의미를 분명하게 제시하고 있는가?
8	윤리성 : 인용한 자료의 출처가 정확한가?
9	윤리성 : 내용에 표절한 부분이 있는가?

> **활동**
>
> 아래 글을 학술적 글쓰기의 다섯 가지 요건에 맞추어 분석해 보자. 다섯 가지 요건 중 잘 갖추고 있는 부분과 그렇지 않은 부분을 찾고, 동료와 비교해 보자.
>
> #### 시대의 변혁과 함께 진보하는 미래의 교육
>
> 4차 산업혁명은 가상세계와 현실세계의 경계가 흐려지며 두 세계가 합쳐진 시스템 기반이 구축됨으로써 자동화와 진화된 생산체제가 경제 구조는 물론 다른 여러 사회 구조를 급격히 혁신하는 과정이다.1) 그 과정의 중심에는 인공지능의 발달이 있다. 사람의 일을 대신 해주는 로봇이 생겨남으로써 인간의 역할 변화가 불가피할 것으로 전망되어진다.

나는 4차 산업혁명 시대의 변화에 점점 더 불안함을 느끼게 되었다. 자연스레 '빠른 변화의 흐름에서 내가 로봇에 대체되지 않을 방법은 무엇일까?', '나의 장래 희망인 교육자의 꿈을 실현하기 위해서는 현재의 교육자 상을 좇는 것이 이상적일까?', '과연 현재의 교육 시스템이 미래에도 유효할 수 있을까?' 등의 물음이 머릿속에 떠올랐다. 본 학술적 에세이에서 나는 현존하는 교육 개혁 사례들을 살펴보고, 더 나아가 4차 산업혁명 시대의 교육이 나아가야 할 방향에 대해 고찰할 것이다.

오늘날 실행되고 있는 교육 개혁 사례는 실무 중심의 교육, 거꾸로 방식의 교육, 토론(협력) 중심의 교육, 글로벌 학교에서의 교육으로 나뉜다.

실무 중심의 교육은 카이스트 대학의 EE Co—op 인턴십 프로그램이 대표적이다. 전문 분야의 교수와 박사 과정생이 대학생에게 멘토링을 지원하여, 본격적인 회사 인턴십 시간에 앞서 2개월의 준비 기간을 가질 수 있도록 하는 것이다. 이러한 준비 기간을 거친 학생은 취업 후 바로 회사의 유능한 인재가 될 수 있다.

거꾸로 방식의 교육은 학습 내용을 온라인에서 자신의 수준과 역량에 맞춰 학습하고, 오프라인 강의 현장에서 학생들과 교수 간의 토론과 의견 교환으로 수업이 진행되는 형식이다. 정보 전달의 주체가 교수가 아닌 학생 본인이기 때문에 거꾸로 방식이라고 불린다. 싱가포르의 난양공과대학과 글로벌 대학 미네르바 스쿨의 경우 이 교육 방식을 채택하고 있다.

내 생각에 세계 최고의 대학이라고 칭송할 만한 하버드 대학의 곳곳에는 녹색 칠판들이 설치되어 있다. 이 칠판을 활용하여 학생간의, 학생과 교수간의, 이론과학 연구자와 실험과학 연구자간의 활발한 토론이 진행된다. 토론(협력) 중심의 교육은 서로 소통이 잘 되지 않는 문제를 토론으로써 풀어나가는 방식이다.

글로벌 학교에서의 교육은 온라인 토론 활동을 중심으로 수업을 진행하는 것을 말한다. 미네르바 스쿨이 대표적인데, 학생들은 전 세계 7개 국가의 기숙사를 해마다 옮겨 다니며 그 나라의 문화와 생활양식 등을 직접 체험한다. 이러한 체험은 강의실 내에서 알 수 있는 지식보다 더욱 커다란 의미가 있는 배움을 준다.

인공지능이 아무리 발달하여 우리 사회에 깊숙이 들어올지라도, 인간의 사고 외의 것은 기계로 실현되지 않는다. 4차 산업혁명의 시대가 어느 방향으로 가든, 그것은 우리의 사고에서 나온 결과물이며 그 변화에 대한 책임은 온전히 우리의 몫이다.2) 그 점을 항상 기억하고 새로운 시대를 맞이하는 자세가 미래 사회에서 제일 우선으로 요구된다고 생각한다.

— 학생 글

1) 과학기술정책연구원 미래연구센터, 『미래는 더 나아질 것인가』, 알에이치코리아, 2016, 14쪽.
2) 페르난도 사바테르, 장혜경 옮김, 『세상이 던지는 질문에 어떻게 답해야 할까?』, 갈매나무, 2012, 190쪽.

항목	내용
독창성	
객관성	
체계성	
정확성	
윤리성	

2 학술적 글쓰기의 유형

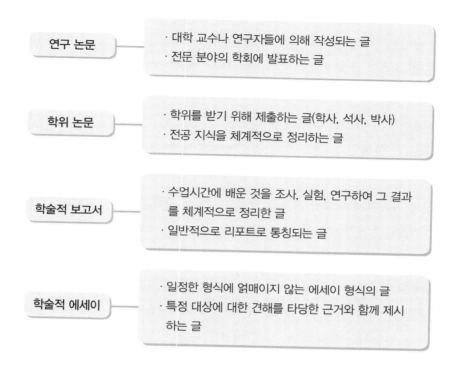

연구 논문
· 대학 교수나 연구자들에 의해 작성되는 글
· 전문 분야의 학회에 발표하는 글

학위 논문
· 학위를 받기 위해 제출하는 글(학사, 석사, 박사)
· 전공 지식을 체계적으로 정리하는 글

학술적 보고서
· 수업시간에 배운 것을 조사, 실험, 연구하여 그 결과를 체계적으로 정리한 글
· 일반적으로 리포트로 통칭되는 글

학술적 에세이
· 일정한 형식에 얽매이지 않는 에세이 형식의 글
· 특정 대상에 대한 견해를 타당한 근거와 함께 제시하는 글

1) 연구 논문

연구 논문은 논문집에 발표하는 논문들을 말한다. 기존 연구 결과에서 진일보한 새로운 연구 성과를 발표함으로써 학술적 소통을 지향하는 글쓰기라 할 수 있다. 이를 위해서는 단순한 정보 전달이나 지식의 정리에 머무르지 않고, 학문의 발전과 지식의 생산에 기여할 수 있어야 한다. 또한 연구 논문에는 독창성, 정확성, 객관성과 같은 요소가 필수적이다.

일반적으로 연구 논문은 '제목-국문 초록-국문 주제어-목차-본문-참고문헌-영문 초록-영문 주제어'의 순서로 구성된다. 이러한 체계는 연구 논문을 제출하는 학회마다 상이하므로 투고 논문 규정을 반드시 확인해야 한다.

2) 학위 논문

대학을 졸업하기 위한 학사 논문의 경우 졸업논문이라고 부르기도 한다. 연구 논문보다 원고 분량이 많고, 지도교수의 지도를 받아 작성하게 되는 논문을 말한다. 학위 논문은 대학을 다니는 동안 습득한 전공 지식을 체계적으로 정리하여 대학교육의 전 과정을 마무리하는 최종 글쓰기이다. 주제를 스스로 생각하거나 교수와 상의하여 선정한 후, 주제와 관련된 자료를 검색, 수집, 정리하여 논의를 체계화한다. 학사 학위 논문의 경우, 선행 연구와 변별되는 새로운 연구 성과를 제시하기보다는 이전까지 학교에서 배운 내용을 객관적이고 체계적으로 정리하여 대학교육에 의한 성과를 보여주는 데 목표가 있다.

일반적으로 학위 논문은 '겉표지-백지간지-표제지-속표지-(인준서)-목차-표, 그림 목차-국문 초록-영문 초록-본문-참고문헌-부록, 색인 기타'의 순서로 구성된다. 연구 논문과 마찬가지로 학위 논문을 작성할 때에는 제출 기관이 제시한 요건을 확인하여 규격화된 형식을 따라야 한다.

3) 학술적 보고서

학술적 글쓰기에서 요구하는 논리성과 체계성을 갖춘 글을 말하며, 흔히 리포트(report)라고 부르기도 한다. 주로 수업 시간에 과제나 발표의 목적으로 작성되는 학술적 보고서의 종류는 주제탐구 보고서, 실험 및 실습 보고서, 관찰 및 관측 보고서, 실태 조사 보고서, 문제해결 보고서 등이 있다. 학술적 보고서는 수업 시간에 배운 것을 교수의 지도하에 조사, 실험, 연구하여 그 결과를 정리한 글을 말한다. 학부 기간 동안 배운 전공 지식을 총동원하여 체계적으로 정리하는 학위 논문과 달리, 학술적 보고서는 수업의 학습 내용에 따른 조사나 실험의 결과를 정리하여 보고하는 글이라는 점에서 차이가 있다.

일반적으로 학술적 보고서는 '표지-목차-본문(서론, 본론, 결론)-참고 문헌'의 순서로 구성된다. 학술적 보고서를 크게 실험 보고서, 사회탐구 보고서, 작품분석 보고서로 분류하고 각각의 예시를 살펴보기로 한다.

(1) 실험 보고서

실험 보고서는 실험의 과정이나 결과를 보고하는 글을 말한다. 실험 보고서의 글쓴이는 특정 조건과 가설을 설정한 뒤 실험을 진행하여 어떠한 반응 및 현상이 나타났는지를 정확하게 기록해야 한다. 이후 실험 결과로부터 가설을 입증하거나 반증하게 된다. 이러한 과학적 방법론을 '가설연역법'이라고 부른다. 특정 현상을 설명하기 위한 가설을 세우고 이 가설을 증명할 실험을 설계하여 가설에 따라 어떤 결과가 나올 것인지를 연역적으로 추론하고, 실험이 완료된 후에는 추론 내용을 검증하면서 보고서 작성을 완료한다. 이러한 실험 보고서의 논증 과정은 'IMRAD'의 형태에 따라 구성된다.

IMRAD 글쓰기는 문제제기 및 해결을 위한 가설을 제안하는 '도입(Introduction)', 해당 실험의 배경이 되는 이론과 실험 방법을 제안하는 '재료와 방법(Material and Method)', 실험의 '결과(Result)', 실험을 바탕으로 가설의 검증 또는 반증을 논하는 '토의(And Discussion)'의 과정으로 전개된다.

아래 예시를 통해 IMRAD 방법을 글쓰기에 어떻게 적용하였는지 살펴보자.

☺ 예시

스마트폰으로 공용 WiFi 접속 시 취약점과 해결방안

도입: 공공장소에서 무료로 이용이 가능한 WiFi가 보안에 매우 취약하다는 조사 결과가 연일 보도되고 있다. 이에 스마트폰의 공용 WiFi 접속에서 Packet을 직접 Spoofing을 시도하여 해킹에 노출되어 있는 공용 WiFi의 보안 상태를 점검하고 개선 방안을 제시하고자 한다. 그리고 이러한 해킹 위험으로부터 개인 정보를 지킬 수 있는 방법을 제안하고자 한다.

재료와 방법: WiFi Packet Spoofing Attack 실험 : 실험 준비물로 AirPcap, GalaxyS,

LG Notebook, WireShark를 준비한다. (중략) WiFi Zone에서의 스마트폰 Packet Spoofing을 시도한다. 인터넷 채팅을 WireShark로 패킷 분석하여, 소스IP와 목표점 IP,프로토콜을 확인하여 대화를 나눈 패킷을 찾아낸다. (중략)

결과: WireShark로 패킷 분석하여 알아낸 ID와 비밀번호를 활용하여 홈페이지에 접속한 뒤, 홈페이지 서버에서 올바른 정보가 전달되었음을 피드백 받았다. 이로써 무선 패킷 하나로 간단하게 개인의 정보를 얻을 수 있는 것이 입증되었다.

그리고 토의: 본 실험을 통해 WiFi가 왜 보안적으로 취약할 수밖에 없는지를 단계적으로 확인할 수 있었다. 사용자의 모든 개인정보를 완벽하게 암호화할 수 있는 방법으로 가상 사설망(VPN)이 적용된 "Hotspot Shield"를 꼽을 수 있다. 이후 실험에서는 Hotspot Shield의 보안 체계를 알아보고 안전성을 점검하여, 공용 WiFi의 보안 장치를 보완할 방법을 모색하고자 한다.

– 학생 글

위 실험 보고서는 IMRAD의 형태에 맞추어 구성되어 있다. '도입'에서 공용 WiFi의 보안이 취약하다는 사실을 제시한 후에, 이를 증명하기 위해 IP를 속여서 공격하는 기법인 Spoofing을 소개하였다. '재료와 방법'에서는 실험을 위한 장비를 설명하고 상대의 개인 정보를 얻을 수 있는 해킹 과정을 단계별로 제시하였다. '결과'에서는 WireShark로 패킷 분석하여 알아낸 ID와 비밀번호로 홈페이지에 로그인이 가능하다는 것을 보여줌으로써 공용 WiFi의 보안 상태가 취약하다는 가설을 입증하였다. '그리고 토의'에서는 실험 결과를 정리·분석하여 본 실험의 의의를 서술하였다. 그리고 추후 실험의 방향을 제시함으로써 후속 연구의 정보를 미리 알리고 있다.

실험 보고서를 작성할 때에는 가설을 설정하여 실험을 진행하고 결과에 이르기까지의 과정이 한 치의 오차 없이 정확하게 기록해야 한다.

(2) 사회탐구 보고서

사회탐구 보고서는 사회적 현상에 대해 탐구한 뒤, 조사를 통해 알게 된 사실을 보고하는 글을 말한다. 사회탐구 보고서에는 특정한 사회적 현상이나 문제를 왜 탐구하게 되었는지를 분명하게 제시해야 한다. 그리고 어떤 방법으로 현상을 분석하였으며, 분석 결과 어떠한 결과에 도달하였는지 제시한다. 연구 결과를 사회적으로 활용할 수 있는 방안을 결론에 제시하는 것이 좋다.

사회탐구 보고서는 대체적으로 '논제 설정' → '조사' → '분석' → '보고서 작성'의 과정을 거쳐야 한다. 특히 '조사'는 논제에 대한 글쓴이의 주장을 입증하기 위한 객관적 방법이 되므로 철저한 사전 작업이 필요하다.

조사 방법은 직접 방법과 간접 방법으로 나뉜다. 직접 방법은 논제와 관련된 사람들에게 설문지를 배부하여 답을 얻는 방법이다. 간접 방법은 논제와 관련된 자료나 객관적 수치를 수집하는 방법이다. 논제와 관련된 전문가의 의견이나 여론의 동향이 필요한 경우에는 직접 방법이 효과적이고, 전문 기관에 의해 조사된 실증적 데이터가 필요한 경우에는 간접 방법이 효과적이다.

직접 방법을 선택할 때 몇 가지 고려할 사항이 있다. 먼저, 논제와 관련된 조사 대상의 수를 어느 정도 범위로 할 것인지, 어떤 집단에 속한 대상으로 정할 것인지 결정해야 한다. 그리고 조사 장소와 조사 시기를 정하고, 설문 항목을 만들어 보고서의 방향에 부합하는 연구 결과를 얻을 수 있어야 한다.

아래 예시를 읽고 사회탐구 보고서를 작성하기 위해 '논제 설정'과 '조사-분석'을 어떻게 해야 하는지 생각해 보자.

온라인 게임의 비속어 사용이 팀플레이에 끼치는 영향과 해결방안
—온라인 게임 〈리그 오브 레전드〉와 20대 사용자를 중심으로

논제 설정: 온라인 게임인 '리그 오브 레전드(LOL)'의 비속어 사용이 팀플레이에 미치는 영향은 무엇인가? 이에 대한 해결 방안은 무엇인가?

조사 방법: 직접 방법, 조사 결과는 IBM SPSS Statistics 24를 통해 분석함

조사 계획:

언제 – 2016년 10월 19일부터 11월 2일까지 약 2주간 '네이버 폼'을 이용하여 실시함

누구를 – 온라인 게임을 즐기는 20대의 대학생 111명

어디에서 – 온라인 게임과 관련된 인터넷 커뮤니티 ○○○○

무엇을 – '신상정보', '게임 플레이 환경', '팀플레이 인식', '비속어 인식', '대책'의 다섯 가지 영역에서 설문지를 구성함

분석: '비속어 사용이 팀플레이에 영향을 끼치는가?'라는 질문에 조사 대상자들의 68.5%가 '매우 상관있음'과 '상관있음'에 응답하였다. 조사 대상자의 비속어 피경험 빈도에 따른 팀플레이에 끼치는 영향은 통계적으로 유의미한 차이가 나타났다($p < 0.001$). 조사 대상자의 74%가 비속어 사용은 온라인 게임의 패배요인에 영향을 끼친다고 응답하였다. (중략) 조사 대상자에게 해결 방안을 질문했을 때, '신고를 통한 제재'(64.4%), '이용자 실명제 도입'(26%), '비속어 순화 시스템 도입'(4.1%), '비속어 필터링 시스템 도입'(1.4%), '기타'(4.1%)의 순으로 응답하였다.

– 학생 글

위 사회탐구 보고서의 글쓴이는 온라인 게임에서의 비속어 사용과 팀플레이의 연관관계를 밝히기 위해 '비속어 사용 문제와 해결 방안'이라는 논제를 설정하였다. 조사 방법으로는 직접 방법을 선택하였고, 온라인 게임과 관련된 인터넷 커뮤니티 이용자들에게 설문조사를 시행하였다. 최종적으로 온라인 게임 중에 비속어를 사용하는 것이 팀플레이에 상관이 있으며 팀의 패배에 영향을 끼칠 수 있음을 확인하였다. 또한 조사 대상자들에게 해결 방안에 대해 질문하여 필요한 의견을 수집하였다.

사회탐구 보고서는 우리 사회의 전반적인 문제에 대해 조사하고 보고하는 글쓰기

이기 때문에 일상에서 관찰되는 여러 현상들에 호기심을 가지고 탐구하는 태도가 요구된다.

(3) 작품분석 보고서

작품분석 보고서는 작품의 주제, 구성, 표현 등을 분석한 후 그 전반적인 내용을 보고하는 글을 말한다. 작품분석 보고서를 작성하기 위해서는 먼저 대상이 되는 작품을 정교하게 읽어내는 작업이 필요하다. 작품의 인물과 시대배경에 대한 체계적인 이해를 통해 작품의 주제와 주요 개념을 도출해내고, 작품의 주제와 연관되는 이론의 도움을 받아 작품을 심층적으로 분석한다. 최종적으로 해당 작품의 가치와 의의에 대한 글쓴이의 입장을 서술한다.

작품분석 보고서를 작성하기 위해서는 사전 작업에 많은 공을 들여야 한다. 우선 작품을 읽을 충분한 시간을 확보해야 하고 작품의 메시지를 최대한 정확하게 읽어내야 하며 자신의 주장을 뒷받침할 여러 자료들을 마련해야 한다.

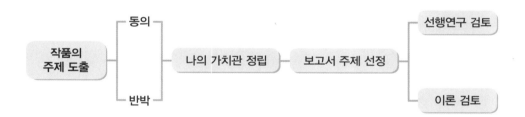

작품의 주제는 작가의 창작 의도와 연결될 수 있기 때문에, 작가가 설정해놓은 다양한 장치들을 자세히 살펴야 한다. 문학 작품의 예를 들면 작품 내 인물들의 의견이 갈리는 지점, 문제 상황에 대한 인물들의 선택 지점, 문제 상황에 대한 화자의 가치 평가 지점 등에서 작가의 창작 의도를 발견할 수 있다. 글쓴이는 주제를 도출한 후 이에 대한 동의 혹은 반박의 입장을 취해야 한다. 학술적 글쓰기의 일종으로서 작품분석 보고서는 단순히 작품의 줄거리를 요약하고 주제를 도출하는 것에 그쳐서는 안 된다. 글쓴이는 자신이 도출한 주제에 왜 옹호하는지 혹은 반박하는지를 논리적으로 검증하고 자신의 주장에 대한 타당성 여부를 스스로 밝혀야 한다. 즉 동의 혹은 반박의 입장에 대한 자신의 가치관이 명확하게 세워져 있어야 한다. 이후 자신의 주장을 효과적으로 드러낼 수 있는 주제를 선정하고, 이와 관련된 선행연구와 이론을 검토하여 주장의 논제로 삼는다.

  아래 예시를 읽고 인물의 선택을 통해 작가의 창작 의도를 어떻게 도출해낼 수 있는지 살펴보자.

⊙ 예시

인간성의 상실과 인간다움의 조건

  『이것이 인간인가』에 등장하는 인물인 '쿤'은 저자인 '프리모 레비'와 함께 수용소에서 생활했던 유대인 중 하나다. 쿤은 가스실로 가야 할 사람들을 고르는 이른바 '선발' 인원으로부터 제외되자 막사로 돌아와 선발되지 않은 것에 대한 감사함을 큰 소리로 요란하게 신께 기도한다. 쿤은 가스실로 가야 할 운명에 놓인 청년 '베포' 앞에서 죽음의 그늘로부터 잠시 벗어났다는 이유만으로 주저 없이 기쁨을 표출한다. 프리모 레비는 이러한 쿤의 행동을 묘사하면서 선발되지 않았음에 기뻐할 것이 아니라 인간을 가스실로 보내는 비인간적이고, 어떤 것으로도 속죄할 수 없는 행위에 분노해야 함을 지적하며 쿤의 비인간적인 행동을 지적한다.

  이 책은 인간성을 잃은 사람이 어떤 양상을 보이는지 적나라하게 보여주며, 인간성을 잃지 않는 것이 얼마나 어렵고 그와 동시에 중요한지를 드러낸다. 이 책에는 인간성을 상실한 인물들이 두드러진다. 인간성을 말살시키는 수용소에서 살아남기 위해서는 기존 사회를 살아갈 때 필요했던 예의, 규범 같은 것들이 필요하지 않았기 때문이기도 하다. 수용소에 적응해갈수록 인간성을 붙들고 있기 어려워진다. 결국, 쿤과 같이 인간성을 잃은 이들에게 남은 것은 짐승의 기능뿐이다. 그래서 쿤은 선발에서 제외돼 기쁜 마음에 선발된 사람들의 기분은 생각지도 않고 기쁜 기색을 마음껏 드러내고, 당장의 기쁨에 심취해 다음 선발 때는 자신이 베포와 같은 처지가 될지도 모른다고 생각하지 못한다. 이때 꼭 남에게 폭력을 행사하고, 자유를 앗아가 학대하는 등 표면적으로 드러나는 행위만이 비인간적인 것이 아니라는 것을 알 수 있다. 아무리 기쁘더라도 기뻐하지 말아야 할 순간에 이성보다 감정을 앞세우는 것, 그래서 의도하지 않았지만, 결국 누군가에게 돌이킬 수 없는 내상을 입힌 쿤의 행위 또한 인간성을 상실한 것이라 할 수 있다. 인간성은 거창한 것이 아니다. 타인을 전혀 생각하지 않는 순간 인간성은 너무 쉽게 사라진다.

– 학생 글

위 작품분석 보고서는 작가인 프리모 레비의 의도를 옹호하는 입장에서 작성되었다. 작가는 '쿤'이라는 인물을 통해 인간성이 상실된 현상을 보여준다. 글쓴이는 자신의 주장을 강화하는 근거로 인물의 선택과 이에 대한 작가의 평가를 활용하여, "타인을 생각하는 행위"를 인간다움의 조건 중 하나로 제시한다. '인간성의 상실'과 '인간다움의 조건'이라는 보고서의 주제를 선정한 이후에는 '인간성', '인간다움', '이타적 행동' 등의 기본 주제어와 관련된 선행연구와 이론을 검토하여 보고서 작성을 위한 사전작업을 진행할 수 있다.

4) 학술적 에세이

에세이는 일정한 형식을 따르지 않고 인생이나 자연 또는 일상생활에서의 느낌이나 체험을 생각나는 대로 쓴 산문 형식의 글을 말한다. 형식상 매우 자유롭고 서술 방식도 설득이나 논증을 목적으로 하지 않기에 특별한 제한을 두지 않는다. 에세이 중에서 '학술적' 성격을 지니는 글을 따로 구분하여 학술적 에세이라고 부른다. 학술적 에세이는 일정한 형식에 얽매이지 않고 자신의 견해를 자유롭게 표현하는 '에세이'의 성격을 가지면서 동시에 특정 대상에 대한 문제의식을 바탕으로 주제에 대한 타당한 근거를 제시하는 '학술적' 성격을 갖는다. 학술적 에세이는 글쓴이의 창의적인 생각을 중요시하므로 자신만의 관점에서 해당 내용을 논평해야 한다.

학술적 에세이는 '논평적 에세이', '문제제시형 에세이', '문제해결형 에세이'로 분류할 수 있는데, 아래에서 각각의 특성과 예시를 살펴보기로 한다.

(1) 논평형 에세이

논평형 에세이는 어떠한 글이나 말 또는 사건에 나타난 문제점과 한계를 정리한 후에, 문제 상황에 대한 자신만의 비판적 관점을 드러내는 글이다. 논평적 에세이에는 다른 사람의 의견을 검증하고 반론하는 과정이 논리적으로 제시되어야 하며 자신만의 독창적인 견해 역시 드러나야 한다. 다른 사람의 글을 대상으로 논평적 에세이를 작성할 때에는 문제가 되는 구절을 인용하여 검증 과정을 자세하게 보여주어야 한다.

아래 예시는 『유토피아』의 저자 토마스 모어의 글을 읽은 후 이 글에 반론을 펼치는 논평적 에세이의 일부이다. 아래 예시를 읽은 후 비판적 검증과 반론에 대해 생각해보자.

😐 예시

> **『유토피아』가 우리에게 보여주는 이상향의 비현실적 단상들**
>
> "돈이 사라졌다는 것은 매일 처벌한다 해도 억제하지도 못하는 온갖 범죄 행위, 즉 사기와 절도와 강도와 주거침입, 폭동과 반란과 살인, 배신, 독살 등이 모두 사라졌다는 것을 의미하기 때문입니다. 그리고 돈이 사라지는 즉시, 공포와 갈등과 불안과 과로 그리고 잠 못 이루는 노동도 사라질 수 있습니다. 언제나 그 해결책으로 돈이 필요하게 마련인 가난이라는 문제도, 더 이상 돈이 존재하지 않게 되면 즉시 사라져버립니다."(토마스 모어, 권혁 옮김, 『유토피아』, 돋을새김, 2015, 219쪽.)

    토마스 모어는 돈 때문에 다투고 서로 미워하는 인간의 모습을 많이 보았던 것 같다. 따라서 이런 문제를 해결하는 방법으로 돈을 없애는 것을 제시한다. 토마스 모어가 보았던 끔찍한 모습들은 현재에도 큰 문제로 남아 있다. 자본주의 사회에서 돈은 만능 수단이 되기 마련이다. 하지만 진정한 문제는 돈이 아니라 자본, 재화의 분배이다. 그리고 공평한 분배를 막는 잘못된 사회의 구조이다. 절대적 평등은 이에 대한 하나의 해결책이 될 수는 있지만 공평한 분배라고 보기는 어렵다. 토마스 모어의 책에서도 드러나듯이 개인의 능력과 역할이 저마다 다르고 이에 대한 보상 역시 달라야 그것이 공평하고 합당한 분배일 것이다. 그러나 토마스 모어는 능력과 역할을 구분하면서도 그것을 어떻게 공정하게 분배할 것인지를 고민하는 것이 아니라 돈을 없애고자 한다. 이는 문제의 원인을 잘못 파악한 것이다. 문제의 원인은 '돈'이 아니라 사회의 불평등한 구조에 있다.

– 학생 글

글쓴이는 토마스 모어의 견해 중 돈의 문제를 언급하며, 그의 견해에 한계가 있음을 지적하고 있다. 먼저 토마스 모어의 발언을 제시한 후에, 이 발언이 자신의 생각과 어떻게 다르며 어떠한 부분에서 현실적이지 않은지 논리적으로 반론하고 있다. 글쓴이에 따르면 인간의 범죄 행위와 가난의 문제는 돈 자체에 있는 것이 아니라, "자본, 재화의 분배"와 연관되며 이는 곧 사회구조적인 영역으로 확대될 수밖에 없다. 타인의 글을 비판적으로 검증한 후에 자신의 견해를 펼치고자 할 때에는 논평적 에세이의 형식이 적합하다.

(2) 문제제시형 에세이

문제제시형 에세이는 특정 개념이나 상황에 대한 새로운 문제의식을 제시하여, 글쓴이의 생각이 공적인 장에서 논의될 수 있도록 글로 표현하는 학술적 에세이의 한 유형이다. 문제제기만으로 글이 성립될 수 있는 유형의 글로, 해당 문제가 왜 공론화되어야 하는지를 납득시켜야 하기 때문에 분명한 주제와 함께 논리적 근거가 제시되어야 한다. 기존의 논의들에 부족함이 있거나 다른 사람들이 미처 깨닫지 못한 문제인 경우, 문제를 새롭게 제기하는 글을 씀으로써 새로운 논의의 장을 만들 수 있다.

아래 예시는 4차 산업혁명 시대에 진입한 현 시점에 인간성의 진정한 의미가 무엇인지를 공론화해야 한다는 문제제시형 에세이의 일부이다. 아래 글을 읽고 글쓴이의 문제의식에 대한 자신의 생각을 정리해 보자.

📃 예시

인간성이란 무엇인가

인간적임, 즉 인간성이란 인간의 본성을 의미한다. 동시에 사회문화적 관습의 교훈적 가치를 가지고 있는 개념이다. 인간성이 무엇인지를 알아가는 것은 단순히 단어의 의미를 알아가는 것 이상으로 중요하다.(중략)

몇몇 미래학자들은 인류의 시대가 끝날 것이라 예언한다. 4차 산업혁명의 시대가 도래했으며, 인공지능과 로봇이 우리의 자리를 노릴 것이고, 끝내 차지할지도 모른다. 미래의 인공지능과 로봇은 인간을 뛰어넘는 능력을 갖추고 있으며, 복제의 형식이든 인공지능의 형식이든 새로운 기술 개발로 자아를 갖출 것이다. 그때 인간을 인간으로 남을 수 있게 만들어주는 것은 우리 스스로가 무엇인지 사유하게 하는 인문학적 탐구이다. 인간이 무엇인지를 모르는 채로 기술만을 발전시킨다면 미래 사회의 혼란이 가중될 수밖에 없다. 그때 우리는 인간과 기계를 구분하지 못할 지도 모른다. 왜냐하면 우리가 기계와 마찬가지로 '비인간적'일 것이기 때문이다. 인간성humanity은 우리 스스로가 누구이며 무엇을 추구하는지를 알려주는 이정표의 역할을 할 것이다. 4차 산업혁명이 시작된 현재, 우리는 서로에게 질문해야 한다. 인간은 무엇이며 인간성이란 무엇인가.

– 학생 글

위 에세이의 글쓴이는 인간성의 진정한 의미를 알아가는 것의 중요성을 언급한다. 인간의 능력을 뛰어넘는 인공지능과 로봇의 개발로 인해 인간과 인공지능의 구별이 어려워질 미래 사회를 우려하여 인간성에 대한 탐구가 필요하다고 강조하고 있다. 독자는 위 글에 동의를 하거나 반박을 할 수 있는데 여러 사람들의 다양한 의견이 교환되며 해당 주제에 대한 새로운 담론이 형성될 수 있다. '사랑', '죽음', '행복', '선과 악', '미와 추' 등의 철학적이면서 논쟁적인 주제로 글을 작성하고자 할 때에는 문제제시형 에세이의 형식을 취하는 게 좋다. 이처럼 문제제시형 에세이는 단 하나의 답을 내리기보다 특정 문제의식을 중심으로 다양한 의견을 나누고자 할 때 적합한 에세이 형식이다.

(3) 문제해결형 에세이

문제해결형 에세이는 사회적으로 관심을 가질 필요가 있는 문제를 제기하고 이러한 문제를 해결하기 위한 구체적인 해결책과 입증 과정까지를 보여주는 학술적 에세이의 한 유형이다. 문제제기에서 한층 더 나아가 문제를 해결하기 위한 탐구 과정을 글에 드러내기 때문에 창의성과 엄밀성을 모두 고려하여 작성해야 한다.

아래 예시를 읽고 문제제시와 그에 대한 해결 방안이 유기적으로 연결되어 있는지 점검해 보자.

⊙⊙ 예시

블라인드 채용, 청년 실업률의 현실적 대안

지난 2016년, 통계청은 현재 대한민국의 실업자 수가 약 101만 2천 명이라고 밝혔다. 놀라운 사실은 그 중에서도 '청년 실업자'가 43만 명에 달한다는 점이다. 이후 취업난을 해결하자는 목소리는 한층 높아졌지만 2017년에도 상황은 나아지지 않았다. 2017년 8월을 기준으로 청년 실업률은 9.4%라는 높은 수치를 기록했으며 이는 IMF외환위기 이후 역대 최고치에 해당했다. 청년 실업률을 해결하기 위한 현실적 대안을 진지하게 고민해야 할 때다. (중략)

나는 청년 실업률을 해결하기 위한 현실적 대안으로 '블라인드 채용'을 제안한다. 첫째, 블라인드 채용은 지원자에 대한 편견 없는 심사를 돕는다. 블라인드 채용 방식 지원서에는 출신지역, 가족관계, 신체적 조건, 학력 등에 대한 기재가 원칙적으로 불가하다. 이는 인사 담당자에게 무의식적 편견을 심어줄 가능성을 원천적으로 차단할 수 있다는 장점을 갖는다. 둘째, 블라인드 채용은 해당 직무에 더 적합한 인재를 채용할 수 있는 가능성을 열어준다. 블라인드 채용 방식은 지원자를 NCS기반으로 분석하는 시스템을 갖추고 있다. NCS는 직무를 수행하기 위해 필요한 역량을 국가가 부문별, 수준별로 체계화 및 표준화한 것으로 지원자의 직무수행역량을 판단하는 데 가장 유용한 시스템이다. 셋째, 블라인드 채용은 취업을 준비하는 과정에서 발생하는 시간적, 금전적 비용을 줄여줄 수 있다. 대부분의 취업준비생들은 금전적으로 여유가 없는 상황에서 자신이 원하는 직무와는 무관한 스펙을 쌓기 위해 많은 비용을 투자하는 아이러니한 상황을 겪고 있다. 블라인드 채용 방식은 어학 점수, 자격증 위주가 아닌 직무 해결 능력에 초점을 두고 있기 때문에 취업준비생들은 자신이 원하는 분야의 직무 능력을 기르는 것에 집중할 수 있다. (중략) 2017년 청년 실업률은 9.4%이지만 실제 청년들이 느끼는 취업의 어려움은 그 이상으로 차갑고 고통스러울 것이다. 그러므로 취업난에 지쳐가는 수많은 청년들의 체감온도를 높일 수 있는 무언가가 꼭 필요하고 그것이 '블라인드 채용'이 될 수 있다고 믿는다.

– 학생 글

위 에세이는 '청년 취업난'에 대한 문제제기를 한 후에 이에 대한 해결 방안으로 '블라인드 채용'을 제시하고 있다. 글의 도입 부분에 취업난과 관련된 통계 자료를 제시하여 독자들이 글쓴이의 문제의식에 공감할 수 있도록 돕고 있다. 그리고 본론 부분에 '블라인드 채용'의 세 가지 장점을 서술하여 글쓴이의 주장이 문제 상황에 대한 합리적인 해결책이 될 수 있음을 강조하고 있다.

문제해결형 에세이는 독자를 설득하고자 하는 목적이 강하기 때문에 합리적인 근거가 충분히 제시되어야 한다. 제시한 해결책이 효과적인 방안인지 설득하기 위해서는 논리적 증거를 내세워 주장을 증명하는 과정이 글에 서술되어야 한다.

✅ 체크리스트

번호	항목
실험 보고서	가설의 입증이 가능한 주제인가?
	본 실험을 통해 특정 현상을 설명할 수 있는가?
사회탐구 보고서	선정한 주제(사회적 현상)가 보편성을 획득하고 있는가?
	탐구 결과를 사회에 활용할 수 있는가?
작품분석 보고서	작가의 창작 의도를 파악하였는가?
	작품의 주제에 대한 동의 혹은 반박의 입장을 정하였는가?

번호	항목
논평형 에세이	문제적이라고 판단되는 글이나 사건을 선정하였는가?
	논리적으로 반론이 가능한 주제인가?
문제제시형 에세이	공적인 장에서 논의될 수 있는 주제인가?
	새롭게 부각시킬 수 있는 주제인가?
문제해결형 에세이	문제를 해결하기 위한 탐구 과정을 보여줄 수 있는 주제인가?
	제시한 대안이 현실적이고 효과적인가?

활동

학술적 보고서와 학술적 에세이의 여섯 가지 유형 중 하나를 선택해 보자. 평소에 관심을 가지고 있던 대상이나 개념을 떠올린 후, 선택한 유형에 맞추어 문제의식과 주제를 써 보자. 내가 쓴 내용이 학술적인 글의 성격에 적합할지 친구들과 의견을 나누어 보자.

항목		내용
학술적 보고서	실험 보고서	문제의식
		주제
	사회탐구 보고서	문제의식
		주제
	작품분석 보고서	문제의식
		주제

항목		내용
학술적 에세이	논평형 에세이	문제의식
		주제
	문제제시형 에세이	문제의식
		주제
	문제해결형 에세이	문제의식
		주제

3 학술적 글쓰기의 기술방법

1) 설명

표준국어대사전에 의하면 '설명'은 "어떤 일이나 대상의 내용을 상대편이 잘 알 수 있도록 밝혀 말함"으로 정의된다. 학술적 성격의 글에서 특정 개념이나 현상을 독자에게 전달하고자 할 때 가장 유용하게 활용할 수 있는 기술방법이 설명이다. 아무리 좋은 생각을 가지고 있다고 하더라도 글쓴이의 생각이 부정확하거나 불명료하게 전달된다면 의사소통에 실패할 수밖에 없다. 특히 학술적 성격의 글에는 독자에게 생소하게 느껴질 수 있는 전문 용어나 전공 지식이 주장에 대한 근거로 제시될 가능성이 높다. 설명은 학술적 글쓰기의 전문성과 객관성을 드러내는 동시에 독자의 이해를 돕는 역할을 한다. 설명에 속하는 기술방법에는 '정의', '예시', '비교와 대조', '구분과 분류'가 있다.

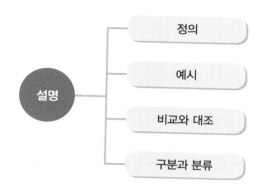

(1) 정의

'정의'는 "어떤 말이나 사물의 뜻을 명백히 밝혀 규정하는 것"으로, 주로 'A는 B'의 형식을 취한다. 특정 현상이나 개념에 대해 논할 때 가장 먼저 제시되는 내용이 바로 정의이다. 대상에 대한 글쓴이의 주관적 관점을 펼친다고 할지라도 기본적으로 대상이 가지고 있는 보편적인 의미를 보여주어야 한다. 표준국어대사전, 문학용어사전, 철학사전, 과학백과사전, 식품미생물학 사전 등과 같이 글의 대상과 관련된 사전을 활용하여, 개념에 대한 가장 보편적이고 본질적인 의미를 드러낼 수 있는 기본 정의 문장을 제시한다.

😊 예시

*사전적 정의
인권: 사람이 개인 또는 나라의 구성원으로서 마땅히 누리고 행사하는 기본적인 자유와 권리.

*학술적 성격의 글에 활용
한국민족문화대백과사전에 따르면 인권이란 "사람이 개인 또는 나라의 구성원으로서 마땅히 누리고 행사하는 기본적인 자유와 권리"를 말한다. 즉 인권은 사람이 마땅히 누릴 수 있는 권리를 의미한다.

[출처: 한국민족문화대백과사전(인권(人權))] https://encykorea.aks.ac.kr/Search/List

(2) 예시

예시하기는 특정 개념이나 관념을 독자에게 효과적으로 전달하기 위해 관련 사례를 드는 것을 말한다. 난해하고 생소한 개념일수록 풍부한 예시를 제시할 필요가 있다. 좋은 예시는 추상적인 개념이나 낯선 현상을 구체적으로 인식할 수 있게 돕는다. 또한 적절한 예시는 글쓴이의 문제의식을 강조하거나 주장을 뒷받침하는 근거로 활용될 수 있기 때문에 효과적인 설명 방법이라 할 수 있다. 자신이 직접 생각하거나 체험한 내용이 아닌, 다른 연구자의 글을 빌려와 예시를 드는 경우에는 반드시 출처를 밝혀야 한다.

⊙ 예시

*예시가 없을 때
인간은 태어나면서부터 '사랑'과 밀접한 관계를 맺는다.

*예시가 있을 때
인간은 태어나면서부터 '사랑'과 밀접한 관계를 맺는다. 예를 들어, 사랑은 부모의 내리사랑과 형제자매간의 우애부터 연애 감정, 국가에 대한 애정인 애국심, 신이 인간에게 가지고 있는 절대적 사랑인 아가페에 이르기까지 그 종류가 다양하다.

(3) 비교와 대조

둘 이상의 대상을 두고 서로 비슷하거나 다른 점을 드러내어 각각의 의미를 변별하여 설명하는 것을 비교와 대조라고 부른다. 둘 이상의 대상이 공통적으로 가지고 있는 것에 대해 말할 때는 비교의 방법을, 각각의 차이점을 말할 때는 대조의 방법을 사용한다. 비교와 대조의 방법으로 대상을 설명할 때에는 반드시 명확한 기준이 있어야 한다. 두 대상의 공통점과 차이점을 드러내고자 할 때 어느 한쪽에 유리하거나 불리한 기준을 적용한다면 글의 객관성과 정확성이 떨어질 수밖에 없다. 따라서 일정한 기준을 미리 설정한 후에 비교와 대조의 방법을 사용해야 한다.

💬 예시

*비교
인간과 안드로이드는 자신이 가진 지식을 이용하여 새로운 결론을 도출해낸다는 점에서 공통적이다.

*대조
안드로이드는 특정한 목적을 가지고 태어났으며 유일성과 자율성이 없다는 점에서 인간과는 다르다.

(4) 구분과 분류

특정 대상이나 개념이 가지고 있는 특성과 유형을 체계적으로 정리하고자 할 때 구분과 분류의 방법을 사용할 수 있다. 구분은 하나의 개념을 일정한 기준에 따라 몇 개로 나누어 설명하는 것을 말하고, 분류는 둘 이상의 하위 항목들의 공통점을 찾아 하나의 개념으로 묶는 것을 말한다. 구분과 분류는 개념의 전체 틀과 부분의 속성을 파악하도록 돕는 역할을 한다.

💬 예시

*구분
한국어의 용언은 동사와 형용사로 구분된다.

*분류
개, 고양이, 소, 돼지 등은 포유동물로 분류된다.

2) 논증

'논증'은 "옳고 그름을 이유를 들어 밝힘. 또는 그 근거나 이유"로 정의된다. 논증은 자신의 주장이 정당함을 논리적으로 증명하는 것을 말한다. '설명'이 개념이나 대상의 정보를 전달하는 데 목적이 있다면, '논증'은 주장으로 상대를 설득하는 데 목적이 있다. 학술적 글쓰기의 특징 중 하나로 논증을 꼽을 수 있는 만큼, 학술적 글을 쓸 때에는 자신의 주장에 대한 논증의 과정이 반드시 들어가야 한다.

논증의 기본 요소는 주장, 이유, 근거이다. '주장'은 자신의 의견이나 주의를 내세우는 것을 말한다. '이유'는 주장에 대한 까닭이나 구실을 말한다. 이때 '주장'과 '이유'를 이어주는 보편적 원칙을 '전제'라고 부른다. 또한 '근거'는 이유를 뒷받침하는 객관적 사실로 사례, 통계, 전문가의 견해 등을 말한다. 독자를 설득하기 위해서는 주장의 정당성과 타당성 확보가 필요하다. 왜 이러한 주장을 펼치는지에 대한 이유를 제시한 후에, 이유를 뒷받침할 수 있는 객관적이고 경험적인 자료를 근거로 제시해야 한다.

💬 **예시**

주장	영유아를 차별하는 노키즈존을 법적으로 막아야 한다.
이유	왜냐하면 차별 행위에 대한 자유권은 부당하고, 합리적 이유 없이 특정 연령에 대해 인권을 침해하는 곳이 점차 확장되면 사회적 차별에 대한 경계심이 약화될 것이기 때문이다.
근거	2017년 제주의 한 레스토랑에서 아홉 살 아이를 동반한 부모의 입장이 거절되었던 사례가 있었다. 국가인권위원회는 이를 부당한 차별이라며 노키즈존에 대한 시정을 권고하였다.

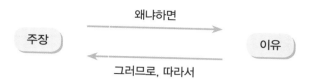

주장과 이유를 제시할 경우, 그 순서는 글의 전개 방식에 따라 주장 → 이유일 수도 있고 이유 → 주장일 수도 있다. 글의 도입 부분에 글쓴이의 주장을 먼저 제시한 경우에는 '왜냐하면' 등의 접속사를 사용한 후에 타당한 이유와 근거를 뒤이어 서술한다. 그리고 주장을 뒷받침하는 이유와 근거를 먼저 제시한 경우에는 '그러므로', '따라서' 등의 접속사를 사용한 후에 글쓴이의 주장으로 글을 마무리한다.

⊙ 예시

*주장→이유
음주운전의 처벌 수위를 대폭 강화해야 한다. 왜냐하면 윤창호법이 시행된 이후에도 음주운전 사고의 수가 계속 증가하고 있기 때문이다.

*이유→주장
윤창호법이 시행된 이후에도 음주운전 사고의 수가 계속 증가하고 있다. 그러므로 음주운전의 처벌 수위를 대폭 강화해야 한다.

*근거
2020년 1월부터 8월까지의 음주운전 사고는 1만 1266건으로 지난해 같은 기간 9659건보다 16.6%나 증가했다. (출처: 경찰청)

논증의 기본 요소 중 근거를 제시할 때 실제 통계나 사례가 아닌 보편적인 원칙을 주장의 뒷받침 역할로 활용할 수 있다. 이를 '전제'라고 하는데, 모두가 암묵적으로 인정하는 보편적 원칙이 아닌 주관적 생각을 전제로 글을 썼을 때 논리적 허점이 발생할 수 있다. 따라서 "모든 국민은 인간으로서의 존엄과 가치를 가지며, 행복을 추구할 권리를 가진다."와 같이 대한민국 국민 모두에게 적용되는 원칙과 가치를 전제로 설정하여 주장을 뒷받침해야 한다.

🙂 예시

주장	마약사범의 처벌 수위는 공평해야 한다.
이유	일부 정치인과 기업인의 자녀에게 가벼운 처벌이 내려진 경우가 있기 때문이다.
전제	모든 국민은 법 앞에서 평등하다.

✅ 체크리스트

번호	항목
1	학술적 글쓰기의 기술방법에 대해 알고 있는가?
2	'설명'의 방법을 활용하여 각각의 문장을 쓸 수 있는가? (정의, 예시, 비교와 대조, 구분과 분류)
3	'논증'의 방법을 활용하여 각각의 문장을 쓸 수 있는가? (주장, 이유, 근거)
4	'설명'과 '논증'의 방식을 학술적 보고서 · 학술적 에세이에 적용할 수 있는가?

활동

1. 아래 개념 중 1개를 선택하고, '설명'의 네 가지 방법을 활용하여 기술해 보자.

행복, 평화, 전쟁, 죽음

①정의

②예시

③비교와 대조

④구분과 분류

2. 아래 주장 중 1개를 선택하고, 주장에 대한 이유와 근거 문장을 서술해 보자.

··

주장: 베이비박스는 허용되어야 한다.
주장: 베이비박스는 폐지되어야 한다.

이유:

근거:

3. 159~160쪽의 [활동]에서 선택한 주제로 한 편의 학술적 보고서 · 학술적 에세이
   를 써 보자.

··

2장 · 글쓰기의 장르 · 학술적 글쓰기2

학술적 글쓰기를 학습할 때 '글쓰기의 방법'과 함께 반드시 익혀 두어야 할 것이 바로 '글쓰기의 윤리'라고 할 수 있다. 아무리 글을 잘 썼다고 하더라도 작성 과정에 윤리성이 결여되어 있다면, 그것은 글을 쓰지 않느니만 못한 결과를 초래하기 때문이다. 본 장에서는 작성자가 글쓰기 윤리를 저버렸을 때 범할 수 있는 표절의 개념과 유형을 확인하고, 자료의 인용과 출처 표시의 방법에 대하여 알아보자.

1 학술적 글쓰기의 윤리와 표절

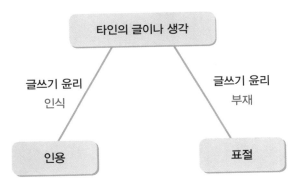

1) 학술적 글쓰기와 윤리

오늘날 지식기반사회가 자리 잡으면서 이전 시기에는 비교적 소홀히 여겨졌던 지적재산권 보호에 대한 논의가 사회 곳곳에서 이루어지고 있다. 지적재산권 보호의 움직임은 비단 사회·경제 및 예술 등의 분야에만 그치는 것이 아니라, 학문 영역인 학술적 글쓰기에서도 중요하게 여겨지고 있다. 대학에서 이루어지는 글쓰기의 대부분이 학술적 글쓰기임을 감안하여 볼 때 글쓰기 윤리의 중요성은 더욱 부각된다.

그렇다면 글쓰기 과정에서의 윤리, 즉 윤리적 글쓰기란 무엇이라고 할 수 있을까? 윤리적 글쓰기는 '타인의 고유한 생각이나 글을 존중하고 보호하려는 태도를 견지한 글쓰기'라고 할 수 있다. 따라서 학술적 글의 작성자는 언제나 자신의 생각과 글을 다른 사람의 생각이나 글과 명확하게 구분하여 글쓰기를 진행해야 한다.

학술적 글쓰기의 윤리를 가장 앞장서서 선도해야 하는 것은 대학 내 일선 연구자들이다. 대학의 석·박사 학위 논문과 각종 학회의 학술지 논문, 연구 보고서들은 이러한 윤리적 기준이 가장 엄격하게 적용되어야 하는 분야임이 분명하다. 이들의 글쓰기 결과가 다만 연구의 성과물로서 끝나는 것이 아니라 대학 내에서 또다시 학습 자료로서 활용된다는 점을 고려하여 보면, 연구자들은 학술적 글쓰기의 윤리와 떼려야 뗄 수 없는 관계라고 할 수 있을 것이다.

그렇다면 이제 갓 대학교에 입학한 학생에게는 윤리적 글쓰기의 필요성이 비교적 덜하다고 할 수 있을까? 그렇지 않다. 대학에서 이루어지는 글쓰기는 대부분 학술적 글쓰기에 속한다. 이는 리포트(report)와 졸업 논문에도 학술적 글쓰기의 윤리가 적용되어야 함을 의미한다. 대학생들은 미래의 예비 연구자로서, 그에 합당한 글쓰기 윤리를 갖출 필요가 있는 것이다. 또한 타인의 지적재산권을 존중하는 윤리적 태도의 중요성은 대학의 테두리 안에서만 그치는 것이 아니다. 오히려 사회에서는 타인의 지적재산권 침해에 더욱 막중한 책임이 따르기 때문에, 대학에서부터 글쓰기 윤리에 대한 학습을 통해 지식기반사회 사회인으로서의 소양을 기르는 것이 바람직하다.

2) 표절의 개념

학술적 글쓰기의 과정에서 타인의 고유한 생각이나 글에 대한 권리를 침해하지 않는다는 것은 구체적으로 어떠한 행동을 하지 않는 것을 의미할까? 그것은 다른 사람의 글을 '표절'하지 않는 것이라고 말할 수 있다. '표절'이란 "시나 글, 노래 따위를 지을 때에 남의 작품의 일부를 몰래 따다 씀"을 의미한다. 따라서 표절을 하지 않는 것은 얼핏 보면 매우 간단해 보이지만 실상은 그렇지 않다.

표절은 문화마다, 국가마다, 시기마다 그 판정 기준이 서로 같지 않다. 특히 동일한 시기의 동일한 문화권이라고 하더라도 사회의 각 분야마다 표절을 판정하는 세세한 기준이 다르다. 그렇기 때문에 '학술적 글쓰기에서의 표절'이 무엇인지를 정확하게 알기 위해서는 학문 분야에서의 표절이 어떠한 의미를 내포하는지 보다 자세히 확인할 필요가 있다.

2018년 7월 17일 개정안이 배포된 「연구윤리 확보를 위한 지침」의 '제3장 연구부정행위' 내 제12조 3항에서는 연구부정행위인 '위조', '변조', '표절'에 대하여 아래와 같이 밝히고 있다. 위조와 변조 또한 연구자들이 범하지 말아야 할 부정행위임에는 틀림없으나 대학생의 학술적 글쓰기를 작성할 때에는 쉽게 범할 수 있는 표절에 더욱 중점적으로 주의를 기울여야 하겠다.

제3장 연구부정행위

제12조(연구부정행위의 범위) ① 연구부정행위는 연구개발 과제의 제안, 수행, 결과 보고 및 발표 등에서 이루어진 다음 각 호를 말한다.

1. "위조"는 존재하지 않는 연구 원자료 또는 연구자료, 연구결과 등을 허위로 만들거나 기록 또는 보고하는 행위

2. "변조"는 연구 재료·장비·과정 등을 인위적으로 조작하거나 연구 원자료 또는 연구자료를 임의로 변형·삭제함으로써 연구 내용 또는 결과를 왜곡하는 행위

3. "표절"은 다음 각 목과 같이 일반적 지식이 아닌 타인의 독창적인 아이디어 또는 창작물을 적절한 출처표시 없이 활용함으로써, 제3자에게 자신의 창작물인 것처럼 인식하게 하는 행위

3) 표절의 유형

학술적 글쓰기 과정에서 표절을 하지 않기 위해서는 구체적으로 어떠한 행위가 표절 행위인지를 명확하게 인식할 필요가 있다. 즉, 학문 영역에서 표절로 규정하고 있는 행위에 대한 이해가 요구되는 것이다.

교육부의 '연구윤리 확보를 위한 지침'에 대한 해설서인 「연구윤리 확보를 위한 지침 해설서」에서는 연구윤리 전문가 및 연구자를 중심으로 의견을 수렴하여 아래와 같은 7가지 표절의 구체적 유형을 분류해 제시하였다.

① 내용 표절
② 아이디어 표절
③ 번역 표절
④ 2차문헌 표절
⑤ 말바꿔쓰기 표절
⑥ 짜깁기 표절
⑦ 논증구조 표절

– 「연구윤리 확보를 위한 지침 해설서」, 2015 –

(1) 내용 표절

'내용 표절'이란 "타인의 연구내용 전부 또는 일부를 적절하게 출처를 표시하지 않고 활용하는 경우"를 말한다. 표절이라고 하면 흔히 떠올릴 수 있는 것이 바로 이 '내용 표절'이다. 다른 사람이 연구한 내용을 학술적 글쓰기에 활용하기 위해서는 해당 글의 출처를 정확하게 표시해야 한다.

(2) 아이디어 표절

'아이디어 표절'은 "이미 발표된 타인의 독창적인 생각, 사고의 방식 등을 활용하면서 출처를 표시하지 않은 경우"를 말한다. 다른 사람의 연구를 내 글에 활용한다는 것은 해당 연구의 내용을 내 글에 옮겨 적는 것만을 의미하는 것이 아니다. 원문을 그대로 옮겨 적은 것이 아니라 '아이디어'만을 참고한다고 하더라도 그 참고문의 출처를 밝히지 않는 경우에는 표절에 해당한다.

(3) 번역 표절

'번역 표절'은 "타인의 저작물을 번역하여 활용하면서 적절하게 출처를 표시하지 않은 경우"를 말한다. 표절은 한국어로 작성된 저작물에만 해당하는 것이 아니다. 외국어로 작성된 학술적 글을 참조하는 경우에도 적절한 양식에 맞춰 글의 출처를 표시해야 한다. 외국어 문헌을 참조한 뒤에 해당 문헌이 국내에 소개되지 않았다는 점을 악용하여 독자들을 교묘하게 속이는 경우가 존재하는데, 이 또한 분명한 표절 행위임을 명심해야 한다.

(4) 2차문헌 표절

'2차문헌 표절'은 "재인용 표시를 하여야 함에도 불구하고 그렇게 하지 않고 직접 원문을 본 것처럼 1차 문헌에 대한 출처를 표시한 경우"이다. 타인의 저작물에 인용된 제3자의 연구를 인용하는 경우, 직접 제3자의 연구 원문을 찾아본 것이 아니라면 해당 내용이 '재인용'된 것임을 분명히 밝혀야 한다.

(5) 말바꿔쓰기 표절

'말바꿔쓰기 표절'은 "타인의 저작물의 문장구조를 일부 변형하거나 단어의 추가 또는 동의어 대체 등을 통하여 사용하면서도 출처표시를 하지 않거나 일부에만 하는 경우"로, 대학생들이 학술적 글쓰기를 할 때 가장 쉽게 범할 수 있는 표절의 유형이다. 대학생들이 글쓰기를 할 때 참조한 원문을 숨기기 위하여 교묘하게 문장을 수정한 후에 출처를 표시하지 않는 경우가 있다.

하지만 과제를 자신의 아이디어만으로 구성하여 제출하면 보다 좋은 평가를 받을 수 있을 것이라는 생각은 아주 큰 오해이다. 다른 사람의 글을 참조하였다는 것을 밝히는 것은 글쓰기 윤리를 지키는 행위면서, 동시에 자신이 해당 글을 작성하기 위하여 얼마나 많은 연구를 하였는지를 보이는 것이다. 따라서 적절한 인용 표시를 하여 참조한 문헌의 출처를 밝힌 글이 그렇지 않은 글보다 높은 평가를 받게 되는 것은 너무나도 당연한 일이다.

(6) 짜깁기 표절

'짜깁기 표절'은 "출처를 표시하지 않고 타인(1인 또는 다수)의 저작물을 조합하여 활용하거나, 자신과 타인의 문장을 결합하는 경우"이다. 이 표절의 유형 또한 '말바꿔쓰기 표절'과 같이 대학생들이 범하기 쉬운 표절로, 자신의 글과 타인의 글을 명확하게 구분하여 작성된 과제물이 보다 높은 가치를 인정받는다는 사실을 늘 염두에 두어야 한다.

(7) 논증구조 표절

'논증 구조 표절'은 "구체적인 연구 대상이나 문장은 다를지라도, 결론의 도출 방식 등 논리 전개 구조를 타인의 저작물에서 응용하면서도 출처를 밝히지 않은 경우"를 말한다.

물론 앞서 언급한 7가지 표절의 유형도 완전한 기준이라고 할 수는 없다. 이에 대해서도 논쟁이 존재하는데, 「연구윤리 확보를 위한 지침 해설서」에서 관련 내용을 찾으면 다음과 같다.

특히 논증구조 표절 및 아이디어 표절과 관련해서는 이것들을 표절이라고 할 수 있는지 판단하기가 모호하기 때문에 표절 유형에 반대한다는 의견이 있었고, 2차 문헌 표절 및 자기 표절이 표절이라고 할 수 있는지에 대한 회의도 있었다. 또한 짜깁기 표절과 말바꿔쓰기 표절의 경우는 큰 범주에서 내용 표절에 속한다고 본 의견도 있었다. 이러한 결과를 토대로 본 개정 지침에서는 표절에 해당하는 행위로는 다음의 제12조 제1항 제3호와 같이 규정하였다.

> 3. "표절"은 다음 각 목과 같이 일반적 지식이 아닌 타인의 독창적인 아이디어

또는 창작물을 적절한 출처표시 없이 활용함으로써, 제3자에게 자신의 창작물인 것처럼 인식하게 하는 행위

    가. 타인의 연구내용 전부 또는 일부를 출처를 표시하지 않고 그대로 활용하는 경우

    나. 타인의 저작물의 단어·문장구조를 일부 변형하여 사용하면서 출처표시를 하지 않는 경우

    다. 타인의 독창적인 생각 등을 활용하면서 출처를 표시하지 않은 경우

    라. 타인의 저작물을 번역하여 활용하면서 출처를 표시하지 않은 경우

– 「연구윤리 확보를 위한 지침 해설서」(2015: 63) –

「연구윤리 확보를 위한 지침」에서는 '타인의 연구내용 전부 또는 일부를 출처를 표시하지 않고 그대로 활용하는 경우', '타인의 저작물의 단어·문장구조를 일부 변형하여 사용하면서 출처표시를 하지 않는 경우', '타인의 독창적인 생각 등을 활용하면서 출처를 표시하지 않은 경우', '타인의 저작물을 번역하여 활용하면서 출처를 표시하지 않은 경우'와 같은 네 가지를 분명한 표절의 기준으로 정하고 있다. 이외에도 외부에 발표했던 자신의 글을 출처 표시 없이 다시 사용하는 경우 '자기 표절'을 범하게 된다. 표절의 기준은 해당 구성원들의 합의에 따라서 달라질 수 있기 때문에 글을 제출하는 분야마다 어떠한 행위가 표절에 해당하는지를 미리 확인하는 습관을 길러야 한다.

다른 사람의 연구 성과를 자신의 글에 적절히 인용하였을 때 주장에 대한 치밀한 근거가 마련될 수 있고 연구를 진행하는 성실한 태도를 인정받을 수 있다는 점을 기억하자. 인용 방법을 모르거나 인용의 필요성을 인식하지 못하면 표절을 범할 수 있기 때문에 이에 대한 분명한 이해를 바탕으로 학술적 글쓰기의 윤리를 지키기 위한 노력해야 한다.

아래 예시는 표절 검사 사이트인 카피킬러(https://www.copykiller.com)를 이용하여 자신의 글을 최종 점검한 상세 결과서의 표지이다. 표절 검사를 통해 어떠한 항목을 점

검할 수 있는지 확인해 보자.

💬 **예시**

아이디	학번		
소속	○○대학교 ○○학과	**표절률**	5%
성명	성명		

검사번호	00096276243	**검사일자**	2021.01.13 17:05
발급형태	□기본보기 □요약보기 ■상세보기	**발급일자**	2021.01.13 17:06
검사명	표절 검사		
문서명	문서 제목		
비고			

비교범위	[현재첨부문서] [카피컬러 DB]
검사설정	표절기분 [6 어절], 인용/출처 표시문장 [제외], 법령/성경 포함문장 [제외], 목차/참고문헌 [제외]

검토의견	

	분석정보				
표절률	**전체문장**	**동일문장**	**의심문장**	**인용/출처**	**법령/성경**
5%	211	2	18	13	0

✅ **체크리스트**

번호	항목
1	표절의 정의와 기준을 알고 있는가?
2	타인의 글이나 생각을 출처 표시 없이 옮겨 쓴 적이 있는가?
3	타인의 문장을 일부 변형하거나 다른 단어로 대체하는 '말바꿔쓰기 표절'을 범한 적이 있는가?
4	자신과 타인의 문장을 결합하는 '짜깁기 표절'을 범한 적이 있는가?
5	카피킬러 사이트에 자신의 글을 업로드해 본 적이 있는가?
6	자신의 글이 타인의 글과 얼마나 비슷한지 분석해 본 적이 있는가?

1. 카피킬러 사이트를 통하여 자신의 글을 점검하고 최종 검사 결과를 동료와 비교해 보자. (문서업로드: 표절기준은 6어절 이상 일치, 1문장 이상 일치로 설정)

항목	검사 결과
문서 제목	
표절률	
전체문장	
동일문장	
의심문장	
인용/출처	
법령/성경	

2. 최종 검사 결과 중 '동일문장'과 '의심문장'으로 나온 문장을 읽어 보고, 해당 문장이 표절로 확인된 이유를 분석해 보자.

....

2 학술적 글쓰기의 인용과 출처 표시

1) 자료 인용법

인용은 남의 말이나 글을 자신의 말이나 글 속에 끌어다 쓰는 것을 말한다. 인용이 지나치게 많으면 글쓴이의 독창적인 견해가 제대로 드러나지 않고, 인용이 너무 적으면 논증을 뒷받침하는 근거가 부족해보일 수 있으므로 인용은 글의 전체 분량과 성격을 고려하여 결정해야 한다. 또한 기관마다 자료를 인용하는 방법이 다르기 때문에, 글을 제출하는 기관에 맞는 인용 방법을 미리 확인하는 것이 좋다. 여기에서는 대표적인 인용의 방법인 직접 인용과 간접 인용에 대하여 알아보자.

(1) 직접 인용

직접 인용은 원문의 문장을 그대로 가져오는 것을 말한다. 원문의 표현 자체가 중요한 경우, 원문의 표현을 대체할 수 없는 경우, 원문에 변형을 가할 때 의미에 오해가 생길 가능성이 있는 경우에 사용한다. 또한 수학이나 과학 기호, 법조문, 문학작품 등과 같이 원문의 표현 형태를 훼손하지 않고 보여줘야 할 때에도 직접 인용을 한다.

직접 인용을 할 때에는 큰 따옴표(" ") 부호를 사용하여 인용한 부분이 원문 그대로임을 알린다. 원문에 있는 오자나 탈자도 수정하지 않고 그대로 인용해야 한다. 만약 원문에 강조 표시를 덧붙이거나 임의로 표현의 일부를 수정했을 때는 반드시 그 내용을 제시해야 한다. 또한 인용문이 4행 이상일 때에는 본문에서 분리하여 따로 문단을 만들어 적는다. 이때에는 큰 따옴표를 생략하고 인용문 전체를 들여쓰기 하여 인용 표시를 한다.

예시 – 큰 따옴표를 이용한 경우

1897년에 발표된 브램 스토커의 『드라큘라』에는 '믿음'에 대한 독특한 비유가 나타난다. 이 책에서 믿음은 "작은 바위 덩어리가 철도 화차를 막는 것"[1]으로 표현된다.

1) 브램 스토커, 이세욱 옮김, 『드라큘라』, 열린책들, 2004, 120쪽.

예시 – 들여쓰기 단락을 이용한 경우

1897년에 발표된 브램 스토커의 『드라큘라』에서 반 헬싱 박사는 드라큘라 백작의 존재를 믿지 못하는 자신의 제자 존 수어드에게 이렇게 말한다.

자네가 믿을 수 없는 것들을 믿어 달란 말이지. 말하자면 이런 거지. 어떤 미국인이 믿음이라는 것을 들은 적이 있네. 즉, 〈믿음이란, 우리가 사실이 아니라고 알고 있는 것을 믿게 하는 능력〉이라고 말이야. 우선, 그 사람의 가르침을 따르게, 그 사람 얘기는, 우리가 열린 마음을 가져야 한다는 것이지. 작은 바위 덩어리가 철도 화차를 막는 것처럼, 진실의 작은 조각이 커다란 진실이 나아가는 것을 막게 해서는 안 된다는 것일세.[1]

반 헬싱과 존 수어드 모두 의사로, 찬란한 근대 과학과 이성을 상징하는 인물이면서도 그것이 설명해주지 못하는 존재, 흡혈귀에 불사신인 드라큘라 백작의 존재 앞에서는 무력함을 느낀다.

....

[1] 브램 스토커, 이세욱 옮김, 『드라큘라』, 열린책들, 2004, 120쪽.

(2) 간접 인용

간접 인용은 원문의 의미를 살리면서 글쓴이의 문장으로 표현하는 인용을 말한다. 필요한 원문의 내용이 직접 인용으로 처리하기에는 너무 길거나 장황할 때 간접 인용법을 사용한다. 원문을 변형하는 것이기 때문에 원문 본래의 의미를 정확하게 파악하는 게 중요하다. 간접 인용의 핵심은 본래의 의미를 훼손하거나 왜곡하지 않으면서 필요한 내용의 핵심을 효율적으로 제시하는 데 있다.

간접 인용을 할 때에는 자료에서 인용할 범위를 선택하고 인용 내용을 선별한 뒤, 그 내용을 압축하고 자기 문장으로 바꿔 써야 한다. 이때 본문과 인용문의 구분이 모호해지거나 본문과 인용문의 연결이 부자연스러워지는 문제가 발생하기도 한다. 그렇기 때문에 본문에서 간접 인용을 할 때에는 '…에 의하면', '…에 따르자면', '…는 이렇게 말한다' 등의 구문을 통해 인용의 시작을 예고해주는 게 좋다. 간접 인용은 인용 부호를 따로 사용하지 않고 대신 인용문의 끝에 주석 번호를 붙인 다음 그 주석에 출처를 표기하는 방법을 주로 사용한다. 주석 번호를 달지 않고, 인용문의 끝에 저자의 이름과 출판 연도, 인용한 부분의 쪽수를 괄호 안에 넣는 방법도 있다.

😐 예시 - 주석 번호를 다는 경우

> 문학의 소재 중 가장 흔하게 발견할 수 있는 것은 무엇일까? 바로 사랑이다. 수세기 동안 많은 연구자들은 사랑을 정의내리면서, 이 독특한 감정을 파헤치고자 노력하였다. 니콜라스 루만에 따르면 사랑은 신비로운 기적이고 설명될 수 없고 정당화될 수 없는 감정이다.[1] 사랑이라는 체험은 하늘의 오로라와 같이 신비롭고 비밀스러운 색채를 내보이며 우리를 신비로운 세계로 이끈다.
>
> ---
> 1) 니콜라스 루만, 정성훈 · 권기돈 · 조형준 옮김, 『열정으로서의 사랑: 친밀성의 코드화』, 새물결, 2009, 46쪽.

😐 예시 - 괄호를 사용하는 경우

> 문학의 소재 중 가장 흔하게 발견할 수 있는 것은 무엇일까? 바로 사랑이다. 수세기 동안 많은 연구자들은 사랑을 정의내리면서, 이 독특한 감정을 파헤치고자 노력하였다. 니콜라스 루만에 따르면 사랑은 신비로운 기적이고 설명될 수 없고 정당화될 수 없는 감정이다(니콜라스 루만, 2009: 46). 사랑이라는 체험은 하늘의 오로라와 같이 신비롭고 비밀스러운 색채를 내보이며 우리를 신비로운 세계로 이끈다.

2) 주석 작성법

주석은 인용한 글의 출처를 밝히거나 문장, 구절의 의미를 추가적으로 설명할 때 사용하는 글을 말한다. 본문의 문맥상 넣기 어렵지만 논의를 이해하는 데 도움이 되는 내용을 주석에 달아 설명할 수 있다. 주석의 종류로는 각주, 미주, 내주가 있다.

(1) 각주

해당 페이지 아래에 제시하는 주석을 말한다. 처음 나오는 문헌의 출처를 밝힐 때는 완전 각주를 사용하고, 두 번 이상 동일한 글이나 책의 출처를 밝힐 때는 약식 각주를 사용한다.

* 완전 각주

완전 각주는 저자가 동양인인 경우 성과 이름의 순서로, 서양인인 경우 이름과 성의 순서로 쓴다. 저자가 3명 미만인 경우 이름을 모두 쓰고 3명 이상인 경우 대표 저자의 이름만 쓴 뒤 '-외'라고 기입하는 게 일반적이지만, 기관에 따라 저자가 3명 이상이어도 이름을 모두 쓸 수 있다. 번역자의 이름은 원저자의 이름 뒤나, 문헌 제목 뒤에 쓰고 '옮김' 혹은 '역'이라 붙인다. 국내 도서의 제목에 겹낫표(『』)를, 국내 논문의 제목에 홑낫표(「」)를 달아준다. 제출 기관에 따라 겹낫표 대신 큰따옴표(" ")나 겹화살괄호(《 》)를, 홑낫표 대신에 작은따옴표(' ')나 홑화살괄호(〈 〉)를 달기도 하며 아예 부호를 생략한 채 제목만 쓰기도 한다. 영문으로 된 책 제목은 이탤릭체로 표시한다. 영문으로 된 논문의 경우 학술지명을 이탤릭체로 표시한다.

이와 같이 출처를 밝히는 방법은 다양하기 때문에 각주를 달 때에는 약속된 규정을 일관성 있게 사용하는 게 가장 중요하다.

예시

얼굴은 오감이 모여 있는 곳으로, 존재의 상태를 가장 직접적으로 보여주는 공간이다. 오감으로 감지되는 감각은 "인간의 공포인 동시에 특권"[1]이라 할 수 있다.

---

1) 다이앤 애커먼, 백영미 옮김, 『감각의 박물학』, 작가정신, 2004, 11쪽.

* 약식 각주

약식 각주는 이미 한 번 달았던 자료의 출처를 반복하지 않고 축약하여 표기하는 것이다. 국내 도서의 경우 바로 위에 인용한 문헌을 다시 인용할 때에는 '위의 책, 쪽수.'와 같이 쓰고, 바로 위가 아니라 앞에서 인용한 문헌을 다시 인용할 때에는 '저자 이름, 앞의 책, 쪽수.'와 같이 쓴다. 외국 도서의 경우 위의 책은 'Ibid., 쪽수.'와 같이 쓰고, 앞의 책은 '저자 이름, Op. cit., 쪽수.'와 같이 쓴다. 이때 Ibid.와 Op. cit. 부분은 이탤릭체로 표시한다.

😊 **예시 - 국내 도서와 번역서의 경우**

> 　인간의 감각 중에서 피부 감각은 "역사가 가장 오래된 감각이고 가장 즉각적"[1]이라는 특성을 지닌다. 이중에서 얼굴은 오감이 모여 있는 곳으로, 존재의 상태를 가장 직접적으로 보여주는 공간이다. 오감으로 감지되는 감각은 "인간의 공포인 동시에 특권"[2]이라 할 수 있다. 얼굴을 그린 초상화는 "존재의 복합성과 존재의 총체성에 대한 긍정의 표현"[3]으로 이해되는 동시에 "자아 정체성에 대한 불가능하고 고통스러운 부정"[4]을 드러낸다는 이중성을 지닌다. 이처럼 얼굴로 인지되는 감각은 "인간을 확장시키지만, 구속하고 속박하기도"[5] 하는 것이다.
>
> ---
>
> 1) 다이앤 애커먼, 백영미 옮김, 『감각의 박물학』, 작가정신, 2004, 37쪽.
>
> 2) 위의 책, 11쪽.
>
> 3) 권은미, 『현대프랑스 문학과 예술』, 이화여자대학교출판부, 2006, 144쪽.
>
> 4) 위의 책, 같은 곳.
>
> 5) 다이앤 애커먼, 앞의 책, 같은 곳.

😊 **예시 - 외국 도서의 경우**

> 　글쓰기 규범에 제한적 경험을 가지고 있는 사람의 글은 언어의 변이 연구에 유용한 수단이 될 수 있다.[1] 조선시대의 편지글은 구어적 특성을 내포하고 있기 때문에 문헌자료를 통한 언어 변이와 변화를 관찰하는 데 적합한 자료이다.[2]
>
> ---
>
> 1) Schneider, Edgar. W., Investigating Historical Variation and Change in Written Documents: New Perspectives, *The Handbook of Language Variation and Change Second Edition*, Wiley-Blackwell, 2013, p. 64.
>
> 2) *Ibid.*, p. 64.

(2) 미주

　장이나 절 뒤에 제시하는 주석을 말한다. 작성 방법은 각주와 동일하다. 다만 각주는 해당 페이지 하단에, 미주는 장이나 절 뒤에 제시한다는 차이가 있다. 각주는 주석의 내용이 본문과 밀접한 관련이 있어 해당 페이지에서 그 내용을 바로 확인해야 하는 경우에 유용하다면, 미주는 주석의 내용이 본문과 밀접한 관련이 있지 않아 해당 내용을 읽으면서 본문을 읽을 경우에 오히려 가독성이 떨어지는 경우에 사용할 수 있다.

따라서 본문과 밀접한 내용의 주석을 주로 달게 되는 학술 서적의 경우에는 각주를 많이 사용하며 주석을 당장 확인하지 않아도 내용의 이해에 큰 어려움이 없는 대중서의 경우 미주를 많이 사용한다.

(3) 내주

내용 바로 뒤에 제시하는 주석을 말한다. 내주는 인용문 바로 다음에 '저자 이름, 출판 연도' 혹은 '저자 이름, 출판 연도: 쪽수'와 같은 형태로 표기한다. 저자 이름과 출판 연도 사이에 쉼표(,)를 사용하고, 출판 연도와 쪽수 사이에는 쌍점(:)을 사용한다. 그리고 같은 해에 발행된 동일 저자의 다른 자료를 인용할 경우 영어 소문자를 사용하여 '조만식, 2021a', '조만식, 2021b'와 같이 자료를 구분한다. 저자가 3인 이상일 때, 국내 도서의 경우 대표 저자 이름 뒤에 '외'를 붙이고, 외국 도서의 경우 대표 저자 이름 뒤에 'et al.'의 표현을 넣는다.

💬 예시

인간은 타인과의 관계성 속에서 다양한 감정을 느끼면서 성장해 나가는 존재이다(김정신, 2021a: 15). 즉, 한 개인에서 출발하여 사회의 구성원이 되어 자신만의 세계를 구축해 나가는 것이다. 이러한 성장을 위해 인간은 필연적으로 상실과 희생의 과정을 경험하며 존재의 불안정함을 반복적으로 느끼게 된다. 관계성에서 오는 충족감만큼이나 관계의 지속을 위해 인간이 감당해야 하는 정신적·육체적 피로감은 감정적 괴로움을 동반하게 된다(김정신, 2021b: 97).

3) 참고문헌 작성법

참고문헌은 한 편의 글을 작성하기 위해 참고한 문서나 자료를 말한다. 특히 학술적 글쓰기의 경우 자료의 정확성과 신뢰성이 중요하기 때문에 글의 마지막 부분에 참고문헌을 명시하는 게 필수적이다. 참고문헌을 제시할 때는 기본 자료를 먼저 쓰고 참고 자료를 뒤에 쓴다. 또한 국내 도서와 외국 도서를 구분하여, 국내 도서부터 기입한다. 저자의 이름은 국내 도서의 경우 '가나다' 순으로, 외국 도서의 경우 'ABC' 순으로 적는다. 동일한 저자의 여러 자료를 인용한 경우 연도, 자료 이름의 순서로 기재한다. 도서의 경우 제일 마지막에 기입하는 쪽수를 생략하는 경우도 있다.

참고 자료		기입 방법
저서	국내 도서	저자 이름, 『책 제목』, 출판사, 출판 연도.
		저자이름(출판 연도), 『책 제목』, 출판사.
	번역서	저자 이름, 번역자 이름 역, 『책 제목』, 출판사, 출판 연도.
		저자 이름, 『책 제목』, 번역자 이름 역, 출판사, 출판 연도.
		저자 이름, 번역자 이름 옮김, 『책 제목』, 출판사, 출판 연도.
		저자 이름, 『책 제목』, 번역자 이름 옮김, 출판사, 출판 연도.
	외국 도서	저자 이름, 책 제목, 출판사, 출판 연도.
		저자 이름(출판 연도), 책 제목, 출판사.
논문	학위 논문	저자 이름, 「논문 제목」, OO대학교 석사/박사학위논문, 출판 연도, 쪽수.
	학술지 논문	저자 이름, 「논문 제목」, 『학술지명』 권호사항, 발행기관, 출판 연도, 쪽수.
		저자 이름(출판 연도), 「논문 제목」, 『학술지명』 권호사항, 발행기관, 쪽수.
	외국 논문	저자 이름, "논문 제목", 학술지명 권호사항(발행 월 연도), 쪽수.
사전	종이 사전	항목, 『사전 이름』, 출판사, 출판 연도.
	온라인 사전	항목, 출처, 최종 수정 연도. 월. 일. 검색 연도. 월. 일. URL
신문	종이 신문	기자 이름, 「기사 제목」, 신문사명, 발행 연도. 월. 일. 면.
	인터넷 신문	기자 이름, 「기사 제목」, 신문사명, 발행 연도. 월. 일. URL(검색 연도. 월. 일.)
그 외 인터넷 자료		작성자 이름, 「글 제목」, 최종 수정 연도. 월. 일. 검색 연도 월. 일. URL

⚪ 예시 1

참고문헌

1)기본자료

박완서, 『자전거 도둑』, 다림, 1999.

_____, 『그 많던 싱아는 누가 다 먹었을까』, 웅진지식하우스, 2005.

_____, 『친절한 복희씨』, 문학과지성사, 2007.

2)논문 및 단행본

김병희, 「한국 현대성장소설의 구조와 의미망」, 한국학술정보, 2007.

김연화, 「박완서 자전적 소설 연구」, 전남대학교 대학원 석사학위 논문, 2016.

박산향, 「박완서 동화에 나타난 생태의식 고찰」, 『현대문학이론연구』 제69호, 현대문학
이론학회, 2017, 145-165.

이준삼, 「황혼기에 떠올리는 인생의 풍경은」, 연합뉴스, 2007. 10. 16. https://news.naver.
com/main/read.nhn?mode=LSD&mid=sec&sid1=103&oid=001&aid=0001786570(접속
일자 2021. 1. 13.)

⚪ 예시 2

참고문헌

김병희(2007), 『한국 현대성장소설의 구조와 의미망』, 한국학술정보.

김연화(2016), 「박완서 자전적 소설 연구」, 전남대학교 대학원 석사학위 논문.

박산향(2017), 「박완서 동화에 나타난 생태의식 고찰」, 『현대문학이론연구』 제69호, 현대
문학이론학회, pp. 145-165.

박완서(1999), 『자전거 도둑』, 다림.

_____(2005), 『그 많던 싱아는 누가 다 먹었을까』, 웅진지식하우스.

_____(2007), 『친절한 복희씨』, 문학과지성사.

이준삼, 「황혼기에 떠올리는 인생의 풍경은」, 연합뉴스, 2007. 10. 16. https://news.naver.com/main/read.nhn?mode=LSD&mid=sec&sid1=103&oid=001&aid=0001786570(접속 일자 2021. 1. 13.)

✓ 체크리스트

번호	항목
1	주제와 연관된 자료를 선정하였는가?
2	직접 인용과 간접 인용의 형식에 맞추어 작성하였는가?
3	완전 각주와 약식 각주를 구분하여 사용하였는가?
4	참고문헌을 작성 형식에 맞추어 작성하였는가?
5	여러 출처 기입 방법 중 하나를 선택하여 일관되게 사용하고 있는가?

활동

1. 학술적 보고서나 학술적 에세이에 들어갈 자료를 찾은 후 서지정보를 기록해 보자.

항목	검사 결과
글의 유형	
주제	
서지정보1	
서지정보2	
서지정보3	

항목	검사 결과
서지정보4	
서지정보5	

2. 학술적 보고서나 학술적 에세이에 필요한 자료를 인용하고, 인용 표시가 올바른지 동료와 점검해 보자.

3. 글의 맨 마지막에 들어갈 참고문헌을 작성하고, 참고문헌 양식이 올바른지 동료와 점검해 보자.

3장 · 글쓰기의 장르 ·
비평적 글쓰기

비평적 글쓰기는 대상에 대한 글쓴이의 분석과 가치 판단이 드러나는 글쓰기를 일컫는다. 비평적 글은 대상의 선악과 미추를 따지고 상호 관련성을 추출하는 분석의 과정을 거치는 경우가 많고 글쓴이의 가치관에 따라 대상에 대한 평가가 드러난다. 비평적 글쓰기는 글쓴이의 가치 판단이 중요한 글이라는 점에서 주관적 글이지만, 독자의 공감을 통해 변화를 이끌고자 한다는 측면에서 공적인 특성도 지닌 글쓰기이다. 이번 장에서는 칼럼과 서평을 중심으로 비평적 글쓰기가 어떤 특성을 가지고 있고 어떤 과정을 통해 작성되는지 살펴보자.

1 비평적 글쓰기의 이해

1) 비평적 글쓰기의 특징

비평적 글쓰기는 특정한 대상을 전제로 한다. 여기서 대상은 옷을 입고, 음식을 먹고, 잠을 자는 일상적 활동에서부터 정치·경제·사회 등 모든 삶의 영역에서 벌어지는 사건이나 현상을 포함한다. 또한 인문·사회·자연 과학 등의 텍스트를 대상으로 하기도 하고 문학, 음악, 미술, 체육 등 문화적 활동도 그 대상이 될 수 있다. 비평은 그 대상에 따라서 문학비평, 연극 비평, 영화 비평, (대중)음악 비평, 교육 비평, 정치 비평 등과 같은 본격 비평에서부터 비교적 가벼운 공연이나 전시 감상평 등도 있다.

비평적 글쓰기는 글쓴이의 가치 판단이 분명하게 드러나고 이를 뒷받침할 수 있는 다양한 근거를 제시하는 글이라는 점에서 논증적 성격이 강하다. 이에 비해 감상문은 대상에 대한 글쓴이의 느낌을 자유롭게 기술한다는 점에서 차이가 있다. 다시 말하면 비평문이 명확한 가치 판단에 의한 평가의 글이라면 감상문은 보다 자유롭게 감상을 중심으로 쓴 글이다.

대학생들이 주로 쓰게 되는 비평적 글에는 정치·사회·교육·문화 등 시의성 있는 사회 현상에 대해 자신의 의견을 밝히는 칼럼과 각 전공 영역이나 교양을 위한 책을 읽고 내용 정보와 함께 글쓴이의 평가를 밝히는 서평이 있다. 칼럼은 어떤 사회 현상을 대상으로 사건 간의 상호 관련성이나 현재의 문제점, 전망 등을 주요하게 다룬다. 서평은 특정한 텍스트를 대상으로 그것이 보여준 의미와 가치를 글쓴이의 시각에서 풍부하게 밝힌 글이다.

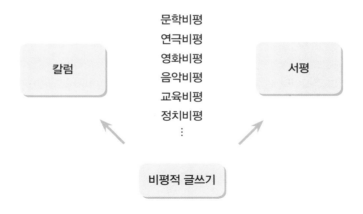

2) 칼럼의 이해

칼럼은 최근 발생하고 있는 사회적 문제나 쟁점이 되는 사안에 대해 글쓴이의 의견이나 주장을 펼치는 글이다. 시사성이 있고 사회 현상에 대한 특정 관점을 보여준다는 측면에서 '사설'과도 비슷한 면이 있다. 그러나 사설이 신문사 소속의 기자나 논설위원이 신문사의 공식적인 견해를 익명으로 쓴 글이라면, 칼럼은 글쓴이의 독자적 견해를 실명을 밝히고 쓴 글이라는 점에서 차이가 있다. 따라서 칼럼은 사설에 비해 글쓴이의 주관적인 개성이 잘 드러날 수 있는 글이다.

칼럼은 신문사 내부의 기자나 외부의 전문가가 집필하는 것이 일반적이다. 해당 분야의 권위자, 대학 교수 등이 자신의 전문적 지식을 바탕으로 작성하는 경우가 많다. 그러나 전문적인 지식을 갖추고 있는 권위자나 교수들에 의해서만 칼럼이 집필되는 것은 아니다. 사회 문제에 관심이 있고 비판적 문제의식을 가지고 있으며 해당 사안에 대해 흥미를 가지고 고민하는 사람이라면 누구나 칼럼을 쓸 수 있다. 또 해당 문제의 일면만을 보는 독자들의 인식을 바꾸려는 의도를 가진 일반인 역시 칼럼의 필자가 될 수 있다. 왜냐하면 칼럼을 쓰는 목적이 사회적 쟁점에 대한 다양한 의견을 자유롭게 개진하여 합리적 해결 방안을 모색하려는 데에 있기 때문이다. 최근에는 사회적 문제만을 다룬 칼럼 외에도 경제 칼럼, 과학 칼럼, 문화 칼럼 등으로 다양하게 분화되고 있다. 이는 칼럼이 관심 분야에 따라 다양한 관점과 글쓴이의 개성이 잘 발휘될 수 있는 글이라는 점을 반영한다.

아래 〈예시〉를 통해 칼럼이 어떤 성격을 가진 글인지 생각해 보자.

💬 예시

부쩍 청년과 주식이란 단어를 같이 쓰는 글을 자주 본다. 아마 비트코인 가격 폭등 때부터였을 거다. 각종 코인을 포함해 청년 세대가 주식 투자 등을 자본증식 수단으로 활용하고 있다는 기사가 쏟아졌다. 우려의 목소리도 적지 않았다. '빚내서 투자한다'는 뜻의 '빚투'라는 단어엔 그런 우려의 시선이 담겨 있다. 위험한 투자를 즐기는 청년들의 자본증식 방식과 소비패턴이 걱정될 만도 하다.

물론 나에게도 주식 투자는 남의 일이다. 돈이 돈을 벌고, 내 자산의 정도가 성과의 크기를 결정하는 생산(?) 방식은 어쩐지 싫다. 하지만 주변의 주식에 투자하는 친구들 말을 들어보면, 그들의 주식 투자는 세간의 우려처럼 '위험한' 외줄 타기는 아니다. 오히려 그들의 이유는 지극히 현실적이다. 내가 공부한 만큼 벌 수 있어서다. 직장에서의 노동력의 대가가 집 한 채 못 구할 만큼의 적은 월급이라면, 발로 뛰어 정보를 습득한 만큼 수익을 낼 수 있는 주식 투자가 더 '가성비' 좋다는 것이다.

그래서 주식 투자하는 청년들에게 노동에 대한 회의감은 당연하게 따라온다. 주식 투자로 일해서 번 돈보다 더 많은 돈을 번다면, 자신의 노동 가치를 다시 생각해볼 수밖에 없다. 실제로 한 친구는 수익을 내면 낼수록 지금까지 배워온 경제활동으로서의 노동은 무엇이었는지 모르겠다고 말하기도 했다. 주식 투자 중인 혹자는 세상을 아는 것은 돈의 흐름을 아는 것이라고까지 역설한다. 이 자본주의 사회에서 그 말은 맞을지도 모른다. 그러나 돈은 수단이지 목적이 되어서는 안 된다. '사람'이 보이지 않는 주식시장에 몰두하는 청년이 많다는 현실을 우려하는 이유다.

　　노동은 사람이 한다. 이 당연한 말을 새삼 다시 꺼내는 이유는, 내가 사는 이곳이 사람이 수단이 되어버린 곳이기 때문이다. 하루 평균 산업재해 사망자 7명. 제대로 가치를 인정받기는커녕 위험의 가장자리에서 일하다 퇴근하지 못하는 노동자만 1년에 2400명이다. 지난 8일 다행히 국회는 중대재해기업처벌법을 통과시켰지만 과연 그 법이 온전한 노동자의 뜻인지는 모르겠다. 통과된 법안의 내용은 누더기나 다름없다. 재해 사망 비율의 20%를 차지하는 5인 미만 사업장은 처벌 대상에 포함되지 않았다. 연간 400여명이나 되는 숫자다. 이뿐만 아니라 발주처에 안전보건의무를 부여하고 처벌하는 조항도, 산재 은폐를 시도한 경영책임자에게 책임을 묻는 인과관계 추정 도입에 대한 조항도 없다.

　　"일하다 죽지 않는 사회", "사람을 먼저 생각하는 사회" 과연 모두의 뜻인지 궁금하다. 집권여당은 당론으로조차 이 법을 택하지 않았다. 법안 통과를 위해 싸운 것은 수많은 시민·노동단체, 그리고 산재 사망자 유가족이었다. 그들이 투쟁하는 동안 "이 법이 통과되면 기업활동 망한다", 라는 보수언론의 숱한 공격이 있었음은 말할 것도 없다.

　　이런 세상에서 노동의 가치를 새기라는 말은 얼마나 공허한가. 나는 내가 수단이 되지 않는 곳, 안전하게 나의 삶과 권리가 보장받는 사회를 원한다. 청년이 노동할 의미를 잃어버린 사회의 끝은 어디로 갈까.

– 조희원, 「공허하게 울리는 '노동의 가치'」, 경향신문, 2021. 1. 12.

　　이 글은 2021년 1월 국회에서 통과된 중대재해기업처벌법이 진정한 노동의 가치를 반영하지 못하고 있다는 내용의 칼럼이다. 일간지의 '오피니언' 난에 실린 이 글은 칼럼의 세 가지 특징을 잘 보여주고 있다. 먼저 최근 사회적 쟁점이 되고 있는 시의성 높은 사안을 다루고 있다는 점이다. 중대재해기업처벌법은 태안 화력발전소에서 일하다가 숨진 김용균 씨 사건으로 국민청원이 이루어졌고 2020년 입법이 논의되어 2021년 1월에 국회를 통과한 법이다. 다음으로 최근 젊은 세대까지 열광하고 있는 주식 투자를 앞부분에 배치하여 독자의 흥미를 유발하고 있다. 또 어떤 경제적

인식도 없이 마구잡이식으로 주식시장에 뛰어드는 청년들과 이들을 이렇게 몰고가는 사회에 대한 비판의식도 잘 드러나고 있다. 칼럼은 독자의 흥미를 끌면서도 내용의 깊이를 요구한다. 이 칼럼은 주식 투자가 보여주는 '가성비'와 '노동의 가치'를 서로 연결하여 흥미와 깊이를 모두 갖추게 되었고 노동의 가치를 잃어가는 우리 사회의 단면을 인식하지 못한 독자들에게 깨우침을 주고 있다.

3) 서평의 이해

서평은 책을 대상으로 한 비평적 글쓰기이다. 책의 형식과 내용을 충분히 필자의 것으로 소화한 후 어떤 점에서 이 책을 독자에게 추천하고 싶은지 혹은 이 책이 가지고 있는 문제점이나 아쉬운 점은 무엇인지를 쓴 글이다. 서평은 흔히 독서 감상문과 혼동하기도 한다. 왜냐하면 서평과 독서 감상문 모두 책의 내용을 중심으로 필자의 주관적인 견해가 표현되기 때문이다. 그러나 독서 감상문이 필자가 책을 통해 느낀 감정과 주관적인 정서를 전달하는 데에 주목적이 있다면, 서평은 대상 책과 관련된 정보를 객관적으로 전달하고 필자의 가치 평가를 개성적으로 전달하는 데에 목적이 있다는 점에서 차이가 있다.

저자와 독자는 책(문자)이라는 표현 매체를 통해 서로 의사소통한다. 문자 해독과 해석을 위한 지식을 충분히 익히고 그것을 잘 아는 것이 독서의 1차적 과제였던 시대를 지나 이제 독서는 저자와 독자의 대화라는 견해가 지배적이다. 독자는 책의 내용을 자신의 경험과 배경지식에 따라서 해석하고 비판적으로 수용한다. 이러한 관점에서 독서는 의사소통의 과정으로 기능하게 된다. 즉 책이라는 매개체를 통해 시공간을 뛰어넘어 지식과 정보를 공유하고 사회 문화적 공감대를 형성하게 된다. 서평은 이러한 측면을 고려할 때 독서의 기본적 속성에 맞고 인간의 삶의 방식을 정립하고 사유 체계를 구축하는 주요한 글쓰기라 할 수 있다.

서평은 크게 책에 대한 기본적인 사항들을 소개하는 출판사의 소개문이나 기사문을 뜻하는 '기술적 서평'과 책에 대한 주관적 판단과 평가를 중심으로 작성한 '비평적 서평'으로 나눌 수 있다. 기술적 서평은 독자에게 가벼운 읽을거리를 제공한다는 취지에서 책의 형식과 내용을 정확하고 간결하게 전달하는 것이 중요하다. 비평적 서평은 필자의 가치관을 기준으로 책을 어떻게 평가하는가가 중요하다. 따라서 책의 형식과 내용을 보다 정교하게 분석하고 책의 의의와 가치, 성과와 한계 등을 글쓴이의 가치관에 따라 평가한다.

　아래 〈예시〉를 통해 서평이 어떤 성격을 가진 글인지 생각해 보자.

예시

　어떤 주제에 대한 문제를 제시하는 책이라면, 독자가 그 책을 읽었을 때 문제에 대해 공감하고 해결 노력에 동참하는 마음이 들도록 만들 수 있어야 한다고 생각한다. 그런 점에서 『빙하의 반격』은 추천하고 싶은 책이다. 교과서나 텔레비전에서 봐왔던 작은 빙하 조각에 북극곰이 서 있는 장면이 아닌, 얼음이 우리가 살아가는 삶에서 얼마나 필요한지를 글로 잘 보여줬다. 빙하 조각 위의 북극곰 모습은 안타까움을 자아내고 '우리에게 직접 미치는 영향은 해수면 상승 등이 있겠구나'라고만 생각할 것이다. 하지만 이들이 녹는다면 빙권과 먼 지역, 특히 우리가 사는 이 지역이 단순히 온도가 높아지고 기후가 비정상적으로 변하는 것뿐만 아니라 먹을 물이 없어지고 농작물 성장의 어려움 등 우리 사회의 생명 유지에 돌이키기 어려운 결과를 가져다준다. 이런 모습을 잘 설명하며 책을 읽는 사람들에게 경각심을 좀 더 적극적으로 심어준다는 점에서 이 책을 추천하고 싶다.

　책을 읽으며 '나비효과'라는 단어가 자주 떠올랐다. 흔히 실험실에서 실험할 때, 실험실 온도나 실험 도구의 관리 등 어떤 사소한 원인이 실험 결과에 큰 영향을 미치기도 한다. 지구가 마치 실험실과 같다는 말에 공감이 많이 갔다. 작가가 지구를 하나의 거대한 실험실에 비유하며 '빙하'라는 한 원인이 다른 지역에 영향을 준다는 것이 쉽게 이해가 됐다. 이런 점도 책을 추천하고 싶은 이유 중 하나이다.

　작가는 더 나아가 해결방안도 제시했다. 하지만 이 부분은 다소 아쉬웠다. 과거 매머드가 살던 때의 환경을 그리며 초식동물을 이용하여 영구동토층을 잘 버틸 수 있도록 한다는 '플라이스토세 공원'을 언급했다. 처음 접할 땐 굉장히 참신하다고 느꼈지만, 2020년 3월 한 기사에서 플라이스토세 공원에 관한 최신 연구 결과를 봤다. 긍정적인 효과는 있으나 얼마나 많은 수의 초식동물들이 필요한지, 그에 따른 부작용은 무엇인지 등 추가 연구가 필요하다고 한다. 책에서 좀 더 확실하게 보장된 방법을 소개했어야 한다고 생각한다. 차라리 확실하지 않아도 참신하고 작가만의 독창적인 해결방안이 담긴 것이 나을 수도 있겠다는 아쉬움이 느껴졌다.

– 학생 글

이 글은 비에른 로아르 바스네스의 『빙하의 반격』(유아이북스, 2020)을 읽고 쓴 서평의 일부이다. 글쓴이는 두 가지 이유를 들어 이 책을 독자에게 추천하고 싶다고 한다. 하나는 해빙이 해수면 상승과 같은 문제뿐만 아니라 식수 문제와 농작물 생장과 같은 인간의 생명 유지와도 직결된다는 점을 잘 보여주고 있으며, 해빙이 나비효과를 떠올리게 하여 이해가 쉽게 된다는 점을 들었다. 서평이 필수 조건이라 할 수 있는 책의 가치를 잘 정리하고 있다. 더 나아가 저자는 초식동물을 이용해서 해빙의 문제를 해결하고자 대안을 제시하고 있지만, 그 대안의 실효성에 문제가 있기 때문에 글쓴이는 아쉬움을 느꼈다고 한다. 이렇게 서평은 대상 책을 독자에게 어떤 점에서 추천하고 싶은지 그 이유를 밝히고 아쉽거나 부족한 점이 있다면 그것은 무엇인지를 밝히는 개성적인 글이라 할 수 있다.

2 비평적 글쓰기의 방법

1) 칼럼 쓰기의 방법

(1) 주제 선정하기

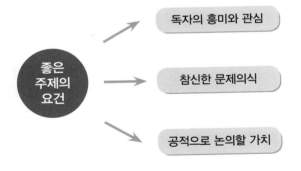

칼럼 쓰기는 최근 발생하고 있는 우리 사회의 문제를 깊이있는 통찰력으로 바라보는 태도를 갖는 것에서 시작한다. 대학생으로서 지금까지 가져왔던 지극히 개인적인 관심 영역을 확장하여 우리 사회가 안고 있는 시사적인 문제에 관심을 가질 필요

가 있다. 따라서 칼럼을 쓸 때 먼저 고려할 사항은 최근 사회적 이슈가 되는 여러 문제들 중 글쓴이가 특별히 관심과 흥미를 가지고 있는 사안을 선별하는 것이다. 선별할 때에는 자신이 잘 알고 있거나 해당 분야에서 전문적인 식견을 가지고 있다면 더욱 좋다.

관련된 주제가 선정되었다면 해당 쟁점에 대해 글쓴이는 어떤 생각을 가지고 있는지 충분히 고민하는 과정이 필요하다. 본인의 가치관에 따라 어떤 주장을 펼칠 것인지를 고민하는 과정이 없을 경우 칼럼은 피상적인 글이 되기 쉽다. 어떤 칼럼은 글쓴이가 어떤 주장을 펼치고 있는지 명료하게 드러나지 않는 경우도 있다. 이 역시 글쓴이가 글을 쓰기 전에 어떤 주장을 펼칠 것인지 충분히 고민을 하지 않은 결과라 할 수 있다. 필요에 의해서 양비론이나 양시론으로 내용을 전개할 수도 있지만 결과적으로 어떤 주장을 펼치려고 이 글을 썼는지 독자가 이해하기 어려워진다면 글의 명료성은 현저히 떨어진다.

선정된 주제가 좋은 주제인지 확인하기 위해서는 다음 몇 가지 점에 유의할 필요가 있다. 첫째, 독자의 흥미와 관심을 끌 수 있는 주제인가이다. 칼럼은 인류가 해결하지 못한 심오한 문제를 해결하려는 글이 아니다. 일반적인 독자가 관심을 가질 만한 최근의 이슈 중 흥미로운 주제를 선정하는 것이 필요하다. 둘째, 주제에 대해 새로운 문제의식을 보여줄 수 있는가이다. 정보의 홍수 속에 살고 있는 현대인에게 타인의 말을 그대로 되풀이하는 정도의 내용이라면 좋은 칼럼이 될 수 없다. 새로운 관점과 새로운 시각에서 해당 사안을 바라보고 기존에 언급되지 않던 신선한 사례를 통해 주장을 뒷받침할 수 있어야 한다. 또 독자의 잘못된 인식을 교정할 필요가 있다고 느끼는 주제라면 이것 또한 좋은 문제의식에서 출발한 칼럼이라 할 수 있다. 이러한 문제의식을 갖기 위해서는 가능하면 자신의 전공과 연결된 주제를 찾는 것이 좋고 만약 그렇지 않더라도 관련 자료를 찾고 내용을 이해하는 데 어려움이 없는 주제여야 한다. 셋째, 선정한 주제는 논의할 가치가 있는가이다. 칼럼은 글쓴이의 주관적인 의견을 자유롭게 개진하는 글이라는 점에서는 개인적인 글이지만 사회의 쟁점을 다룬다는 점에서는 공적인 성격의 글이기도 하다. 관심과 흥미를 가지고 있으며 해당 분야에 대한 지식이 풍부하다 하더라도 공적인 영역에서 논의할 가치가 없다면 자기만족만을 위한 글이 된다. 공적 가치를 위해서는 사회 구성원 다수가 관심있게 바라보고 있는 사안 중에 글쓴이의 주장이 일부에게라도 영향을 끼칠 수 있는 주제여야 한다. 개인적으로 선호하는 요리에 대한 칼럼을 쓴다면 지극히 개인적인 취향의 문제로 국한될 수 있다. 그러나 대학생들이 선호하는 요리가 야기한 영양학적 문제점과 이를 위한 대안을 제시한다면 보다 공적인 가치를 지닌 글이 된다.

아래 〈예시〉를 통해 칼럼의 주제로 어떤 것을 선정하는 것이 좋을지 생각해 보자.

⊙⊙ 예시

과학을 어떻게 보도할 것인가를 주제로 열리는 세계과학저널리스트대회(WCSJ)에 몇 번 참석한 적 있다. 〈네이처〉〈사이언스〉 같은 이름난 과학매체 기자들이 늘 주목받지만, 아프리카, 아시아, 중동에서 온 기자들의 열성적 참여도 못잖게 두드러졌던 걸로 기억한다. 그중에서도 '사이데브'(SciDev.net)라는 뉴스 사이트의 기자들이 무척 인상적이었다. 아프리카, 아시아, 중동, 남미 개발도상국의 기자와 편집인, 커뮤니케이션 활동가가 네트워크를 이뤄 개도국 그들의 시선에서 지속 가능 발전과 과학기술의 뉴스와 분석을 보도한다.

코로나19 팬데믹 시대에 백신 접종의 희망으로 떠들썩한 요즘, 개도국의 그들은 어떤 소식을 전하고 있을까? 모처럼 찾아본 사이데브에 실린 새해맞이 사설의 제목은 의미심장하게 "2021년 전망: 거대한 백신 격차"(Great vaccine divide)였다. "코로나19 백신 접종 프로그램이 일부 선진국에서 시행되지만, 지구 남반구 사람들은 접종 시행까지 1년 이상 기다려야 할지 모른다." 팬데믹 영향으로 지속 가능 발전의 지원 프로그램은 줄어들었고 식량과 물 부족, 환경파괴 같은 상황은 더 나빠졌다. 백신 접종은 먼 나라 이야기다. "2021년 새해는 2020년 못잖게 도전적인 해가 될 것이다. 우리 편집인과 기자들은 언제나 그곳에 있을 것이며 거대한 백신 격차로 인해 어려움을 겪는 사람들의 목소리를 전할 것이다."

백신 승인과 접종 개시로 기대가 부풀었던 지난달, 아시아판 사이데브의 기자는 세계백신면역연합(GAVI) 등이 백신 균등 공급을 위해 추진하는 코백스(COVAX) 사업이 고소득 국가의 백신 입도선매 탓에 쉽잖은 상황에 있음을 전했다. 아프리카판 기자는 불균등한 백신 공급이 팬데믹에 맞선 지구촌 싸움에 상처를 줄 것이라고 보도했다. 미국 듀크대 국제보건혁신센터의 집계자료(launchandscalefaster.org/covid-19)를 보면, 현재 125억 회 접종 물량이 예매되었는데 대부분이 고소득 국가와 일부 중소득 국가에 팔렸거나 협상 중이라고 한다. 개별 국가가 사들이는 물량이 많아지면 코백스가 확보할 물량은 줄어든다.

새해가 어떤 나라들에선 팬데믹에서 서서히 벗어나는 희망의 해이지만 어떤 나라들에서는 그렇지 못해 거대한 백신 격차의 해가 되리라는 우려가 크다. 지구촌 차원에서 팬데믹은 계속되고 세계 경제 회복도 그만큼 늦춰질 수 있다고 〈하버드 비즈니스 리뷰〉 같은 전문지는 경고한다. 각국이 겪는 상황이 저마다 심각해 눈을 지구촌으로 넓히기는 쉽지 않겠지만 백신 격차를 줄이려는 여러 시도에 지금보다 더 많은 관심을 기울여야 하겠다.
　　　　　　　－ 오철우, 「지구촌에 드리운 '거대한 백신 격차'」, 한겨레신문, 2021. 1. 12.

이 글은 코로나19 팬데믹의 상황에서 최근 백신 개발과 그 보급에 각 나라들이 발빠르게 대처하고 있지만 아프리카와 같은 개도국은 백신 격차가 심화될 것이라는 내용의 신문 칼럼이다. 글쓴이는 일반 독자들이 경험하지 못하는 특별한 경험과 관심을 앞부분에 제시하였다. 아프리카, 아시아, 중동, 남미 개발도상국의 문제를 다루는 '사이데브'의 기사를 글쓴이는 주요하게 거론한다. 이후 고소득 국가가 백신을 입도선매하고 있어서 백신 균등 공급을 추진하는 코백스 사업에 차질이 생길 것이라고 보았다. 고소득 국가의 관점에서 사안을 보지 않고 경제적 능력이 부족한 개도국의 관점에서 코로나19의 백신을 바라본 글쓴이의 새로운 문제의식이 돋보이는 대목이다. 글쓴이는 각 나라가 심각한 상황에 있지만 지구촌으로 시각을 넓혀 백신 격차를 줄이는 데 관심을 기울여야 한다고 주장한다. 이렇듯 칼럼의 주제를 선정할 때에는 시의성 있는 사안 중 독자가 흥미를 가질 만하고 필자만이 보여줄 수 있는 새로운 문제의식이 공적 가치로 드러나는가를 고려해야 한다.

(2) 내용 구성하기

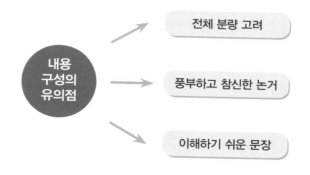

칼럼은 일반적으로 제목을 포함하여 서론-본론-결론의 3단 구성으로 이루어진다. 칼럼의 제목은 글의 방향 지시등과 같은 것이므로 핵심어를 중심으로 독자가 흥미를 느낄 수 있도록 참신하게 작성하는 것이 좋다. 서론에서는 이 칼럼을 통해 무엇을 말하려 하는지를 구체적으로 밝힌다. 칼럼은 시의성이 높은 쟁점이나 시사적인 사건을 다루게 되므로 글쓴이가 어떤 문제의식을 가지고 이 글을 쓰게 되었는지를 보여준다. 이때 독자의 흥미와 관심을 쓸 수 있는 신선한 내용과 표현을 동원하는 것도 좋다. 본론에서는 주제를 뒷받침하는 다양한 논거들을 제시한다. 유의할 점은 칼럼의 성격에 맞게 쉽고 일상적인 용어를 활용해야 한다는 것이다. 독자에게 다가가기 쉬운 소재를 활용하고 글쓴이의 독창적 시각이 잘 드러나도록 부드럽고 개성적인 문체를 쓰는 것이 좋다. 결론에서는 서론의 문제 제기한 내용을 다시 한 번 환기하고 독자의 동의를 구한다.

칼럼의 내용을 구성할 때 유의할 점은 다음과 같다. 첫째, 작성할 칼럼의 대략적 분량을 설정해야 한다. 500자 분량의 칼럼과 1,500자 분량의 칼럼은 내용 구성 측면에서 차이가 날 수밖에 없다. 정해진 분량 규정이 있다면 거기에 맞추어야 한다. 비교적 적은 분량의 칼럼이라면 핵심을 요약적으로 제시하여야 하고, 긴 호흡의 칼럼이라면 충분한 사례와 경험, 데이터를 가져올 수 있어야 한다. 둘째, 다양하고 충분한 논거를 준비해야 한다. 근거는 편협하거나 증명될 수 없는 것을 활용해서는 안 된다. 가능하면 최신 자료를 활용하고 확인된 사실을 바탕으로 한 보도 자료, 관련 논문, 역사적 기록이나 사전의 내용 등을 활용할 수도 있다. 셋째, 일상적이고 명료한 문장으로 작성한다. 칼럼의 문장은 화려한 수사를 활용하거나 현학적인 문체가 되지 않도록 해야 한다. 누구나 이해하기 쉬운 문장과 표현으로 의미를 전달하는 것이 좋다.

아래 〈예시〉를 통해 칼럼의 내용은 어떻게 구성하는 것이 좋을지 생각해 보자.

😶 예시

기본소득과 관련지어 코로나19에 대한 이번 긴급재난지원금 정책을 지지해야 하는 이유는 여러 가지가 있다. 먼저 사회 구성원의 최소한의 생존권을 보편적으로 보장할 수 있다는 점을 들 수 있다. 코로나19 확산 등의 대규모 재난이나 세계 경제 위기와 같은 심각한 경제적 악재 등은 노동자의 노동 의사와는 별개로 노동 수요를 감소시켜 실업자를 대폭 늘린다. 설상가상으로 이러한 불가항력은 언제 어디에서 터질지 예측할 수가 없다. 하지만 기본소득제가 원활하게 시행되고 있을 경우, 천재지변 속에서도 개인은 최소한의 생계비를 지원받을 수 있기 때문에 생존권을 보장할 수 있게 된다. 비단 불가항력으로 인해 노동을 할 수 없게 되는 상황뿐만이 아니라도 법이나 정책의 미비로 복지 사각지대에 놓여있는 계층의 경우에도 법과 정책의 한계를 벗어나서 보편적으로 생계비를 지원받기 때문에 생존권을 보장받을 수 있게 된다.

정책을 지지하는 또 다른 이유는 기본소득제가 빈부격차의 양극화를 완화시켜 서민층의 삶의 질을 향상시킬 수 있기 때문이다. 저소득층 및 서민층에게 생계를 유지할 수 있는 기본소득을 지급하면 이들이 버는 소득은 생계유지가 아닌 여가나 자기 개발 등의 목적으로 사용되어 윤택한 생활로 자아실현 욕구를 추구할 수 있게 된다. 실제로 코로나19 재난지원금 사용 분야 여론조사에서는 대표적인 생계유지 품목인 식료품 분야가 50퍼센트 정도로 1위를 차지했다. 윤택한 삶으로의 발전은 문화산업 발전과 인력의 고급화로도 이어지기 때문에 개개인뿐만 아니라 사회에도 훨씬 이득이 된다.

– 학생 글

이 글은 코로나19 긴급재난지원금 정책 분석을 통해 본 기본소득제의 필요성과 향후 과제라는 주제의 칼럼이다. 구성의 유의점을 통해 이 글을 평가해보면 1,200자 분량에 맞게 상세하게 풀어쓰고 있고 주제를 뒷받침하는 풍부한 근거를 들고 있으며, 호흡이 긴 문장이 가끔 보이지만 비교적 명확하고 일상적인 용어를 활용해서 의미를 전달하고 있다.

번호	항목
1	독자의 관심과 흥미를 끌 만한 주제를 설정하였는가?
2	필자가 해당 사안에 대한 어떤 문제를 제기하고 있는가?
3	새로운 시각으로 문제에 접근하고 있는가?
4	공적으로 논의할 가치가 있는 주제인가?
5	작성할 칼럼의 대략적 분량을 설정하였는가?
6	풍부하고 참신한 논거를 준비하였는가?
7	일상적이고 명료한 문장을 사용하였는가?

활동

위 체크리스트를 활용하여 아래 학생 칼럼을 분석해 보자. 부족한 부분이 있다면 어떻게 보완하면 좋을지 토론해 보자.

2021년부터 부모와 따로 사는 청년들이 주거급여를 받을 수 있게 된다. 국토교통부가 지난 11월 19일, 내년 1월부터 청년 주거급여 분리지급을 시행한다고 밝혔다. 정확한 대상은 부모와 다른 자택에 거주하고 있는 만 19세 이상, 만 30세 미만의 20대 저소득층 청년들이다. 부모와 다른 시·군에 거주하거나, 같은 시·군에 거주하더라도 대중교통으로 90분 이상 걸리는 거리라면 신청이 가능하다.

이는 부모와 자식의 주거급여를 분리하여 개개인에게 지급하는 방식이다. 즉, 부모가 받는 금액은 감소하지만 자녀가 본인의 몫을 스스로 챙길 수 있다는 뜻이다. 20대 청년들의 주거급여에 주목하지 않았던 사람들이라면 놀랄 법도 하다. 내년부터 새로 시작되는 주거급여 제도에 대해 시민들은 '이걸 이제서야?'라는 반응을 보이기도 했다.

실제로 우리나라의 각종 급여 제도에서는 부모와 자식의 분간이 제대로 이루어지지 않은 것을 확인할 수 있다. 이는 근로장려금 제도에서도 나타난다. 근로장려금 제도는 소득이 적은 노동자들을 대상으로 지급하여 근로를 장려하고 실질소득을 지원하는 소득지원 제도이다. 단독 가구, 홑벌이 가구, 맞벌이 가구의 세 분류로 나뉘어 총급여액이 달라진다.

혼자 살고 있는 10대나 20대 청소년·청년들은 당연히 단독 가구로 분류될 것이라 생각하겠지만, 조건에 따라 그렇지 않을 수도 있다. 단독 가구로서 자신의 근로장려금을 챙기기 위해서는 주민등록표상의 거주지를 혼자 거주하는 주소로 바꾸어야 한다.

일반적인 경우에는 순탄하게 주거급여와 근로장려금을 챙길 수 있겠으나, 아동학대 가정 자녀의 경우라고 생각하면 문제가 생긴다. 학대 가정의 자녀들은 스스로 독립하거나 거주지를 변경할 여건이 되지 않기 때문이다.

지난 11월 11일, 16개월의 입양아를 학대하여 사망하게 한 입양 부모가 구속되었다. 입양자 부부는 올해 초 피입양자를 입양한 뒤, EBS 다큐멘터리에 출연하기까지 했다고 한다. 피해 아동의 상처를 본 의료진이 입양자 부부를 의심하여 경찰에 신고했다. 입양아는 고통을 이기지 못하고 끝내 10월 13일에 숨졌다.

숨진 피입양자 아동이 사망하기 전, 이미 세 차례나 아동학대 의심 신고가 진행되었다고 한다. 아동보호기관과 경찰은 학대 증거가 불분명하다며 피해 아동을 입양자 부부에게 돌려보냈다. 숨진 피해 아동은 세 차례나 입양자 부부와 분리될 기회를 박탈당한 것이다. 피해 아동이 숨졌을 당시 16개월 이었던 것을 생각하면, 안타까운 일이 아닐 리 없다.

전문가들은 해당 사건을 통해 우리나라의 제도의 문제를 강력히 지적하고 있다. 실제로 우리나라는 가정폭력의 현장에서 피해 아동보다 학대 부모의 의견을 더 중시한다. 가정폭력을 아동학대라고 생각하기에 앞서, 가족끼리의 문제라고 구분지어 놓기 때문이다.

학대 가정의 아동들이 부모와 분리될 수 있는 권리를 지켜주어야 한다. 어엿한 어른인 우리에게도, 이를 예의 주시할 필요가 있다.

– 김소래, 「아이는 어른을 보고, 어른은 아이를 보지 않는다」, 숭대시보, 2020. 12. 1.

2) 서평 쓰기의 방법

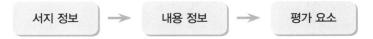

(1) 서지 정보 작성

서평은 그 대상이 책인 만큼 책에 관한 기본적 서지 사항을 제시할 필요가 있다. 책의 제목, 저자명, 출판사, 출간일 등으로 이루어진 서지 정보는 글의 서론에 제시하기도 하고 본문 외에 따로 항목을 두어 제시하기도 한다.

😐 예시

비에른 로아르 바스네스, 심진하 역, 『빙하의 반격』, 유아이북스, 2020.

(2) 내용 정보 작성

서지 정보에 이어 책의 저자와 책의 내용과 관련된 정보들을 제공한다. 책의 저자와 관련해서는 주요 약력이나 주요 저술을 간략하게 제시하고 저자가 보여준 지금까지의 업적, 사회적 평가 등을 언급한다. 이때 유의할 점은 대상이 되는 책과 관련성이 떨어지는 정보는 제시하지 않아야 한다는 점이다. 책의 내용을 이해하는 데에 도움이 될 수 있는 저자의 활동과 평가를 제공하도록 한다.

아래 〈예시〉를 통해 서평의 내용 정보는 어떻게 작성하면 좋을지 생각해 보자.

😐 예시

니콜라스 카는 1959년에 미국에서 출생하였으며, 하버드대학교 대학원 영문학 석사와 다트머스대학에서 일했다. 그의 직업은 IT미래학자이자 작가이며, 하버드 비즈니스 리뷰 에디터와 브리태니커 백과사전 편집위원을 한 경력이 있다. 『생각하지 않는 사람들』 외에 『유리감옥』과 『빅 스위치』 등의 책을 집필했는데 주로 인터넷 사회의 영향에 관한 책이었다. 그에 대해서는 기술 발전이 반드시 필요하면서도 우려스러운 일임을 이해하고 있는 보기 드문 사상가라고 클레이 서키가 평가한 적이 있다. 또 그의 매력은 사려 깊고 명징한 논리와 수려한 문장으로 미친 듯이 액셀을 밟고 있는 현대 디지털 문명에 브레이크 같은 역할을 해주는 것에 있으며, 그는 시에서부터 문학과 예술, 테크놀로지, 심리학, 신경과학, 사회학 등 온갖 분야에서 다양한 사례들을 통해 그 근거를 찾아, 점점 가속화되고 있는 '자동화'가 인간의 삶을 얼마나 황폐하게 만들고, 우리 사회를 위험에 빠뜨릴지 걱정한다고 정재승이 평가하였다.

– 학생 글

이 글은『생각하지 않는 사람들』(청림출판, 2015)의 저자 니콜라스 카에 대한 정보를 제공하고 있는 서평의 일부이다. 저자의 출생과 간단한 약력을 제시하고 있으며 대상 책 외에 다른 저술에 관해서도 정보를 제공하고 있다. 더하여 니콜라스 카가 어떤 평가를 받고 있는지 두 명의 전문가 견해를 인용하고 있다.

책의 내용과 관련된 정보에는 책의 유형이나 장르, 주제, 구성, 문체, 저술 목적 등이 있다. 이 부분을 작성하기 위해서는 독서의 과정에서 구성이나 내용, 문체 등에 대해 꼼꼼히 기록해 두는 것이 필요하다. 저자의 이전 책과 대상 책이 어떤 점에서 차이가 있는지를 밝히는 것도 좋다. 책의 내용이 어떤 구성에 의해 전개되고 있는지, 저자의 표현에 특별한 개성이 드러나는지, 저자가 이 책을 쓴 이유는 무엇인지 등에 대해 정보를 제공한다.

이때 유의할 점은 책의 내용을 그대로 직접 인용하는 것에 치중해서는 안 된다는 것이다. 서평의 주제와 관련된 핵심 문장을 하나 정도 가져오는 것은 괜찮지만 내용 정보 대부분을 저자의 글로 대신하는 것은 있을 수 없는 일이다. 서평 역시 비평적 글쓰기의 특징인 글쓴이의 가치 판단을 보여주어야 하기 때문이다. 따라서 책의 내용을 꼼꼼히 읽은 후 충분히 자신의 관점에서 그것을 설명할 수 있도록 해야 한다.

아래 〈예시〉를 통해 서평의 내용 정보는 어떻게 작성하면 좋을지 생각해 보자.

💬 예시

이 책에서 전면으로 내세우고 있는 가장 핵심적인 내용은 태양 흑점과 상관성이 있는 '1,500년 주기의 기후 변동 현상'이다. 저자는 빙하 코어를 분석한 여러 가지 과학적 근거들을 토대로 마지막 빙하기 이후 1500년 주기를 가지고 우리 지구의 기후가 변화해왔다고 주장한다. 1500년을 주기로 태양 흑점 거리의 변화와 같은 지구 외적인 행성의 요소가 기후변화를 일으키는 원인이라는 것을 규명해낸다. 지구에 벌어지고 있는 기후 변동은 우리가 가늠할 수 없는 자연의 시간 흐름에 의한 것이며 인류가 제어할 수 없다는 것이다. 더 나아가 온실효과를 일으키는 가스들이 인간들의 산업 활동에 의해 대량으로 배출되었음에도 불구하고, 1940년 이후 지구의 온도 상승은 아주 미미했다는 점을 들어 사람들이 만드는 온실기체들의 영향은 지구와 인류에게 거의 해를 미치지 않을 만큼 작다는 것을 증명하기도 한다. 궁극적으로 우리 앞에 놓인 기후 난제는 지구온난화가 아니라 우리가 간빙기를 살고 있다는 점을 역설하는 것이다.

— 학생 글

이 글은 프레드 싱거와 데니스 에이버리가 쓴 『지구온난화에 속지 마라』(동아시아, 2009)를 대상으로 쓴 서평의 일부이다. 지구 온난화는 일부 기후 학자들과 관련 행정가들의 경제적 이득을 위해 과장되었다는 내용을 담고 있는 이 책의 내용 정보를 글쓴이는 이와 같이 제시한다. 다양한 근거가 제시되고 있지만 글쓴이는 1500년 주기설을 중심으로 내용 정보를 설명한다. 글쓴이는 대상 책의 내용을 요약적으로 제시하고 있는데 저자의 글을 그대로 인용하지 않고 글쓴이가 이해한 책의 내용을 글쓴이의 목소리로 잘 전달하고 있다. 서평의 내용 요소는 이렇게 글쓴이가 이해한 내용을 글쓴이의 목소리로 바꾸어 표현하는 것이 좋다. 물론 중요한 부분을 직접 인용하여 자신의 생각을 덧붙일 수도 있지만 그것이 주가 되어서는 안 된다.

(3) 평가 요소 작성

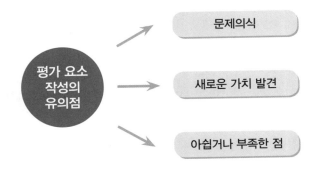

서평에서 가장 중요한 부분을 꼽는다면 글쓴이의 가치 판단이 드러난 평가적 요소라 할 수 있다. 이 부분에서는 책의 의의와 가치, 성과와 한계 등 필자의 의견을 다각적으로 제시한다. 유의할 점은 단순한 감상문이 되지 않도록 충분한 근거를 들어서 글쓴이의 평가를 설득력 있게 제시해야 한다는 것이다. 서평을 쓸 때 출판사의 편집 견해에 영향을 받는 경우가 많다. 그러나 서평은 글쓴이의 주관적인 글쓰기이므로 기존의 평가에 휘둘리지 말고 논리적 근거를 통해 당당히 자신의 목소리를 낼 수 있어야 한다. 또한 고정관념이나 개인적 편견에 치우치지 않도록 공평한 관점을 유지하는 것도 중요하다.

　서평의 평가적 요소를 작성할 때 유의할 점은 다음과 같다. 첫째, 어떤 문제의식을 가지고 출발했는가? 서평은 단순히 내용을 이해하고 전달하는 데 그치는 것이 아니다. 책 속에 드러난 내용이 어떤 가치를 가지고 있는지, 독자는 어떤 가치를 찾아야 하는지에 대한 글쓴이의 문제의식이 표출되어야 한다. 둘째, 기존의 평가와 다른 글쓴이의 새로운 가치가 발견되고 있는가? 책에 대한 글쓴이만의 평가와 견해를 논리적으로 보여주는 것이 서평이다. 그렇다고 무작정 부정하고 비난하는 글이 되어서는 안 된다. 책에 대한 글쓴이의 가치 판단 과정이 드러나고 그 판단에 따른 주장이 명료하게 전개되어야 한다. 셋째, 책에 제시된 내용에 부족하거나 아쉬운 점이 있는가? 책의 저자와 출판인도 일반적인 사람이므로 완벽한 형식과 내용을 담은 책이란 있을 수 없다. 서평은 단순히 글쓴이의 개인적 호불호를 전달하려는 것이 아니므로 책의 내용과 형식 면에서 부족한 점이 있다면 솔직하고 과감하게 글 속에 제시하는 것이 좋다. 이를 통해 비평의 본래 목적인 더 나은 해결방안을 찾는 합리적 의사소통이 이루어질 수 있다.

　아래 〈예시〉를 통해 서평의 평가 요소는 어떻게 작성하면 좋을지 생각해 보자.

예시

　이 책은 인터넷과 뇌의 관계에 대해 단순히 저자의 생각을 기술하는 것이 아니라 연구 결과와 같은 근거가 있는 자료와 전문적인 지식을 토대로 설명하기 때문에 신뢰성이 높다. 하지만 그만큼 책이 무겁다. 가볍게 속독으로 읽어 완전히 이해하는 것은 어렵다. 천천히 정독하며 사고하면서 읽어야 한다. 현대의 생각하지 않는 사람들의 문제점을 꼬집어, 생각하며 읽을 수 있게 만든 책이다. 책이 다양한 지식을 담고 있고, 문제점을 잘 명시하고 있지만 사람들의 문제 해결을 위한 방안이나 방향성에 대한 언급은 부족하다. 어떻게 이러한 문제를 해결해야 하는지 내용이 추가되었으면 좋았겠다. 이 책은 인터넷 사용으로 집중력 저하 문제를 느끼고 있다고 생각하는 사람들, 인터넷과 같은 간편하고 효율성이 높은 기술들의 충격적인 내면을 들여다보고 싶은 사람들이 읽어보면 많은 도움이 될 것이다.

– 학생 글

이 글은 니콜라스 카의 『생각하지 않는 사람들』을 읽고 쓴 서평의 일부이다. 이 글은 글쓴이의 명확한 문제의식을 바탕으로 작성되지 않았다. 다양한 방면에서 책의 의의와 한계점을 찾으려고 노력했지만 분명한 평가 기준을 세우고 그것에 근거해서 책을 상세히 평가하지 않은 것이다. 이를 보완하기 위해서는 먼저 글쓴이가 어떤 기준에 따라서 이 책을 평가할 것인지를 밝혀야 한다. 단순히 책의 내용이 어렵다는 것과 문제 해결을 위한 대책이 나타나지 않는다는 것만으로는 좋은 서평이 되기 어렵다. 더 나아가 책 내용과 관련하여 저자의 주장에 어떤 한계가 있는지 구체적인 근거를 들어야 한다.

서평은 책을 대상으로 글쓴이의 가치 평가를 독자에게 제시하는 비평적인 글쓰기이다. 서평의 기본적인 서지정보와 저자 소개, 책의 내용 소개와 같은 형식적 요소의 제공이 잘 되었는지를 확인하고 가장 중요한 글쓴이의 평가적 요소를 중심으로 아래의 활동을 해보자.

✅ 체크리스트

번호	항목
1	서지정보는 정확하게 제시되었는가?
2	저자 소개는 잘 제공되었는가?
3	책의 내용과 관련된 정보는 필자의 목소리로 작성되었는가?
4	책에 대한 필자의 문제의식은 무엇인가?
5	기존의 평가와 다른 필자의 시각이 나타나는가?
6	책이 가진 내용이나 형식의 부족한 점이 드러나는가?

위 체크리스트를 바탕으로 아래 학생 서평을 분석해 보자. 부족한 부분이 있다면 어떻게 보완하면 좋을지 서로 토론해 보자.

제목: 정말로 지구온난화를 막아야 하는 이유

올해 초 겨울임에도 비교적 따뜻한 날씨가 지속되어 "호주 산불 때문에 이렇게 따뜻한 거 아니야?"라고 환경교육과 친구에게 물었는데, 2019년 9월부터 시작되어 6개월간 지속된 대재앙 호주 산불이 지구온난화의 영향을 수십년 앞당겼다는 말을 들었다. 그런데 알고 보니 산불의 원인 또한 지구온난화로 인한 극심하고 오래 지속된 가뭄, 그리고 기록적인 폭염이 원인이었다. 심지어 호주 어디에서도 비 한 방울 내리지 않는 날이 관측되기도 했다고 한다. 이제는 지구온난화로 인한 피해가 대재앙급으로 인류에게 다가오고 있음을 실감하며 이 책 『빙하의 반격』을 읽게 되었다.

지구온난화의 악순환이라는 말은 많이 들어봤고 어렴풋이나마 알고있다고 생각했지만, 이 책을 통해 악순환이 어떤 매커니즘으로 일어나는지에 대해 자세히 알 수 있었다. 저자는 '알베도 효과'를 이야기한다. 알베도는 빛을 반사하는 정도인데 눈은 80~90%, 빙하는 50~70%의 빛을 반사하는데 반해, 바다는 6%의 빛 밖에 반사하지 못한다. 기온 상승으로 인해 눈과 빙하가 녹으면 지구는 태양빛을 더 많이 흡수하게 되고 지구 평균기온은 높아진다. 기온이 높아지면 눈과 빙하가 녹아 해수면을 상승시키고 알베도 효과가 감소하여 다시 기온이 높아진다. 우리는 이 순환과정을 끊고 선순환으로 바꾸는 방법을 모색해야 한다.

"다른 말로 풀자면 산업혁명은 3억 년 전 빙하기 시절에 빙권이 지구에 심어둔 에너지 자원에 기반을 둔 것이다."(180page)

인상적인 부분은 인간의 사회적, 문화적 진화의 모든 과정에 '빙권'의 영향을 받았다는 것이다. 인류는 빙권을 이용하여 문명을 이루었고 현재 또한 빙권의 영향 아래 살아간다. 겨울에 내린 눈은 비와 달리 흘러내리지 않아 거대한 저수지의 역할을 하는데, 여름의 비가 오지 않는 건조한 시기에 알맞게 녹아내려 강을 마르지 않게 해준다. 농업혁명과 산업혁명 또한 빙권의 변화에 의한 기후 변화와 그것의 이용을 통해 일어났다.

지구온난화로 인해 그러한 빙권이 빠르게 녹아내리면 인류에 닥칠 피해는 막심하다. 우선 1차 피해로 큰 홍수가 일어날 것이며, 그 후에 진정한 문제인 물 부족과 가뭄 등이 발생할 것이다. 심지어 빙권의 영향권이 아니라고 생각되는 지역에 영향을 크게 미치기도 한다. 걸프 해류에 영향을 미쳐 중동의 기후를 변화시키기도 하고, 아열대 지역의 빙권이 녹아 온도가 상승하면 적도와 아열대의 온도차이가 감소해 해들리 순환이 약화되어 이에 따라 무역풍과 용승 현상이 줄어 적도 부근의 해수면 온도가 증가하게 된다.

　　지구온난화가 기업과 환경운동가들에 의해 조작된 것이라는 회의론자들에 의한 음모론이 존재하지만, 저자는 오히려 지구 역사에 비춰볼 때 현재는 빙하기가 올 시기라고 말했다. 물론 지구온난화가 심각한 문제임을 말하는 저자의 생각에는 십분 공감한다. 하지만 지구 온도와 빙하기의 연표를 보았을 때 그것은 과한 주장이었다고 생각된다. 현재 온도가 과거 온난기에 비해서 급격히 증가한 것은 맞지만, 더 높아진 것은 아니기 때문이다.

　　현대 사회의 사람들에게 정말로 지구온난화는 현실이며, 자기 자신에게 영향을 미칠 수 있음을 알려야 한다. 레오나르도 디카프리오가 오스카 상을 수상할 때 "기후 변화는 현실이며, 지금 당장에도 일어나고 있습니다."라고 말하는 것만으로는 부족하다. 물론 정말 옳은 말이지만 사람들은 체감하지 못하며, 실천하지 않는다. 범국가적으로 호주 산불과 극심한 가뭄 등과 같은 대재앙이 우리에게도 일어날 수 있음을 교육하고, 기후 변화를 야기하는 활동을 하는 국가와 기업을 제재해야 한다. 중국이나 개발도상국들에서는 그것에 대하여 반발할 가능성이 높으나, 지구는 인류 공통의 자원임을 인정하고 공멸을 택하지 말아야 한다.

　　기후 변화의 위협은 개발도상국들을 시작으로 우리에게도 다가올 것이다. 기후 변화를 방치한다면 나중에는 정말 감당할 수 없는 대재앙이 닥칠 수 있다. 현 상황에 비유하자면 코로나 바이러스와 같이 기후 변화는 현재 진행 중이고 대응 여부에 따라 후에 대가를 치르게 될 것이다. 따라서 기후 변화의 대응책을 미리 마련하는 것이 우리가 해야 할 선택이고, 이는 장기적으로 보았을 때 국가경쟁력 향상에도 도움을 줄 것이라 생각된다.

　　○ 저자: 비에른 로아르 바스네스
　　(무거운 주제를 유머러스하고 이해하기 쉬운 필치로 녹여 '노르웨이의 빌 브라이슨'

이라고 불린다.)

○ 역자: 심진하

○ 출판사: 유아이북스

○ 출판일: 2020. 3.

○ 쪽수: 238

– 학생 글

3 비평적 글쓰기의 실제

1) 칼럼 쓰기의 실제

(1) 주제 선정하기

다음 표에 제시된 주제 정하기의 순서에 맞게 아래의 표를 완성해 보자.

㉠ 최근 발생한 한국 사회의 문제뜰을 찾아보고, 그중에 독자들이 관심과 흥미를 느낄 만한 사안들의 리스트를 만든다.

㉡ 자신의 전공과 관련되거나 잘 알고 있는 주제를 하나 선정하고 자신만이 보여줄 수 있는 새로운 관점을 발견한다.

㉢ 새로운 발견이 공적 영역에서 가치가 있는지 확인한다.

항목	쓰기
최근 사회 문제 찾기	
관심과 흥미가 있는 주제	

항목	쓰기
전공과 관련되거나 잘 알고 있는 주제	
새로운 관점이나 시각	
공적 영역에서의 가치	

(2) 내용 구성하기

다음 표에 제시된 내용 구성하기의 순서에 맞게 아래의 표를 완성해 보자.

⊙ 정해진 분량이 있다면 확인하고 대략적인 분량을 정한다.
ⓛ 주장에 맞는 풍부하고 참신한 논거를 찾는다.
ⓒ 독자의 동감을 끌어내기 위한 설득력을 갖춘다.
ⓔ 일상적이고 쉬운 용어와 문장으로 표현한다.
ⓜ 서론–본론–결론의 3단 구성으로 글을 구성한다.

항목		쓰기
분량 확인		
풍부하고 참신한 논거		
쉬운 용어와 문장		
구성	서론–문제 제기	
	본론–풍부한 논거	
	결론–독자의 동의	

(3) 전체 내용 쓰기

위에서 작성한 내용을 바탕으로 완성된 한 편의 칼럼을 작성해 보자.

제목: _____

2) 서평 쓰기의 실제

(1) 대상 책 선정하기(서지 정보 작성하기)

다음 표에 제시된 책 선정하기의 순서에 맞게 아래의 표를 완성해 보자.

ㄱ 자신이 읽은 책 중에서 인상 깊었던 책의 리스트를 작성한다.

ㄴ 서평을 쓸 수 있는 책을 한 권 선정하고 그 책을 선정한 이유를 작성한다.

ㄷ 책의 서지 정보를 작성한다.

항목	쓰기
책 리스트 작성	
책 선정과 그 이유	
서지 정보 작성	

(2) 내용 정보 작성하기

다음 표에 제시된 내용 정보 작성하기의 순서에 맞게 아래의 표를 완성해 보자.

ㄱ 저자의 주요 약력과 주요 저술을 찾아 정리한다.

ㄴ 저자의 업적과 사회적 평가를 찾아 정리한다.

ㄷ 책의 유형과 장르를 정리한다.

ㄹ 책의 주제와 구성, 문체를 정리한다.

ㅁ 책의 저술 목적과 저자의 이전 책과의 차이점을 작성한다.

항목		쓰기
저자	주요 약력, 저술	
	업적과 평가	
내용	유형과 장르	
	주제, 구성, 문체	
	저술 목적	
	기존 책과 차이점	

(3) 평가 요소 작성하기

다음 표에 제시된 평가 요소 작성하기의 순서에 맞게 아래의 표를 완성해 보자.

㉠ 책에 대한 기존의 평가를 작성한다.

㉡ 책에 대한 글쓴이의 문제의식을 보여준다.

㉢ 기존 평가와 다른 새로운 시각으로 책을 분석 평가한다.

㉣ 주장에 대한 명료한 근거를 제시한다.

㉤ 글쓴이의 시각에서 책의 아쉬운 점과 한계점을 밝힌다.

항목	쓰기
기존 평가	
문제의식	
독창적 시각	
명료한 근거	
아쉬운 점	

(4) 전체 내용 쓰기

위에서 작성한 내용을 바탕으로 완성된 한 편의 서평을 작성해 보자.

제목: _____

4장 · 글쓰기의 장르 · 성찰적 글쓰기

1 자기 성찰적 글쓰기의 이해

1) 자기 성찰의 의미

자기 성찰은 나를 심층적으로 탐색하고 이해하는 과정이다. 자기 이해로서의 자기 성찰은 자신을 대상화하는 데에서 출발한다. 즉 성찰은 성찰하는 주체와 성찰되는 대상의 구분을 전제로 한다. 대상을 바라보는 나와 대상화된 나의 분리를 통해 우리는 내가 모르던 '나'에 대한 깊은 이해의 문을 열 수 있다.

자기 성찰은 나를 새롭게 이해하는 과정이다. 나는 표면에 보이는 것만으로는 이해할 수 없는 복합적 존재이다. 내 안의 이해하지 못할 '낯선 것'이 무엇을 의미하는지에 대한 탐색을 통해 자기 이해가 새로워지고 나와 사회, 세계의 상호관계에 대한 인식의 폭이 넓어질 수 있다. 자기 성찰이 깊이를 얻으려면 평소에는 감추어져 있던 내 안의 '낯선 것'을 발견해야 한다. 낯선 것은 나와 이질적으로 보이지만, 자신을 깊이 들여다보면 결국 그것도 자신의 일부임을 깨닫게 된다. 낯선 것을 자기 속에 받아들임으로써 '나'는 이전보다 더 성숙한 존재로 태어날 수 있다.

자기 성찰은 '나'에 한정되지 않고 나를 둘러싼 환경, 나를 만든 과거, 나와 관계가 있는 타인에 대한 이해로 확대될 필요가 있다. '나'를 들여다보는 과정에서 자연스럽게 주된 환경과 사람들에 의해 어떠한 영향을 받았는가를 확인하게 된다. 또한 현재의 나가 과거에 있었던 무수한 인연과 사건에 의해 만들어졌음을 깨닫게 된다. 결국

'나'는 무수한 관계 속에서 형성된 존재이고, 앞으로 맺게 될 관계 속에서 형성되어 가는 존재라는 점을 확인하게 된다.

2) 자기 성찰적 글쓰기의 장르적 특징

자기 성찰적 글쓰기는 글을 쓰는 자신을 대상으로 하는 글쓰기이다. 여타의 장르와는 달리 글쓰기의 주체가 자기 자신을 대상으로 쓴다는 점이 자기 성찰적 글쓰기의 중요한 특징이다. 자기 성찰적 글쓰기를 통해 우리는 자신의 내면을 들여다보고 내 안에 있는 여러 가지 자아를 분석함으로써 나 자신에 대한 이해를 심화하는 경험을 하게 된다.

자기 성찰적 글쓰기는 늘 변화하고 있는 '나'를 언어에 담는 작업인데, 이미 알고 있는 나를 단순히 글로 옮기는 것과는 차이가 있다. 나의 내면을 응시하다 보면 '나'가 모르던 감정, 나의 것이라 인정하지 않았던 생각들과 마주친다. 자기 성찰적 글쓰기는 감추어져 있던 내면을 의식화하면서 또 다른 '나'를 발견하는 작업이다. 그런 작업을 통해 '나'를 더 객관적으로 조망하게 되고 더 넓은 시각에서 나와 세계를 이해할 수 있다.

자기 성찰적 글쓰기는 자기 소개서와는 성격을 달리한다. 자기 성찰적 글쓰기는 새로운 나를 찾아가는 발견의 기쁨을 얻을 수 있는 글이다. '성찰하는 나'에 대해 쓰면서 얻은 새로운 발견을 통해 쓰기 전과 다른 나를 경험할 수 있다. 이런 의미에서 자기 성찰을 위한 글쓰기는 진정한 자아를 발견하기를 원하는 대학생이라면 누구나 한 번쯤 수행해 볼 가치가 있는 작업이다.

✅ 체크리스트

1. 평소에 '나'는 자신을 어떤 사람으로 인식하고 있었나?
2. 자기 대상화를 통해 발견한 새로운 '나'의 모습은 무엇인가?
3. 자기 성찰을 통해 발견한 새로운 '나'에 대해 어떻게 생각하는가?

> ### 활동
>
> 위의 체크리스트를 참고하여 글쓴이가 자기 성찰적 글쓰기를 통해 어떻게 '새로운 나'에 도달했는지 정리해 보자.
>
> ....
>
> 나는 사실 자기를 들여다보는 식의 글쓰기가 대단히 두려웠다. 내가 생각하기에 내 본질이 추악하다고 생각했기 때문에 그것을 마주할 용기가 없었다. 또 내가 추구하는 나의 모습, 내가 흉내 내는 나의 모습이 가짜라고 생각했고 나는 결코 그런 모습이 되지 못한다고 생각했다. 그러나 이 글을 쓰면서 그 모습도 나의 일부이고 내가 변할 수 있다고 믿게 되었다. 어쩌면 내가 생각한 내 본질도 굉장히 자의적으로 정한 거라는 생각마저도 들고 있다. 때문에 나는 굉장히 기쁘다. 내 모습이 추악하지 않다고, 또 동시에 내가 원하는 내 모습에 도달할 수 있다고 증명했기 때문이다. 물론 다른 사람에게는 바뀐다는 것이 당연한 것으로 생각될지 모르겠다. 내가 생각하는 변화는 그저 성격뿐이 아니다. 그것은 나의 능력이나 발전가능성까지 포함된다. 요새 내 꿈을 이루는 데 나는 본질적으로 안 될 거라는 좌절에 빠져있었기 때문이다.
>
> — 학생 글

위 글의 글쓴이는 평소에 자신을 추악하다고 생각하며 '나는 안 될 거라는' 부정적인 생각으로 가득 차 있었다. 그러나 자기를 대상화하고 평소에는 외면하고 있던 내면을 용기를 가지고 찬찬히 들여다보고 성찰하는 글을 쓰며 추악함도 나의 일부라는 것을 깨닫고 있다. 더 나아가 부정적 자기 인식에서 벗어나 나를 원하는 방식으로 바꿀 수 있다는 자신감도 얻고 있다. 자기 성찰적 글쓰기를 통해 변화를 경험한 '나'는 새로운 자신의 모습에 기쁨과 자신감을 보이고 있다.

2 자기 성찰의 과정과 방법

1) 자기 대상화와 자아 이미지

자기 성찰을 할 때 그 대상은 매우 다양할 수 있다. 가령 자신의 후회스런 과거를 성찰의 대상으로 할 때 성찰의 주체는 과거의 여러 사건들 중 후회로 남았던 일을 회상하며 자기반성을 시도할 것이다. 이러한 자기반성 행위에서 의미 있는 변화를 일으키는 것은 후회스런 과거의 사건이나 그것의 떠올림이라기보다는 과거 회상 활동에 개입하는 자아 이미지이다. 자아 이미지를 적절하게 활용하면 자기 성찰이 원활하게 진행될 수 있다.

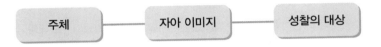

자아 이미지란 의식의 대상화를 통해 탄생한 나의 단면적 모습이라 할 수 있다. 대상화된 나는 성찰에 의해 탄생했다는 점에서 나의 일부분이라 할 수 있는데 그것은 대상화의 시기나 목표에 따라 다양한 양태로 모습을 드러낸다. 자아 이미지 개념은 이렇게 시간적 요인이나 성찰의 주체가 설정한 목표에 따라 다른 모습으로 나타나는 나를 지칭한다. 자기 성찰을 진행할 때 자아 이미지가 어떤 방식으로 나타나고 성찰하는 나와 어떻게 관계를 맺는가를 탐색함으로써 자기 성찰 활동을 더 효과적으로 수행할 수 있다

학창시절 부모님에게 상처가 되는 말을 했던 기억을 떠올리며 그런 행동을 했던 나를 성찰의 대상으로 삼는다고 하자. '나'에게 반성을 일으키는 것은 분명 부모님께 하지 말아야 할 행동을 한 철없었던 '나'이다. 그러나 더 정확히 말하자면 성찰의 주체를 괴롭히는 것은 상처가 되는 말을 한 행동 자체가 아니라 자신이 지향하는 자아 이미지(훌륭한 아들)에 반하는 행동을 한 '나'의 이미지라 할 수 있다. 만일 '나'가 부모님에게 지금까지 좋지 않은 감정을 가지고 있고 부모님에게 인정받는 자식이 될 생각이 없다면 부모님에게 상처를 주는 말을 했던 기억은 반성의 대상이 되지 못할 것이기 때문이다.

이처럼 나는 자아 이미지와의 대면을 통해 성찰하는 보이지 않던 나를 발견하고, 자신을 새롭게 이해할 수 있게 된다.

2) 타인이 본 자아 이미지

자기 성찰은 내가 가진 자아 이미지뿐만 아니라 타인이 본 자아 이미지에 의해서도 수행할 수 있다. 타인이 본 자아 이미지를 활용한 자기 성찰 과정을 다음의 표를 통해 알아보자.

위 표의 앞부분은 앞선 절에서 이미 본 것이다. 이것은 성찰이 대상화된 나와의 관계 속에서 탄생한 자아 이미지에 의해 이루어진다는 점을 보여주고 있다. 뒷부분은 나와 타인과의 관계 속에서 탄생하는 또 다른 양태의 자아 이미지를 나타낸다. 나에 대한 타인의 평가를 통해 탄생하는 자아 이미지가 그것이다. 이는 자기 성찰이 성찰하는 나와 성찰 대상으로서의 나의 관계 속에서 탄생하는 자아 이미지에 의해 이루어지기도 하지만 타인1이 본 나의 자아 이미지와 타인2가 본 나의 자아 이미지 간의 차이에 대한 숙고를 통해 이루어지기도 한다는 것을 보여준다. 이러한 성찰은 '나'의 의식 내부에서는 결코 일어날 수 없는 성찰이다. 자기 성찰을 할 때에 우리는 두 가지 측면을 모두 고려해야만 자기 합리화나 자괴감에 빠지지 않고 자기에 대한 객관적 이해에 도달할 수 있다.

1. '내가 본 나'와 '타인이 본 나'는 어떻게 다른가?
2. '타인이 본 나'에 대해 나는 어떻게 생각하는가?
3. 타인이 본 나에 대한 성찰을 통해 '나'가 깨달은 바는 무엇인가?

▶ **활동** ◀

위의 체크리스트를 참고하여 아래 글에서 성찰하는 나가 타인이 본 자아 이미지를 통해 어떻게 새로운 자기 이해에 도달하였는가를 생각해 보자.

    자기 탐구에서 말 그대로 '자기 자신이 스스로를 탐구'하는 것도 중요하지만, '타인이 바라보는 나'를 성찰하는 것의 필요성을 부인할 수 없다. 지인들은 내가 유머러스하고 활발하지만 처음 보는 사람 앞에서는 낯을 가린다고 이야기하였는데, 나도 여기에 동감한다. 사람들, 특히 나를 잘 모르는 사람들에게는 나의 약점을 보이면 안 된다는 일종의 강박관념이 내 무의식에 자리 잡고 있기 때문이다. 내 기준에서 사람과 친해지는 것에 단계가 있고, 어느 단계에 있느냐에 따라 내가 상대방에게 보여주는 모습이 달라지는 것이다. 나 그대로의 모습을 모든 사람에게 보여주지 못하고 내가 상정한 단계의 틀 속에 나를 너무 가두는 것이 아닌가 싶은 생각이 들었다. 따라서 이제부터는 누군가를 대할 때 그와 어서 친해져야 한다거나 아직 친하지 않으니 성격을 드러내지 않아야겠다는 등의 강박관념에 사로잡히지 않고 사람 대 사람으로, 물 흐르듯이 자연스럽게 대해야겠다고 다짐하게 되었다. 또한 지인과의 대화에서 마음이 여려 상처를 쉽게 받고, 그 결과 가끔 우울에 빠지기도 한다는 의견을 들었는데, 나는 항상 다른 사람들에게 밝아 보일 것이라고 생각해 왔기 때문에 내가 우울해하는 것이 지인들의 눈에 보였다는 것이 의외였다. 걱정과 스트레스로 마음이 답답할 때 애써 부정적 감정을 외면하고 의식의 기저로 가라앉히려 하였지만 오히려 외부로 표출되는 듯하다. 그래서 미래의 나는 상처나 시련에 아파할 때 마음을 열고 힘든 상황과 감정을 그대로 받아들이는 담담한 자세를 지녀야 할 것이라는 생각이 들었다.

– 학생 글

글쓴이는 지인과의 대화를 통해 평소의 '나'가 다른 이의 눈에 어떻게 비추어지는가를 확인하게 된다. 더 나아가 '타인이 본 나'와 '내가 생각하는 나'의 차이에 대한 성찰을 통해 현재의 '나'를 더 깊이 이해하고 더 나은 '나'를 위해 필요한 마음자세와 태도를 발견하고 있다. 타인이 본 자아 이미지가 결과적으로 '나'에 대해 새로운 발견과 새로운 나의 탄생을 위한 계기가 될 수 있다는 점을 위 글을 통해 알 수 있다.

3) 자아 이미지의 통합

성찰을 위한 여러 활동을 거치며 나는 자신이 알고 있는 나와 더불어 새롭게 알게 된 나와 마주치게 된다. 이렇게 다양한 모습으로 존재하는 나의 확인이 자신에 대한 새로운 이해로 연결되려면 다양한 양태의 나의 이미지에 일관성과 통일성을 부여하는 작업이 필요하다. 여러 자기 성찰 활동의 마지막 단계에서 이루어지는 쓰기 행위는 이전에 마주친 여러 '나'를 자기의 일부로 재확인하고 그런 나에 새로운 의미를 부여하면서 '나'라는 통합체를 만드는 과정이라 할 수 있다. 이것을 통해 쓰기 행위는 '나'의 구성작업이자 구성자로서의 자신을 인식하게 되는 과정이 된다. 이렇게 여러 이야기를 해체, 결합, 재구성하는 '나'로서의 자신을 경험하는 것이 자기 성찰의 최종적 목표이다.

자기의 이야기를 구성해가는 '나'는 여러 자아 이미지의 상호작용을 통해 존재하고 구축된 자아 이미지도 지속적 변화의 과정 속에 있다. '나'가 자아의 고정된 틀 속에 갇히지 않으려면 낯선 것에 개방적이고 포용적인 자세를 보일 필요가 있다. 또한 '나'는 자기 성찰을 통해 언제든 새롭게 구성될 수 있다는 믿음이 필요하다. 새로운 '나'의 구성에 의해 동일해 보이던 과거도 이전과는 다르게 볼 수 있게 된다. 나는 내 안에 존재하는 낯선 자아들을 통합하는 경험을 통해 새로운 나로 태어날 수 있다.

아래의 글에서 성찰 활동을 통해 어떻게 이질적인 '나'를 수용함으로써 '나'를 새롭게 구성하고 있는가에 대해 생각해보자.

> 자기 성찰 글쓰기를 하기 전에는 사실 고작 스물 하나라는 짧은 나이의 평범한 나에 대해 성찰해볼 것이 있어봤자 얼마나 있을까 하고 약간은 냉소적인 생각을 했었다. 하지만 나를 되돌아보면서 그저 보통이라고 생각했던 현재의 나는 많은 사람들, 사건들의 영향을 받아 이 세상에 둘도 없는 특별한 존재임을 인식하게 되었다. 유년시절 때 부모님께 의존하고, 고등학교 3학년 때 수능결과에 좌절하며 '어차피 해도 안 된다'는 부정적 생각에 갇혀있던 과거의 나는 재수를 포함하여 스스로 목표를 이루고자 꾸준히 노력한 결과 내 혼자 힘으로 나를 지키고, '하면 된다'라는 긍정적 최면을 걸 수 있는 현재의 내가 된 것이다. 물론 현재의 나 또한 완벽한 자아라고 할 수 없다. 걱정이 많고 소심하여 마음의 상처를 쉽게 받으며 우울해하기도 하는 현재의 나를 보완한 자아가 미래의 자아가 될 수 있도록 끊임없이 나 자신을 지켜볼 것이다. 자아 성찰 에세이는 여기서 끝나지만 자아 성찰은 내 인생이 다할 때까지 계속될 것이다.
>
> — 학생 글

위 글에서 글쓴이는 자기 성찰을 통해 자신이 부정적인 자아 이미지에 갇혀 있었다는 점을 알게 된다. 자신에 대한 부정적인 생각이 발전을 가로막은 요인이라는 인식을 토대로 자신을 더 객관적으로 보고 변화하는 자신의 모습을 자신의 일부로 생각할 수 있게 되었다. 또한 자아 성찰이 한 번에 그치는 것이 아니라 평생 계획되어야 할 작업이라는 인식도 갖게 되었음을 알 수 있다.

3 자기 성찰적 글쓰기의 실제

1) 성찰을 유도하는 문화 텍스트 활용하기

자신이 가지고 있는 자아 이미지를 확인하는 것이 자기 성찰의 첫 단계에 해당한다. '나'가 자신을 어떤 이미지로 그리고 있는가를 알게 될 때 성찰 활동은 시작한다. 그러나 언제나 쉽게 떠올릴 수 있는 자아 이미지만으로는 깊이 있는 성찰이 일어날 수 없다. 그런 이미지는 평소 자신이 항상 생각해오던 상이기 때문에 그런 이미지의 상기는 성찰의 주체에게 별다른 충격을 가져다주지 못하기 때문이다. 이런 의미에서 자기 성찰에는 텍스트 읽기와 그것을 통한 '나'에 대한 읽기가 효과적이다. 텍스트 읽기가 곧 읽는 자신에 대한 읽기가 되고 자기에 대한 읽기가 깊이 있는 자기 성찰로 이어질 수 있다.

문화 텍스트를 활용한 자기 성찰의 방법 중 하나로 '자화상 읽기'를 들 수 있다. 자화상은 자신이 지닌 자아 이미지를 표현하는 예술적 방법이다. 자화상은 특정 인물의 외적 모습의 표현이지만 그 이미지 안에는 표현의 주체가 자신에 대해 가지고 있는 갖가지 감정, 생각들이 녹아 들어가 있다. 자화상을 보면서 자화상을 그린 사람의 자기의식을 상상해봄으로써 자연스럽게 '나'의 자아상에 대한 성찰로 나아갈 수 있다.

활동1

1. 나와 비슷한 경험을 한 주인공이 나오는 영화나 소설을 찾아보고, 주인공이 자아를 찾아가는 과정에 대한 나의 감상을 자유롭게 적어 보자.

2. 존경하는 인물의 자서전이나 전기를 읽고, 그 인물이 평생에 걸쳐 할 일에 대한 나의 생각을 정리해 보자.

3. 좋아하는 음악 중 자아를 찾아가는 내용을 담은 노래를 찾아, 그 곡이 나에게 감동적인 이유를 글로 써 보자.

아래 글은 자화상을 통해 자기 성찰을 진행하고 그 결과를 쓴 글이다. 유사한 방식으로 자화상 읽기를 통한 자기 성찰적 글쓰기를 해 보자.

① 네 편의 자화상을 감상하고, 차이점을 정리해 본다.
② 마음에 드는 자화상과 그렇지 않은 자화상을 선정해 보고, 그 이유를 생각해 보자.
③ 자화상에 대한 나의 반응에 대해 성찰해 보고, 내가 왜 그러한 반응을 보였는가에 대해 서술해 보자.

고3 때 EBS수능특강 교재에서 서정주의 〈자화상〉이라는 시를 배운 적이 있다. 자신의 과거를 솔직하게 묘사하고 삶에 대한 의지를 다지는 내용의 시가 마음에 들었다. 자화상이란 마치 자신이란 사람을 글로 묘사하는 듯이 많은 내용을 담은 그림이라고 생각한다.

나는 네 가지의 자화상 중 첫 번째 것이 제일 마음에 든다. 다른 그림들이 그냥 자신을 그려 놓은 것 같다면 이 그림은 자화상의 인물과 내가 직접 마주보는듯한 기분이 들기 때문이다. 그림에 문외한이기 때문에 붓질이나 음영이 어떠한 지는 잘 모르겠다. 하지만 화가의 눈빛이나 다문 입술과 주름을 보면 슬프지만 담담하게 살아가는 사람일 것 같은 생각이 든다.

두 번째 자화상도 마음에 든다. 보면 기분이 나쁜데 자꾸 눈이 가는 마력이 있다. 또 이 그림을 보면 여러 상상이 떠오른다. 희멀건 얼굴의 대머리 남자는 백혈병에 걸려 항암치료를 받아서 대머리가 되고 비쩍 마른 자신의 얼굴을 거울로 감상하면서 못난 표정을 짓고 있는듯하다. 아래에 오이 팩을 하는 여자는 위의 남자와 안 어울리는 것 같은데 계속 보여서 짜증이 난다. 하지만 계속 시선이 간다.

마음에 안 드는 자화상은 마지막 자화상이다. 딱 보면 예쁘장한 여대생이 새침한 얼굴로 찍은 셀카를 그대로 베껴 그린 것 같다. 볼에 바람을 넣고 눈을 크게 뜬 모습은 애교스러워 보이기도 하고 누군가를 비웃는 느낌도 든다. 솔직해지자면 내가 가지지 못한 외적 아름다움에 대한 질투 때문에 이 그림에 거부감을 느끼는 것 같다. 그리고 첫 번째 자화상과 비교하면 이 그림은 그림에 함축된 내용이 부족하다.

내가 자화상을 그린다면 나는 한 삼십년은 기다려야 할 것이다. 지금 자화상을 그린다 하여도 그림 속에 녹아들 나만의 삶의 경험이나 내 독특함이 아직 없기 때문이다. 아직은 나만의 삶의 철학 따위가 생길 나이는 아니라고 생각한다. 나는 지금 최대한 많은 경험을 하고 공부를 하려고 노력하고 있다. 그림에 담아낼 만한 무언가가 생긴다면 그 때 한번 붓을 들어 자화상을 그려보고 싶다.

위의 글은 자화상에 대한 인상 서술에 치중하고 '나'에 대한 깊이 있는 성찰로 나아가지 못한 한계를 지니고 있다. 더 깊이 있는 자아 성찰을 위해서는 다음과 같은 질문을 던지며 생각을 전개해 나갈 필요가 있다.

🔆 생각을 발전시키기 위한 질문들

- 첫 번째 자화상이 '직접 마주보는 듯한 기분'을 들게 하는 이유는?
- 두 번째 자화상에 자꾸 눈이 가는 이유는? 다른 자화상에 없는 무엇이 있기 때문인가? 나는 두 번째 그림의 무엇에 자꾸 매혹되었나?
- 현재 나만의 삶의 철학이라고 말할 만한 것이 있다면?
- 지금까지의 나의 삶의 경험에서 내가 가장 의미 있다고 생각한 것은? 혹은 그림에 담아 낼 만하다고 생각하는 것은? 그런 것이 있다면 난 왜 그런 것에 의미부여하는 것을 유보 하였나?
- 이 글을 읽은 독자는 나를 어떤 사람이라고 생각할까?
- 현재 시점에서 내가 자화상 그리기를 유보한 이유로 이 글에서 이야기한 것 외에 다른 것을 든다면?

자화상 읽기를 통한 성찰 활동에서 중요한 것은 자신이 만나게 된 자아 이미지에 대해 현재의 '나'는 어떤 감정과 생각을 가지고 있는가에 대해 점검하는 작업이다. 자아 이미지와 자신을 동일시하고 있는지, 아니면 그런 이미지에 대해 불만을 가지 고 있는지 생각해보는 것이 좋다. 이것은 자아 이미지와 성찰의 주체 간의 차이를 확 인하는 작업을 의미한다. 새로운 자기 인식은 특정 자아 이미지와의 동일시에서 발 생하는 것이 아니라 자아 이미지와 성찰하는 자신 간의 '거리'를 파악하고 그런 거리 의 확인에서 생기는 다양한 생각에 대한 성찰을 통해 가능하다.

2) 나와 타인의 생각 비교하기

'나'에 대한 자신의 생각과 타인의 생각을 비교하는 작업은 자기 성찰 활동을 자 극할 수 있는 좋은 방법이다. 이것은 '나' 안에 머물던 성찰 활동을 주체와 그를 둘러 싼 타인 간의 관계로 이동하게 하는 것을 의미한다. '나'의 자기 인식에는 자신이 보 는 '나'와 타인이 보는 '나'가 동시에 개입하기 때문에 이런 활동은 자기 성찰을 유도 하는 데에 큰 도움이 된다.

나와 타인의 생각을 비교하는 활동에는 여러 가지 방법이 있는데, 대표적으로 '지인 인터뷰'라는 것을 생각해 볼 수 있다. 이것은 가족이나 친구 등 나를 잘 알고 있다고 생각되는 지인들이 '나'에 대해 어떻게 생각하고 있는지 인터뷰를 진행하고 그 결과를 정리해 '지인 인터뷰'라는 제목으로 제출하는 방식이다.

조금 더 구체적으로 설명하자면, 우선 인터뷰할 대상을 선정하고 인터뷰 때 던질 질문을 포함한 계획서를 작성한다. 계획서에는 인터뷰 대상, 질문 내용뿐만 아니라 질문을 통해 확인하고 싶은 '나'의 모습, 예상 답변 등이 포함된다. 인터뷰가 끝난 뒤에는 인터뷰 내용에 대해 분석하는 시간을 갖는다. 예상 답변과 실제 대답 내용 간의 차이가 주된 분석 대상이라 할 수 있다. 마지막으로 지인 인터뷰 결과에 대한 분석을 바탕으로 지인 인터뷰라는 제목의 자기 성찰 글을 작성한다.

활동1

1. 내가 부러움을 느끼는 사람을 떠올리고, 내 안에서 그 사람에게 부러움을 느끼는 이유를 찾아보자.

2. '나는 ○○○한 사람이다'라고 스스로를 규정하고, 이러한 규정에 대해 다른 사람들은 어떻게 생각하는지 대화를 진행해 보자.

3. 내 친구와 나의 공통점과 차이점을 생각해보고, 내가 왜 그 친구와 가까워지게 되었는가에 대해 생각해 보자.

활동2

다른 글에서 글쓴이가 타인의 말을 통해 어떻게 자신을 발견해가고 있는가를 검토해 보자.

1. 인터뷰 대상 선정

　이번 과제의 목표는 지인 인터뷰를 통해 남이 보는 나와 내가 생각하는 나의 차이를 파악하고, 나에 대해 더 깊은 성찰을 하는 것이다. 나아가 나는 나와의 친밀도에 따라서 나를 인식하는 차이도 알아보고 싶었다. 즉, 내가 친밀한 사람과 그렇지 않은 사람들에게 다르게 행동하거나 보여주지 않는 면모가 있는지 알아보고 싶었다. 그래서 나는 인터뷰 대상을 가족(어머니), 남자 친구, 가장 친한 친구 한 명 그리고 알게 된 지 얼마 안 된 친구 한 명으로 선정하였다.

2. 질문의 내용

　질문의 내용은 상대방이 본 나를 가장 잘 보여 줄 수 있도록 선정하고자 하였다. 나는 수업시간에 교수님께서 요구하신 '나를 표현하는 한 단어를 떠올리는 것'이 나의 본질에 대해 굉장히 많은 생각을 하도록 유도했던 것이 떠올라서 이를 가장 중심적인 질문으로 선정하였다. 그 외에도 나의 생활 습관이나 언어 습관, 나의 꿈 그리고 나의 장단점에 대해 질문지를 꾸렸다. 그러한 고민 끝에 다음과 같은 질문지가 완성되었다.

　　① 나를 대표할 만한 한 단어를 써주세요. 왜 그렇게 생각했는지도 밝혀주세요.
　　② 나의 언어 습관(대화법)과 생활 습관은?
　　③ 나의 꿈은 어떤 그림일 것 같나요?
　　④ 나의 장점과 단점을 솔직하게 써주세요.

3. 인터뷰 결과와 이를 바탕으로 한 나에 대한 성찰

　인터뷰 결과 물론 친밀도에 따라 얼마나 자세히 알고 있느냐의 차이는 존재했지만, 놀랍게도 네 사람 모두가 나에 대해 비슷한 그림(혹은 느낌)을 그렸다는 것을 알게 되었다. 그리고 그러한 그림이 '내가 생각하는 나'와도 크게 다르지 않았다. 이러한 결과를 놓고 보니 좋게 말하면 숨김없이, 나쁘게 말하면 지나치게 솔직하게 살아온 것 같다. 하지만 나는 다소 손해를 보는 것이 있더라도 솔직하게 행동하는 것을 선호하는 편이므로 굳이 나쁘게 말할 것까지는 없을 것 같다.

　우선, '자화상과 나'에 대한 글쓰기에서 밝혔듯이, 내가 생각하는 내 모습은 무심하기도 하고 태연한 바위와 같은 모습이었다. 이는 성격이 묵묵하기도 하고 감정 기복도 별로 없는 측면도 포함된 것인데, 다른 사람들도 내게서 이와 같은 모습을 본 것 같다. 그런데 인터뷰를 통해 나에 대해 새롭게 알게 된 면모도 있다. 내가 남의 말을 잘 들어

준다는 답변이 그것이다. 사실 스스로 주관이 뚜렷하지만 타인의 시각에 수용적이라거나 생각이 개방적인 면은 나도 잘 알고 있었지만, 내가 대화를 할 때의 양상이 어떤지는 잘 모르고 있었다. 어떨 때에는 말이 많기도 하고, 또 어떨 때에는 말 수가 적기도 해서 내가 어떤 유형의 사람인지 굉장히 헷갈리기도 했다. 하지만 남들이 보는 나는 '말하는' 사람보다는 '들어주는' 사람에 가까웠고 이는 나 자신에 대한 또 다른 면모를 일깨워주는 결과였다.

또 다른 흥미로웠던 점은 나의 꿈에 대한 남들의 생각은 아주 극단적으로 대립되었다는 점이다. 특히 어머니께서 나의 이러한 양면성을 꼬집어 주셨는데, 내가 겉으로는 커리어 우먼과 같은 모습을 하고 있으나 사실 상 마음은 수동적인 측면이 있다는 점을 알 수 있었다. 사실 '나의 꿈'에 관해서는 아직까지도 혼란스러운 부분이 많았다. 공부하는 것을 좋아하고. 목표를 갖고 그것을 성취하는 것을 굉장히 좋아하는 편이나 또한 편으론 미래에 사랑하는 남편에게 좋은 아내가 되고 싶은 마음도 작지 않기 때문이다. 하지만 어머니께서 지적한 바와 같이 사실은 일에 대한 성취욕보다는 안정된 가정을 꾸리고 소소하게 살아가는 것에 대한 바람이 더 크지 않은가 하는 결론을 내릴 수 있었다. 대외적 이미지와 본심이 이렇게까지 상반될 수 있다는 것 또한 깨달았다.

마지막으로 네 사람 모두가 내가 성실하고 노력파임을 지적해 주었는데, 그를 통해 약간씩 다른 관점과 인상을 받았다는 점 또한 느낄 수 있었다. 먼저 어머니의 경우 성실하기는 하나 조금 더 자세히 알아보면 지나치게 우직해서 놓치게 되는 부분이 많고 무심하다고 답해주셨다. 친한 친구와 남자 친구의 경우 나의 성실하고 묵묵한 모습을 대체로 긍정적으로 받아들여 준 것 같고, 만난 지 얼마 되지 않은 친구는 그러한 성실한 모습에서 오히려 '스스로에게 조금은 짐이 되지 않나' 하는 인상을 받은 것 같다. 결론적으로, 이러한 답변들을 모두 모아 종합해 보면 솔직하고, 묵묵하고(지나치게 묵묵한 경향이 있음.), 주관이 뚜렷하지만 수용적인 모습으로 나를 바라봐 주었는데, 이는 내가 생각한 나의 모습인 '바위'와 대체로 흡사한 것이다.

— 학생 글

위 글에서 글쓴이는 타인의 말을 들으며 자신이 평소에 미처 의식하고 있지 못했던 점을 알게 되며 '충격'의 감정을 느끼고 있다. 지인이 본 '나'의 모습에 처음에는 고개를 갸우뚱하게 되지만 그것이 결국 자신이 의식하지 못했던 '나'의 일부라는 것을 깨닫게 된다. 이렇게 타인의 시선을 통한 자기 확인과 의심의 과정을 거침으로써 나를 거리를 두고 살펴보며 자신에 대한 이해를 새롭게 할 수 있다.

3) 나의 과거 탐색하기

'나'란 사람이 어떻게 만들어졌는가는 자기 성찰의 중요한 부분이다. '나'란 존재가 어떠한 역사를 거쳐 형성되었고, 어떤 사람이나 사건에 영향을 받았는가를 알면 자신을 더 깊이 이해할 수 있다. 나의 형성 과정을 이해하기 위한 방법에는 '유서 쓰기', '자서전 쓰기' 등이 있는데, 여기서는 '나를 만든 사건 혹은 인물'이란 제목의 성찰적 글쓰기에 대해 알아보기로 하자. 앞선 성찰 활동이 '나'를 공시적으로 이해하는 작업이었다면, 이번 활동은 '나'를 통시적으로 조망하는 작업에 해당한다. 이런 활동을 통해 '나'는 자신을 하나의 역사를 지닌 존재로 이해할 수 있다. 나의 과거를 탐색하는 방법에는 여러 가지 방법이 있는데, 여기서는 '나를 만든 사건 혹은 인물'을 연습해보기로 한다.

'나를 만든 사건 혹은 인물'이라는 활동은 다음과 같이 진행된다. 우선 지금까지 살아오면서 나에게 가장 큰 영향을 미쳤다고 생각되는 사건을 시기별로 뽑고 그것을 선정하게 된 이유를 간단하게 적은 계획서를 작성한다. 작성 후 계획서를 조원들에게 설명하고 반응을 듣는 시간을 갖는다. 이미 자화상 읽기나 지인 인터뷰를 통해 동료에 대해 어느 정도 파악한 상태에서 진행되는 활동이기 때문에 계획서 설명 시간은 글쓰기 사전 점검의 의미뿐만 아니라 상대방을 잘 알아가는 시간이 되기도 한다. 계획서와 조원들의 반응을 토대로 '나를 만든 사건 혹은 인물'이라는 제목의 자기 성찰적 글을 작성한다. 글을 다 쓴 후 자신과 친한 사람들에게 글을 보여주고 그들의 반응을 들은 후 반응과 그것에 대한 자신의 생각을 글 뒷부분에 첨부한다.

1. 나의 삶에 가장 큰 영향을 끼친 사건이나 인물을 연대순으로 정리해 보자.

2. 나의 고유한 습관이나 생활 태도, 가치관이 언제, 어떻게 형성되었는가를 탐색해 보자.

3. 나에게 큰 영향을 미친 사건이나 인물에 대해 지금 나는 어떤 생각을 가지고 있는지 정리해 보자.

다음 글에서 '나를 만든 사건 혹은 인물'에 대한 글쓰기를 통해 글쓴이가 어떻게 과거의 나를 이해하고 있는가를 분석해 보자.

지금까지 나는 내 인생에서 나에게 중요한 영향을 미친 사건들과 이로 인한 변화를 정리했다. 여러 사건들은 나에게 긍정적이거나 부정적으로 영향을 미쳤다. 긍정적인 영향은 지금의 내가 될 수 있도록 끊임없이 선순환을 일으키며 나를 도왔고 부정적인 영향은 나를 망가뜨리기 위해 쉴 새 없이 악순환을 일으켰다. 또 나는 긍정적인 영향에 의해 성격이 변화하였고, 부정적인 영향에 의해서도 성격이 변화하였다. 하지만, 좀 더 특이한 점은 긍정적인 영향을 극대화하기 위해서 성격이 조금 변했다는 점과 부정적인 영향으로 인한 악순환을 극소화하기 위해 역시 성격이 변화했다는 점이다. 가령, 지인 인터뷰에서 대상자들은 주로 나를 차분하고 조용한 이미지로 생각했으나 이런 이미지는 본래의 내 성향이 아니었다고 나는 장담한다. 중, 고등학생이 되어 학업에 나름대로 열중하기 위해 말을 줄일 필요가 있었다. 또 어린 시절부터 형성된 대인관계에 있어서의 위축감과 악순환을 해소하기 위해 나를 지나치게 내세우는 것보단 상대의 말을 경청하는 것이 낫다고 생각했다. 이처럼 나는 나를 만든 무수한 사건들에 의해 끊임없이 변화하고 있고, 앞으로도 나는 계속 변화할 것이다.

현재의 나에 대한 탐구와 성찰

과거에 있었던 일들을 바탕으로 현재의 나를 탐구하자면, 일단 나는 과거의 좋은 추억들을 상당히 그리워하는 성향이 있다. 하지만 나빴던 추억들에 대해선 상당히 신경 쓰는 경향이 있는 것 같다. 종합해서 말하자면, 과거의 일에 상당히 연연하는 것 같다. 이런 나를 보면서, 현재를 살아가고 미래를 위해 준비하는 마음을 가지자고 다짐했다. 또 대학생으로서 나름대로 학구열이 있고 수업시간에 경청하는 자세를 가지고 있다. 예전에 고등학교에서 내신관리를 했듯, 지금도 학점을 나름대로 신경 쓰면서 잘 관리하려고 한다. 또 가족에 대한 사랑과 어린아이들에 대한 따뜻한 마음을 가지고 있지만, 행동으로 잘 표현하지 못하는 경향이 있는 것 같다. 외국 여행을 통해 새로운 것을 배우는 데 개방적인 마음을 가지고 있다는 것은 나의 장점인 것 같다. 방송부원일을 통해 책임감을 기르게 됐지만 새로운 일에 대한 도전정신은 과거보다 약화된 것 같다. 또 이로 인해 완벽주의적인 성향이 생겨서 지금까지도 약간의 스트레스를 받고 있다. 입시과정을 통해 가슴속으로 자부심과 열정을 심게 되었다. 하지만 현재는 과거보다 목표의식(미래에 대한 생각)이 약해진 것 같고, 이로 인해 방황과 어려움의 시기를 보내는 것 같기도 하다. 어렸을 때부터 대인관계에 있어서 많은 생각을 했고 나름대로의 반성과 성찰을 통해 성격이 변화하였으며 현재는 내가 바라는 나의 이미지를 남들이 보아준다고 생각한다.

주변사람들의 반응&나의 반응

나의 어머니는 이 글을 읽고 앞부분의 내용이 너무 장황하다고 말씀하셨다. 또, 이사로 인해 일어난 영향들 중에서 너무 부정적인 측면만 강조하지 않느냐고 하셨다. 당신은 내가 나름대로 새로운 환경에 잘 적응했기 때문에 긍정적 측면을 더 부각해도 되지 않느냐고 말씀하셨다. 초등학교 때 나에게 영향을 준 인물에 대해선 상당히 궁금해하셨다. 또, 이 부분에 대해서는 시기의 중요성을 말씀하시며 공감을 표현하셨다. 어머니의 허리가 아파 내가 동생을 보살핀 부분에 대해서는 지금도 고맙게 생각하셨고 당신 아들이 가장 대견했던 순간들 중 하나라고 말씀하셨다. 고등학교 활동들에 대해서는 어머니는 그래도 본인의 의지와 목표의식을 가지고 자발적으로 한 활동들이기 때문에 무의식적으로 긍정적인 영향을 미쳤을 것이라고 말씀하셨다. 어머니의 말씀을 듣고 나니 내가 너무 단정적으로 생각했던 것 같다. 설령 내가 부정적인 영향이 크다고 여겼을 지라도 무의식적으로는 내가 성장하는 데 큰 영향을 미친 사건들도 있을 것이고, 무의미하다고 여겼을 지라도 나름의 영향력이 있었던 사건들이 있을 것이다. 이 부분을 다시 생각해 보았으며 아울러 이 기회를 통해 나에 대해 더 잘 알게 되고 생각해보게 되어 기쁘게 생각한다.

— 학생 글

5장

실용적 글쓰기

1 이력서 쓰기의 이해

이력서(履歷書)는 살아온 내력과 성과에 대한 정보를 객관적이고 체계적으로 기록한 문서로서 자기소개서와 함께 취업을 목적으로 제출하는 가장 기초적인 문서이다. 따라서 앞으로 대학을 졸업하고 취업을 준비하기 위해서는 이력서 작성의 기본적 요령을 제대로 익혀둘 필요가 있다. 대학 재학 중에도 각종 공모전이나 전시회 등에 출전할 경우 프로필을 요구하는 경우가 있는데, 이때에도 이력서 양식과 작성 방법을 알아두면 큰 도움을 얻을 수 있다.

이력서의 구성 요건

인적 사항 → 학력 사항 → 경력 사항 → 자격 사항

→ 수상 경력 및 특기 사항 → 마무리

1) 이력서의 구성 및 작성 방법

이력서는 기본 항목에 해당하는 내용을 거짓 없이 솔직히 기재해야 할뿐더러, 자신의 능력이 최대한 잘 드러날 수 있도록 빠짐없이 작성해야 한다. 지원 분야나 기업에 따라 이력서의 양식이 일부 다를 수 있으나 인적 사항, 학력 사항, 경력 사항, 자격 사항, 수상 경력, 특기 사항 등은 기업의 특성과 무관하게 공통적으로 들어가는 항목이다.

(1) 인적 사항

- 성명은 한자, 영문 표기 등이 틀리지 않도록 유의하고, 영문명은 가급적 여권과 동일하게 표기한다.
- 생년월일은 주민등록증에 기재된 일자로 표기하고, 생일 경과 여부에 따라 만 나이를 표기한다. 간혹 주민등록번호를 기재하는 이력서 양식도 있지만, 최근 개인정보보호법 시행에 따라 기재하지 않거나, 주민번호의 앞자리만을 기재하기도 한다.
- 주소는 주민등록증에 따라 기재한다.
- 연락처의 경우 합격 여부와 별도의 확인 절차를 위해 매우 중요하므로 정확하게 작성해야 한다.
- 사진은 지원자의 첫인상을 결정하는 중요한 항목이다. 최근 3개월 이내에 촬영한 규격에 맞는 사진을 사용해야 하며, 가급적 정장 차림의 단정한 용모로 촬영한다. 보정을 할 경우, 실물과 너무 달라 보이지 않도록 한다.

(2) 학력 사항

- 학력은 연대순으로 작성하며, 초등학교와 중학교 학력은 생략하고 고등학교 학력부터 기재한다.
- 고등학교의 경우 졸업 사항만 기재하고, 대학부터는 입학과 졸업 사항을 모두 기재한다. 대학교나 대학원 학력의 경우 전공, 학위명 등을 함께 적는다. 부전공이나 복수전공을 이수한 경우에는 그 내용도 함께 기재하는 것이 좋다. 그리고 같은 과정을 두 개 이상의 학교에서 이수한 경우에도 모두 적도록 한다.
- 날짜는 관련 서류를 찾아 정확하게 기재한다. 추후 증빙서류를 제출하게 될 경우 이력서에 기재한 내용과 일치해야 한다.

(3) 경력 사항

- 군복무, 아르바이트, 기업체 인턴, 입사 경력 등을 중심으로 지원 분야와 관련된 경력을 강조하여 기재한다. 지원 분야와 관련성이 떨어지는 자질구레한 경력 사항 기재는 오히려 부정적 인상을 줄 수도 있다.
- 근무했던 기관명, 근무 기간, 담당업무 등을 정확히 기재한다.
- 경력 사원인 경우 지원 분야와 관련된 경력 사항을 먼저 기재한다.

(4) 자격 사항

- 취득한 자격증과 면허증을 연대순으로 작성하며, 자격증의 명칭과 발행기관을 정확히 기재한다.
- 양적으로 많은 것을 기재하기보다는 지원 분야와 관련된 자격증을 먼저 제시하되, 신뢰할 만한 기관이 발행한 공인된 자격증을 중심으로 기재한다. 단 지원 분야와 밀접한 관련이 있는 경우라면 비공인 기관의 자격증도 도움이 될 수 있다.

(5) 수상 경력 및 특기 사항

- 본인이 지원하는 분야와 연관된 수상 경력과 특기 사항을 중심으로 기재한다. 특히 대학생활 동안의 교내외 대회나 공모전 입상을 중심으로 상세히 기재한다. 자원봉사 경력이나 동아리 활동 등도 지원하는 분야와 관련성이 있다면 모두 적도록 한다.
- 특기 사항의 경우 봉사활동, 어학연수 등을 자세히 기재한다.

(6) 마무리

- 이력서는 "위 사항이 사실임을 확인합니다." 혹은 "위 사항이 틀림이 없음을 확인합니다." 등과 같은 내용을 쓰고, 작성 날짜와 이름, 서명 순으로 마무리한다. 서명은 자필로 하거나 날인한다.

완성된 이력서는 제출하기 전에 기재된 항목에 오류가 없는지, 빠뜨린 내용은 없는지 등을 꼼꼼히 확인하고 제출해야 한다. 그리고 오탈자, 맞춤법, 한자어 및 외래어 표기 등을 반드시 확인하고 만일의 경우를 대비하여 복사본도 준비하도록 한다.

2) 이력서 작성 예시

이력서는 개인의 역사에 대한 사실적 기록이다. 서류전형 혹은 면접을 통한 입사 결정에서 매우 중요한 판단의 기준으로 작용하기 때문에 공문서로서의 신뢰성을 갖추어야 한다. 또한 평가자가 사실 관계를 정확하게 파악할 수 있도록 일목요연하게 정리해야 한다. 아래 예시를 통해 이력서 작성의 형식을 익히도록 하자.

✅ **체크리스트**

번호	항목
1	이력서 작성의 필요성에 대해 이해하고 있는가?
2	이력서의 구성 항목과 형식에 대해 이해하고 있는가?
3	이력서 작성에 필요한 기재 사항과 작성 방법에 대해 정확히 알고 있는가?

성명	(한글) 홍길동			(한자) 洪吉童		
	(영문) Hong, gil dong			성별	남(○) 여( )	
생년월일	1994년 3월 28일 (만 26세)					
현주소	(06978) 서울시 동작구 상도로 369					
연락처	전화(자택) : (02) 1234-5678　　휴대폰 : 010-1234-5678 E-Mail : gildong@ssu.ac.kr					
년	월	일	학력 및 경력사항			발령청
			〈학력 사항〉			
2013	2	10	○○고등학교 졸업			○○고등학교
2013	3	2	○○대학교 ○○학부 입학			○○대학교
2019	2	16	○○대학교 ○○학부 졸업 (○○전공)			○○대학교
			〈경력 사항〉			
2014 2015	4 12	10 9	대한민국 육군 병장 만기 제대			국방부
2019 2019	3 8	10 25	○○공단 홍보팀 아르바이트			○○공단
2019 2020	9 6	1 30	○○전자 마케팅부 인턴사원 근무			○○전자
			〈자격 사항〉			
2013	2	28	자동차운전면허 (1종보통)			서울지방경찰청
2016	1	10	정보처리기사 2급 자격증 취득			한국산업인력관리공단
2016	9	5	워드프로세스 2급 자격증 취득			대한상공회의소
2018	4	20	TOEIC 890점 취득			YBM시사영어사
			〈수상 경력 및 특기 사항〉			
2016	10	30	○○대학교 학술적 에세이 공모전 최우수상			○○대학교
2017	6	10	○○대학교 제10회 재학생토론대회 대상			○○대학교
2017	7	17	국회의장배 전국 대학생토론대회 우수상			대한민국국회
2016	3 6	1 30	○○대학교 **봉사단 해외자원봉사 (4개월: 교육봉사)			○○대학교
			위 사항이 사실임을 확인합니다.			
			2021년 2월 21일			
			홍길동 (인)			

다음 이력서 기재 사항에서 잘못된 부분을 찾아 바로잡아 보자.

<table>
<tr><td rowspan="2">성명</td><td>(한글) 홍길동</td><td colspan="2">(한자) 洪吉童</td><td rowspan="5">*</td></tr>
<tr><td>(영문) Hong, gil dong</td><td>성별</td><td>남( ) 여(○)</td></tr>
<tr><td>생년월일</td><td colspan="3">1994년 3월 28일 (만 26세)</td></tr>
<tr><td>현주소</td><td colspan="3">(06978) 서울시 동작구 상도로 369</td></tr>
<tr><td>연락처</td><td colspan="3">전화(자택) : (02) 1234–5678   휴대폰 : 010–1234–5678
E–Mail : gildong@ssu.ac.kr</td></tr>
</table>

년	월	일	학력 및 경력사항	발령청
			〈학력 사항〉	
2019	2	22	○○대학교 ○○대학원 졸업	○○대학교
2017	2	24	○○대학교 ○○학부 졸업	○○고등학교
2013	2	11	○○고등학교 졸업	
			〈경력 사항〉	
2019 2019	3 8	1 31	○○대학교 홍보팀 인턴사원 근무	○○대학교
2015	7	25	자동차운전면허 (1종보통)	경기지방경찰청
2019 2020	9 12	1 31	○○기획 홍보마케팅팀 아르바이트	(주)○○기획
			〈자격 사항〉	
2015	5	15	정보처리기사 2급 자격증 취득	한국산업인력관리공단
2017	3	10	TOEIC 915점 취득	YBM시사영어사
2019	2	22	○○대학교 ○○대학원 석사학위 취득	○○대학교
			〈수상 경력 및 특기 사항〉	
2015	12	20	○○대학교 캡스톤디자인 경진대회 우수상	○○대학교
2016	10	10	○○대학교 **문학상 소설부문 당선(가작)	○○대학교
2019	3 6	1 30	○○대학교 **봉사단 해외자원봉사(교육봉사)	숭실대학교
			*	
			2021년 8월 1일	
			홍길동 (인)	

본인이 희망하는 분야에서 요구하는 경력 사항, 자격 사항, 특기 사항 등을 찾아 보고, 필요한 이력 사항을 정리해 보자.

구분	내용
학력 사항	
경력 사항	
자격 사항	
수상 경력	
특기 사항	

정리한 내용을 바탕으로, 대학 졸업 후의 상황을 가정하여 이력서를 작성해 보자.

성명	(한글)		(한자)		
	(영문)		성별	남( ) 여( )	
생년월일		년 월 일 (만 세)			
현주소	( )				
연락처	전화(자택) : ( ) − 휴대폰 : − −				
	E−Mail :				
년	**월**	**일**	**학력 및 경력사항**		**발령청**
			〈학력 사항〉		
			〈경력 사항〉		
			〈자격 사항〉		
			〈수상 경력 및 특기 사항〉		
			위 사항이 사실임을 확인합니다.		
			년 월 일		
			(인)		

2 자기소개서 쓰기의 이해

자기소개서를 잘 쓰는 것은 취업 경쟁에서 살아남기 위한 핵심 능력 중 하나이다. 우리는 새로운 상품을 구매할 경우 동봉된 제품 사용 안내서의 설명을 통해 그 기능과 활용법을 이해한다. 마찬가지로 자기소개서는 인사 담당자에게 지원자 자신의 직무 능력을 소개하고 업무 적합성과 함께 잠재적인 성공 가능성을 설명하는 일차적 안내서인 셈이다. 최근 높아진 취업의 문턱으로 인해 자기소개서의 중요성이 강조되면서 내용이 일부 과장되거나 왜곡되는 경우도 있다. 그러나 이런 자기소개서로는 면접을 통과할 수 없다. 자기소개서는 진솔하게 써야 하며, 지원하는 회사가 요구하는 형식에 맞추어 질문 항목에 해당하는 내용을 작성하는 것이 중요하다.

자기소개서 작성 전 준비	−지피지기(知彼知己)의 기술
나를 알고	상대를 알면
□ 자기소개서를 작성하는 목적과 지향하는 방향을 분명히 한다.	□ 자기소개서를 받는 사람(기관)이 원하는 인재상과 채용 목적을 파악한다.
□ 자신의 관점, 태도, 장단점, 전공과 지식, 경험을 분석한다.	□ 자기소개서에서 제시하는 항목별 질문의 의도를 분석하고 이해한다.

자기소개서의 항목별 서술 내용

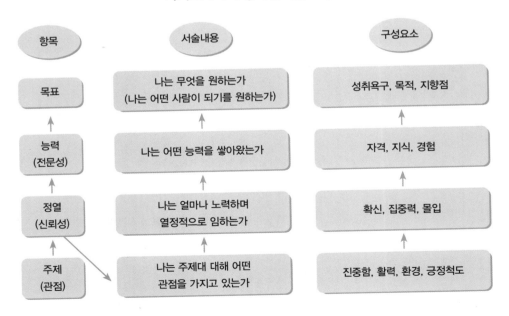

자기소개서를 쓸 때에는 주어진 항목에 적합한 내용으로 구성하되 직무능력을 중심으로 서술하는 것이 좋다. 또한 자기소개서의 목적을 생각하며 지원자의 가치관과 인재상이 지원하고자 하는 회사의 업무 분야에 부합한다는 점이 잘 서술되어 있는지 꼼꼼하게 검토해야 한다.

자기소개서를 작성할 때는 나를 있는 그대로 보여주되 '나는 어떠한 사람인가'라는 큰 질문을 중심으로 세부 항목을 연관성 있게 작성하는 것이 좋다. 또한 자기소개서도 한 편의 글이므로 작성하기 전에 주요 항목에 대한 '개요서'를 작성하면 내용을 통일성 있게 유지할 수 있다.

1) 성장과정 – 연대기적 서술을 피하고 '나' 중심으로 쓴다.

자기소개서의 '성장과정'은 인사 담당자가 지원자의 인성이나 성격 등을 파악하고 이해하기 위한 항목이다. 따라서 성장과정을 서술할 때에는 청소년기나 청년기에 경험했던 구체적인 사건과 그로 인해 배우고 깨닫게 된 긍정적인 '나'를 중심으로 서술하는 것이 좋다. 성장과정에 대한 이야기를 구성할 때 많은 사건을 나열하는 연대기적 서술은 피해야 한다. 이는 너무나 지루하고 특징이 느껴지지 않는 구성으로서 인사 담당자의 기억에 오래 남지 않는다. 오히려 현재의 '나'는 사람인가를 인상적으로 보여줄 수 있는 대표적 사건과 경험을 하나의 완결된 스토리(이야기)로 서술하는 것이 더 효과적이다.

💬 예시 1

부모님 이야기 말고 나 자신의 이야기로 시작하자

▷ <u>저는 엄격하고 규칙을 중요하게 생각하시는 아버지와 자애로운 어머니 밑에서 자랐습니다.</u> 그래서 저는 아버지와 어머니의 두 가지 성격을 모두 받아들이게 되었습니다. (×)

⇒ **저는 스스로 규칙을 엄격하게 지키면서도 다른 사른 사람들의 실수는 너그럽게 받아주는 환경에서 자랐습니다. (○)**

> ▷ 맞벌이를 하시는 부모님 때문에 저는 어려서부터 조부모님과 함께 생활하며 많은 사<u>랑을 받았습니다.</u> 그래서 '혹시 막내냐'는 질문을 자주 받습니다. (×)
>
> ⇒ **저는 조부모님 많은 사랑을 받고 자랐기 때문에 다른 사람에게 사랑을 받을 줄 알고, 사랑을 표현할 줄 아는 밝은 사람입니다. (○)**

성장 과정을 서술할 때 가장 진부하고 상투적인 방식이 자신이 태어난 곳, 가족관계, 부모님의 직업, 가정의 분위기 등을 나열하는 것이다. 위의 예에서 보는 것처럼, 현재 '나'의 성격 형성이 어디에서 기인한 것인지를 설명하고자 하는 의도에서 많은 부분을 '나' 자신이 아닌 부모님에 대한 소개나 가정환경의 서술에 할애하고 있다. 이럴 경우 정작 '자기'를 소개하는 내용이 줄어들기 때문에 인사 담당자에게 강한 인상을 줄 수 없다.

💬 **예시 2**

과거형으로 쓰지 말고, 현재의 나를 부각하자

> ▷ <u>고등학교 시절, 저는 공부가 너무 싫었을 뿐만 아니라 운동도 싫어하였습니다. 그래서 성적은 최하위권에 몸무게는 85kg을 넘어설 정도로 고도비만이 되었습니다.</u> 처음엔 이러한 변화에 민감하지 않았지만, 점점 몸이 약해지고 당뇨병에 걸리게 되었습니다. 그래서 건강을 위해 다이어트를 하게 되었습니다. 2년간 친구들과 농구, 축구 등 운동을 하면서 건강해지고 살도 많이 빠졌습니다. 또 운동을 통해서 게으름에서 벗어나게 되고, 공부에 대한 욕심도 많아져서 나중에는 반에서 5등 안에 들게 되었습니다. 그때 이후로 저는 자신에게 '게으름과 나태함은 사람을 파멸시킨다. 게을러지지 말자.'라는 신념을 세우게 되었고, 지금까지 그 신념을 지키고 있습니다. (×)
>
> ⇒ **지금 저의 신념인 '항상 부지런하자'는 힘들게 성공했던 다이어트와 운동을 통한 깨달음입니다. 고등학교 시절 고도비만으로 당뇨 진단을 받았던 저는 건강을 위해 다이어트를 해야 했습니다. 지금까지 십년 동안 하루도 거르지 않고 운동을 하고 매 끼니마다 식단조절을 했습니다. 이렇게 끊임없이 저를 채찍질하는 동안 저는 자신을 잘 알**

게 되었고 사랑하게 되었습니다. 그리고 저에게 주어진 시간을 잘 사용하는 부지런한 사람이 되었습니다. 그 결과로 대학 생활 내내 성적도 평균 3.8 이상을 받았고, 건강한 몸을 되찾게 되었습니다. 지금도 운동과 규칙적인 생활로 몸은 물론 정신도 건강하게 유지하고 있습니다. (○)

성장과정의 서술 내용에서 인사 담당자가 지원자에 대해 알고 싶은 또 하나는 과거의 에피소드나 단순한 유년시절의 경험이 아니다. 인사 담당자는 직무에 적합한 성격을 갖고 있는지, 그리고 그것이 얼마나 진정성을 가지고 확고하게 형성되어 있는지에 대해 확인하고 싶어 한다. 따라서 과거의 행적을 단편적으로 나열할 것이 아니라 현재의 '나'의 성격과 가치관이 어떻게 형성되었는가를 중심으로 성장과정을 제시해야 한다.

💬 예시 3

부정적 경험보다는 긍정적인 결과로 보여주자

▷ 저는 군인이신 아버지를 따라서 어려서부터 이사를 자주 다녔습니다. 그래서 고등학교를 졸업할 때까지 다섯 번이 넘는 전학을 하는 동안 친구를 사귀는 것이 매우 힘들게 되었습니다. 그러다 보니 자주 우울해지고 성격도 소심해져서 제가 더 적극적으로 친구들에게 다가가야겠다는 생각을 하게 되었습니다. 그리고 끊임없이 노력하여 새로운 친구들을 만들었습니다. 이사를 다니면서 많은 친구를 잃기도 했지만, 지금까지 연락하는 고향 친구들이 많이 남아있고, 또 이들로부터 간간이 안부 연락이나 여행을 같이 가자는 연락이 와서 가끔 친구들과 유익한 추억을 만들어나가고 있습니다. (×)

⇒ 저는 학교를 다니는 동안 여러 번의 전학을 하게 되었습니다. 그래서 바뀐 환경에 적응하기 위해 먼저 친구에게 다가가야 할 필요가 있었습니다. 저는 친구들이 좋아하는 것에 관심을 가지고 먼저 대화를 시도하며 진심으로 공감하기 위해 노력했습니다. 그것이 오늘의 저를 더 적극적인 사람이 되도록 했습니다. 또 상황을 이해하고 주변을 관찰하고 분석하는 신중함을 키우게 되었습니다. 이것이 저를 이해하고 돕는 사람이

많은, 인간관계가 풍부한 사람이 되는 계기가 되었습니다. (○)

자기소개서의 성장과정은 말 그대로 '내가 성장한 계기'를 효과적으로 보여주어야 한다. 누구에게나 위기가 있고 위기를 극복한 결과가 있기 마련이다. 그러므로 부정적인 경험과 감정적인 소회보다는 위기를 극복한 계기와 그 방법에 대해 긍정적 시각으로 서술해야 한다. 즉 위기를 거치며 지원자가 어떻게 발전하였는지를 보여주는 것이 좋다.

2) 성격 및 가치관 – 지원 기관에서 원하는 인재상을 확인한다.

성격 및 가치관에 대한 서술 항목은 지원자가 그 회사와 어떻게 잘 어울리는지, 그리고 지원자가 당면한 문제의 해결 과정에서 어떤 태도를 나타낼 것인지를 예측하고 판단함에 목적이 있다. 따라서 이 항목의 서술을 준비하기 위해서는 무엇보다도 먼저 지원하고자 하는 회사의 인재상에 대해 정확히 파악할 필요가 있다. 즉 지원하는 회사와 업무 분야가 어떤 목표를 지향하는지, 그리고 지원자에게 어떤 능력을 요구하고 있는지에 대해 미리 확인하고 이 부분에 초점을 맞추어 작성해야 한다. 아울러 지원자의 포부와 목표를 서술할 때에는 직무 연관성을 염두에 두고 회사의 목표와 부합하는 내용을 중심으로 서술해야 한다.

💬 예시 4

가치관은 직무와 관련된 경험에 집중하자

▷ 저는 평소에 리더십이 매우 중요하다고 생각합니다. 저는 성실하고 자기가 맡은 자리에서 맡은 바 책임을 다하는 것보다는 뛰어난 몇몇의 소수가 사회를 지배하는 것이 사회를 더 발전시킬 수 있다고 생각합니다. 스티브잡스나 엘론 머스크의 경영철학을 보면서 '리더십'이 한 조직을 어떻게 변화시킬 수 있는가에 대해 깨달았습니다. 그래

서 저는 지금도 어떤 조직에서 리더로 활약하며 조직을 이끌어 나가는 것을 좋아합니다. (×)

⇒ "진정한 리더십만이 조직을 변화시킬 수 있다."

정확한 방향성과 뚜렷한 목표를 구성원과 공유할 수 있는 '리더'와 '리더십'을 중요하게 생각합니다. 대학 시절, 조직경영 수업을 들으면서 한 학기 내내 팀 과제를 수행하는 과정에서 리더십의 중요성을 경험했습니다. 과제의 방향성을 정하고 설정된 목표에 효과적으로 도달하기 위해서 매일 구성원과 회의를 했지만, 시간만 흐를 뿐, 과제는 완성되지 않았습니다. 구성원들의 서로 다른 의견을 수렴하고 조정하는 일에도 많은 에너지와 시간이 필요했습니다. 더 나은 방법을 찾기 위해 고민하던 중, 조원과의 원활한 의사소통도 중요하지만 구성원들의 개별 능력을 알고 적합한 분야의 과제 수행을 나누어 주는 것이 과제 수행의 시간을 효과적으로 통제할 수 있다는 것을 알게 되었습니다. 그래서 저는 팀의 리더를 자처하여 구성원에게 과제를 나누어주고 중간 점검지표를 만들어 교차평가하는 등, 과제를 완벽하게 수행하기 위한 설계도를 구성원들에게 설명하였습니다. 저는 스티브잡스가 회사의 방향성을 바꾸고, 엘론 머스크가 자신의 경영철학으로 미지의 세계였던 자동차 자율주행 업계를 선점한 것을 평소에 깊이 있게 생각해왔습니다. 저는 절대적인 목표를 가지고 있는 리더이자 목표를 효과적으로 달성하는 리더십을 갖춘 리더가 되기 위해 끊임없이 노력할 것입니다. (○)

입사를 위해 자기소개서를 서술하는 시점에서의 '나'는 결코 완성된 모습이 아니다. 그러므로 가치관과 포부는 구체적인 경험을 중심으로 현재의 나를 있게 한 계기에 집중해서 서술해야 한다. 특히, 지원하는 회사의 당면 과제와 장기적 목표와 관련하여 지원자의 입사 포부를 설명할 때에는 지원자가 어떠한 능력을 갖추고 있는 사람인가, 그리고 입사 후의 발전 가능성과 구체적인 성취 목표는 어디에 무엇인지에 대해 집중적으로 강조하는 것이 좋다.

> **'무엇이든 할 수 있다'는 사람은 믿을 수 없다.**
>
> ▷ 저는 '무엇이든 할 수 있다'를 생활 속에서 실천하는 사람입니다. 고등학교를 졸업하고 재수를 준비하면서 처음으로 아르바이트를 하게 되었습니다. 이후 대학을 다니면서도 많은 아르바이트를 경험했고, 지금은 <u>무엇이든지 제 앞에 닥친 일은 성실하게 해낼 수 있을 만큼 다양하고 많은 일을 경험했습니다.</u> 이러한 경험을 바탕으로 저는 어떠한 일을 하든지 열심히 할 준비가 되어 있습니다. (×)
>
> ⇒ **"선택하고 집중하자"**
> 저는 욕심이 많은 사람입니다. 주어진 문제에 대해 집중하여 성공해 내는 것을 좋아합니다. 그렇지만 모든 일을 해내려다가 실패하고 싶지 않습니다. 그렇기 때문에 저는 현재에 안주하는 사람이 되지 않고, 제 전공의 전문 지식과 경험을 바탕으로 제가 할 수 있는 분야를 찾아 끊임없이 배우고, 발전하는 인재가 되고 싶습니다. 최선을 다해 배우고 맡은 바에 책임을 지는 적극적인 인재로 평가받을 수 있도록 노력하겠습니다. (○)

자기소개서에서 생활신조나 가치관을 요구하는 이유는 회사 내에서 문제나 갈등이 생겼을 때, 지원자가 그것을 처리해 나가는 과정을 예상하고, 목표에 접근하는 방식을 파악하기 위해서이다. 따라서 '아직 부족하지만 합격만 된다면 무엇이든지 시키는 대로 하겠다'는 식의 열정을 드러내는 것만으로는 내가 어떤 생각을 가지고 있는 사람인지를 충분히 보여줄 수 없다. 특히 자기소개서에서 확인하고자 하는 지원자의 '가치관'은 우리 회사에 적합한 사람인가를 판단하는 질문이기도 하지만 지원자의 지속적인 발전 가능성을 엿보기 위한 의도가 더 크다. 따라서 이 항목을 작성할 때에는 지원하는 회사가 어떤 사회적 가치를 실현하고자 하는가를 정확히 파악하고, 이를 중심으로 회사와 자신의 발전을 위해 어떤 노력을 할 것인지에 대해 구체적으로 서술하는 것이 좋다.

3) 해당 분야에 대한 경험과 특기사항 – 구체적인 능력을 중심으로 서술한다.

해당 분야에 대한 경험을 서술하는 항목은 자기소개서에 포함된 내용 중에서 가장 핵심적인 부분이다. 특히 자기소개서 항목 중 해당 분야에 대한 경험과 특기사항을 묻는 문항에는 '현재 성품에 영향을 끼친 일', '가장 기억에 남는 사건', '실패를 극복한 경험' 등 구체적인 조건이 주어지는 경우가 많다. 그러므로 본격적으로 자기소개서를 작성하기에 앞서 지원하는 업무 분야에 필요한 전문적 능력이나 자격증이 무엇인지를 파악하고, 이러한 요건 중에서 지원자 자신은 어떤 경험과 능력을 갖추고 있는지에 대한 분석이 선행되어야 한다. 이러한 분석을 바탕으로 현재의 자신에게 가장 큰 영향을 끼친 사건, 또는 그러한 경험을 통해 배우고 깨달은 것을 중심으로 서술한다.

○ 예시 6

막연한 자신감보다는 구체적인 직무 적합성을 보여주자

▷ 대학에서 미래 기업의 성장동력이 '글로벌 경영'이라는 교수님의 말씀을 듣고 이에 적합한 미래 인재가 되기 위해 평소에도 영어 공부를 열심히 해왔고, 기업 경영에 대한 관심을 살려 '경영학'을 전공했습니다. 전공과목을 듣는 동안 글로벌 마케팅과목에서 좋은 점수를 받았고, 대학생 시절에는 교수님들로부터 칭찬도 많이 받았습니다. 이러한 능력을 바탕으로 저는 '기업경영'에서 두각을 드러내고 싶습니다. 저는 회사의 발전을 위해 어떠한 일이든지 성실로서 일할 준비가 되어 있습니다 (×)

⇒ 경영학과 2학년이던 때에 경영 조직 구조의 효율성이 미래 경영의 핵심이라는 교수님의 말씀을 듣고, '글로벌경쟁력'에 대해 꾸준히 관심을 가지게 되었습니다. 이후 인재를 적재적소에 배치하고 그 능력을 발휘할 수 있는 조직사회를 경영하는 전문 경영인으로서의 능력을 갖추기 위해 '경영조직관리'과목과 '관리과정론'을 선택하여 들었습니다. 국내의 직선적이고 관료적인 기업조직이 가지고 있는 단점을 극복하고 기능적이고 전문화된 경영조직을 갖추어 글로벌 기업으로서 추진력 있는 기업을 운영하는 지식을 배우고자 국제경영학, 조직경영관리과목을 선택하여 들으면서 습니다. 또, '조직심리학'과 '소비자소통경영'과목을 들으면서 경영의 주체에 소비자가 포함된다는

> 의식을 가지고 되었습니다. 미래 경영방식의 다양화에 대한 경험을 하고 실제적인 경
> 험 능력을 갖추기 위해 투어컴에서 주최한 '소셜네트워크 경영 컨퍼런스'에도 참여하
> 였습니다. 그리고 4학년 때는 '비영리조직 경영자격증'을 취득하였습니다. (○)

경험에 대한 서술은 해당 분야나 업무와 관련된 내용을 중심으로 전문성을 구체
적으로 강조하되, 객관적이고 사실적인 내용을 요령 있게 제시해야 한다. 또한 이러
한 경험이나 능력이 지원하는 기관의 관련 업무와 밀접하게 연관된다는 점을 적극적
으로 부각해야 한다. 그리고 해당 분야에서 필요한 가장 중요한 능력부터 중점적으
로 서술하는 것이 좋다.

😯 예시 7

오래되고 시시한 것들은 과감하게 삭제하자

▷ 저는 어려서부터 코딩을 좋아했습니다. 초등학교 때에는 코딩교실에서 움직이는 개미
를 만들어서 교내 대회에서 입상했습니다. 중학교와 고등학교 때에도 이러한 능력을
살려서 코딩으로 특기를 살려왔습니다. 그리고 대학에서는 코딩동아리에서 선배님들
과 함께 코딩대회를 이끌어갔습니다. 저는 귀사에서도 이러한 능력을 살려서 세상에
필요한 프로그램을 만드는 '어플리케이션'제작자가 되고 싶습니다. (×)

⇒ 저는 고등학생 때 한 대학교에서 개최한 코딩 대회에서 우수상으로 입상하였습니다.
이러한 경험을 바탕으로 대학에서도 코딩동아리에서 활동하며 ○○회사의 창의인재
지원사업에 '자동달력생성 어플리케이션'을 출품하였습니다. 지루하고 단순한 월별
달력에서 탈피하여 사용자가 나만의 기념일을 만들고 그것이 휴대폰이나 컴퓨터에
자동으로 연동되는 프로그램을 연구했습니다. 유사한 어플리케이션의 작동과정을 조
사하고, 빠르게 변화하는 상품 시장에서 소멸하지 않고, 지속적으로 업그레이드되는
어플리케이션을 만들고자 노력했습니다. 함께 작업하는 선배는 물론 교수님께도 상
담을 받고 매 학기 방학에는 코딩관련 강좌를 수강하면서 부족한 부분을 메울 수 있
었습니다. 국가에서 지원하는 어플리케이션 연구개발센터에서 인턴으로 일했습니다.

> 6개월 간 인턴으로 근무하면서 사랑받는 어플리케이션을 개발하기 위해서는 코딩능력뿐만 아니라 사람을 이해하고, 창의적인 시선으로 세상을 바라보는 능력이 필요하다는 것을 깨닫게 되었습니다. (○)

전문적인 자격이나 직무와 관련된 능력을 서술할 때는 '최근의 것', '중요한 것', '지원 영역과 관련된 것' 등의 우선순위에 따라 구체적으로 서술해야 한다. 또한 취득한 자격증이나 인턴 경력, 전공이나 실무와 관련하여 쌓은 경험을 구체적으로 서술함으로써 자신이 지원 기관에 필요한 경험과 능력을 충분히 갖춘 지원자라는 점을 강조하는 것이 좋다.

◢ **활동** ◢

다음 자기소개서에 서술된 내용을 읽고, 잘못된 부분을 찾아 이유를 설명하고 바르게 고쳐 보자.

....

1) 이유 :

- 저는 어렸을 때부터 어머니의 영향을 많이 받았습니다. 지금은 어머니께서 일을 하시지만, 전에는 가정주부셨습니다. 그래서 어머니와 대화를 하는 시간이 많았고 어머니의 긍정적인 성격을 따라 저도 세상을 긍정적으로 바라보게 되었습니다.

⇒ _____

_____

_____

_____

2) 이유 :

• 저는 미래사회의 인재는 글로벌한 경쟁 능력을 갖추어야 한다고 생각합니다. 그래서 언제나 다른 사람보다 뛰어난 사람이 되기 위해 경영학을 전공하는 동시에 자격증 공부도 열심히 하고 있고, 영어 학원에도 다니면서 글로벌한 인재가 되기 위해 노력하고 있습니다. 저는 특목고를 졸업하고 대학에 입학하는 동안 많은 경쟁을 거치면서 사회에서 중요한 것은 무엇보다 경쟁력 있는 사람이 되는 일이라는 것을 깨달았습니다.

⇒ _____

_____

_____

_____

3) 이유 :

• 저는 *어떠한 분야에서든지 최고가 되고자 하는 자신감이 있습니다.* 평소에도 일을 빨리 배운다는 장점을 살려서 모든 일에서 최고로 빨리 끝내는 것이 제 장점입니다.

⇒ _____

_____

_____

_____

4) 자기소개서 작성 예시

자기소개서는 '자기'를 다른 사람에게 '글'로 '알려주는' 문서이다. 이처럼 읽는 대상과 목적이 분명한 글을 작성할 때에는 강조하거나 보여주고 싶은 이미지를 중심으로 개요를 작성한다. 그리고 단락마다 하나 혹은 두개 정도의 주제를 중심으로 구성하되 전체적으로 유기성을 지니도록 하나의 완성된 이야기로 구성하는 것이 좋다. 아래의 자기소개서는 질문 항목에 따라 적절히 단락을 나누고, 각각의 단락마다 소제목을 붙이는 방식을 활용함으로써 인사 담당자가 쉽게 내용을 파악할 수 있도록 구성되었다. 또한 인상적인 내용을 효과적으로 기억하게 만들고 있다는 점도 이 글의 미덕 중 하나이다.

예시 5

1. 지원하신 직무를 선택한 이유와 그 직무에 필요한 역량을 갖추기 위해 지금까지 어떠한 노력을 해왔는지 구체적으로 서술해주시고, 그 경험들이 앞으로 회사와 본인의 발전에 어떻게 기여할 것이라 생각하는지 작성해 주시기 바랍니다.

"최고의 선택: 창의적인 엔지니어"

지금 세상은 스마트한 반도체를 포함하는 각기 다른 기기를 통하여 세계의 약 70억 인구는 서로 소통하며, 보다 섬세하고 더욱 새로운 스마트한 세상을 바라보고 있습니다. 시장이 원하는 제품을 만들지 말고, 만든 것을 세계의 소비자들이 원하게 하는 창의적인 엔지니어가 되기 위해 반도체 산업의 선두에 있는 삼성전자에 큰 포부를 갖고 지원하게 되었습니다.

"스마트한 세상을 더 스마트하게"

학부 과목 중 반도체 관련 과목에 흥미가 있었고 교내 석·박사의 "반도체 성능 제고를 위한 연구"라는 세미나를 접하고 이를 통해 반도체의 다양한 발전 가능성에 대해 알게 되었고 또한 '고체전자소자' 과목을 듣고 실질적인 공정 Process에 대해 이해하였으며 현재는 반도체시장에 대한 특화 과목인 'SoC구조및설계' 과목을 이수하면서 전반적인 공정 과정에서 제품으로 완성되기까지의 흐름을 배우고 있습니다. 특히, 지금까지 기억에 남는 것은 고체전자과목 교수님께서 하신 말씀 중에 "학생들이 지금 알고 있고 시장에서 접할 수 있는 기기는 10년 뒤에는 쓸모없게 될 거야. flexible, wearable 등의 아이디어와 기술은 이미 몇 십 년 전에 나와 있었다." 라는 말을 듣고 10년, 20년 후에 필요한 창의적인 생각과 공부를 해야겠다는 생각을 했습니다. 흥미 있는 분야에 더 매진하고 싶어 학부에서 진행하는 '반도체소자' 과목 Tutor 활동과 실제 공정 프로젝트를 수행했으며 Simulator를 이용해 다양한 관점으로 반도체 소자에 대하여 분석하는 졸업 작품을 완성해 가고 있습니다. 10년, 20년 후 40대 때에 반도체 시장을 바라보는 시각은 '현재'의 일련의 노력으로 얻은 통찰력이며 또한 실전의 경험과 시장성에 대한 긍정적 사고를 통해 귀사와 최고를 지향하는 비전을 공유하여 함께 성장하는 인재가 될 것입니다.

2. 도전적인 목표를 정하고, 목표를 달성하기 위해 체계적인 계획을 세우고 실천하였던 경험에 대해 서술해 주십시오. 목표, 계획의 세부적인 내용과 그 과정에서 어려움을 극복한 방법, 결과적으로 본인이 얻은 성취에 대해 구체적으로 써주시기 바랍니다.

"집중하여 실패를 돌아보기"

학부 공정 수업에서 진행한 프로젝트는 Transistor와 Capacitor, 그리고 2개의 Metal-line을 만드는 아주 간단한 프로젝트였지만 Layout을 만들어 내는 것은 쉽지 않았으며 목표한 5장의 Mask로 공정을 완성하지 못해 실패를 거듭 하였습니다. 이 과정에서 오류와 Mask의 수를 줄이지 못한 원인을 찾아내는 것이 우선이라고 생각하였습니다.

무수한 실패를 경험하고 첫 단계의 공정부터 마지막 공정까지의 Layout을 반복적으로 그리면서 저는 놓친 것을 돌아보아야 한다는 결론을 깨달았습니다. 실패한 Layout들을 다시 살펴보고 오류의 원인을 찾아 집중하여 새로운 Mask를 사용하지 않고 기존의 Oxide 층을 이용하여 Self-align방식의 이온주입을 통해 Source와 Drain을 만들면 된다는 것을 깨달았습니다. 과거의 실패를 돌아보고 활용하여 프로젝트를 성공적으로 마치게 되었습니다.

"실패를 통해 얻은 교훈"

경험을 통해 얻은 것은 "다양한 각도로 문제를 바라볼 것, 지나친 것들을 다시 바라볼 것, 남들이 보지 않는 것도 바라볼 것" 이였습니다. 한 가지 시각, 한 가지 지식, 한 가지 과정만을 고수하면 안 된다는 것 이였습니다. 편협한 사고는 또 다른 실패로 이어지기 때문에 입사 후 직무 수행 중에도 난제에 부딪혔을 때 단편적인 시각이 아닌 다양한 관점에서, 비록 실패한 경험일지라도 그 경험에서 지혜를 얻어 난관을 파헤쳐 나가는 법을 배울 수 있었습니다.

3. 지원하신 회사와 관련된 최근 이슈 중 본인이 생각하기에 중요하다고 생각되는 것을 한 가지 선택한 후, 해당 이슈에 대한 본인의 견해를 설득력 있게 밝혀 주시기 바랍니다.

"지금의 Trend는 점점 더 작게"

올해 초, 삼성전자는 20나노(nm)급 DRAM 생산에 성공하였고 더욱 미세공정을 지향하여 10나노(nm) 급의 DRAM 상용화에 주목하고 있습니다. 지금까지 수많은 기술력을 보유한 ○○전자이지만 또 한 번의 1위 자리를 고수하기 위해 이번 DRAM 사업 또한 놓칠 수 없는 기술임에 틀림없습니다.

"새로운 바람을 맞이하는 자세"

"가장 작아지는" 반도체 시장에서 "가장 큰" 기능을 갖는 삼성전자가 되기 위해서는 구성원 모두가 New-Trendsetter가 되어야 한다고 생각합니다. 앞서 언급한 바와 같이 엔지니어는 사람들이 필요한 것을 만드는 것이 아니라고 생각합니다. 이미 Size면에서의 혁신의 바람이 불어왔고 다시 불어올 새로운 바람을 예측하여 사람들이 "필요로 하는 것"을 만들어 내어야 합니다. 이미 열려있는 보편적 반도체 시장이 아닌 소수의 1%를 위한 닫힌 시장을 바라보는 것 또한 삼성전자라는 브랜드 가치를 제고할 수 있는 방법이라고 생각합니다. 평범하지 않은, 독특한 시장에서 그 누구도 하지 못한 공격적인 마케팅전략을 통하여 새로운 길을 열 수 있는 창의적이고 앞서나가는 아이디어와 기술력은 미래의 삼성전자가 굳건히 1위의 자리를 지킬 수 있는 원동력이 될 것입니다. 편하게 삶을 영위할 수 있는 단순한 발전보다는 눈먼 사람이 전자제품을 통하여 사회와 소통하고 암 투병환자에게 수명을 연장할 치료제를 만드는, 그 누구도 시도해 보지 못한 독점적 시장을 개척하고 재구성해야 할 것입니다. 지금까지 상상력은 기존의 기술력을 바탕에 두고 넓혀져 갔습니다. 하지만 지금, 창의적인 엔지니어는, 인문학적 상상력을 발휘하여 이를 기술이 따라가게끔 만드는 창의적인 역량을 펼쳐야 할 때라고 생각합니다.

✔ 체크리스트

번호	항목
1	자기소개서 작성의 필요성과 목적에 대해 이해하고 있는가?
2	자기소개서의 구성 항목과 형식에 대해 이해하고 있는가?
3	자기소개서의 항목마다 기재 사항과 작성 방법에 대해 정확히 이해하고 있는가?

활동

1. 본인이 희망하는 취업 분야를 선택하고, 아래 항목을 중심으로 필요한 내용을 간략히 정리해 보자.

구분	내용
희망 취업 분야	·
성장 과정	· · ·
성격 및 가치관	· · ·
지원 동기 및 포부	· · ·

구분	내용
필요한 자격 사항	· · ·
지원 회사의 최근 이슈	· · ·

2. 정리한 내용을 바탕으로, 네 항목의 자기소개서 초안을 작성해 보자.

구분	내용
성장 과정	
성격 및 가치관	
지원 동기 및 포부	
지원 분야 특기 사항	

1 표준어 규정

제1장 총칙

제1항 표준어는 교양 있는 사람들이 두루 쓰는 현대 서울말로 정함을 원칙으로 한다.

제2항 외래어는 따로 사정한다.

제2장 발음 변화에 따른 표준어 규정

제6항 다음 단어들은 의미를 구별함이 없이, 한 가지 형태만을 표준어로 삼는다.(ㄱ을 표준어로 삼고, ㄴ을 버림.)

ㄱ	ㄴ	비 고
돌	돐	생일, 주기.
둘-째	두-째	'제2, 두 개째'의 뜻.
셋-째	세-째	'제3, 세 개째'의 뜻.
넷-째	네-째	'제4, 네 개째'의 뜻.
빌리다	빌다	1. 빌려주다, 빌려 오다. 2. '용서를 빌다'는 '빌다'임.

다만, '둘째'는 십 단위 이상의 서수사에 쓰일 때에 '두째'로 한다.

ㄱ	ㄴ	비 고
열두-째		열두 개째의 뜻은 '열둘째'로.
스물두-째		스물두 개째의 뜻은 '스물둘째'로.

제7항 수컷을 이르는 접두사는 '수-'로 통일한다.(ㄱ을 표준어로 삼고, ㄴ을 버림.)

ㄱ	ㄴ	비 고
수-꿩	수-퀑/숫-꿩	'장끼'도 표준어임.
수-나사	숫-나사	
수-놈	숫-놈	
수-사돈	숫-사돈	
수-소	숫-소	'황소'도 표준어임.
수-은행나무	숫-은행나무	

다만 1. 다음 단어에서는 접두사 다음에서 나는 거센소리를 인정한다. 접두사 '암-'이 결합되는 경우에도 이에 준한다.(ㄱ을 표준어로 삼고, ㄴ을 버림.)

ㄱ	ㄴ	비 고
수-캉아지	숫-강아지	
수-캐	숫-개	
수-컷	숫-것	
수-키와	숫-기와	
수-탉	숫-닭	
수-탕나귀	숫-당나귀	
수-톨쩌귀	숫-돌쩌귀	
수-퇘지	숫-돼지	
수-평아리	숫-병아리	

ㄱ	ㄴ	비 고
숫-양	수-양	
숫-염소	수-염소	
숫-쥐	수-쥐	

다만 2. 다음 단어의 접두사는 '숫-'으로 한다.(ㄱ을 표준어로 삼고, ㄴ을 버림.)

제8항 양성 모음이 음성 모음으로 바뀌어 굳어진 다음 단어는 음성 모음 형태를 표준어로 삼는다.(ㄱ을 표준어로 삼고, ㄴ을 버림.)

ㄱ	ㄴ	비 고
깡충-깡충	깡총-깡총	큰말은 '껑충껑충'임.
-둥이	-동이	←童-이. 귀-, 막-, 선-, 쌍-, 검-, 바람-, 흰-.
발가-숭이	발가-송이	센말은 '빨가숭이', 큰말은 '벌거숭이, 뻘거숭이'임.
보퉁이	보통이	
봉죽	봉족	←奉足. ~꾼, ~들다.
뻗정-다리	뻗장-다리	
아서, 아서라	앗아, 앗아라	하지 말라고 금지하는 말.

ㄱ	ㄴ	비 고
오뚝-이	오똑-이	부사도 '오뚝-이'임.
주추	주초	←柱礎. 주춧-돌.

다만, 어원 의식이 강하게 작용하는 다음 단어에서는 양성 모음 형태를 그대로 표준어로 삼는다.(ㄱ을 표준어로 삼고, ㄴ을 버림.)

ㄱ	ㄴ	비 고
부조(扶助)	부주	~금, 부좃-술.
사돈(査頓)	사둔	밭~, 안~.
삼촌(三寸)	삼춘	시~, 외~, 처~.

제9항 'ㅣ' 역행 동화 현상에 의한 발음은 원칙적으로 표준 발음으로 인정하지 아니하되, 다만 다음 단어들은 그러한 동화가 적용된 형태를 표준어로 삼는다.(ㄱ을 표준어로 삼고, ㄴ을 버림.)

ㄱ	ㄴ	비 고
-내기	-나기	서울-, 시골-, 신출-, 풋-.
냄비	남비	
동댕이-치다	동당이-치다	

[붙임 1] 다음 단어는 'ㅣ' 역행 동화가 일어나지 아니한 형태를 표준어로 삼는다.(ㄱ을 표준어로 삼고, ㄴ을 버림.)

ㄱ	ㄴ	비 고
아지랑이	아지랭이	

[붙임 2] 기술자에게는 '-장이', 그 외에는 '-쟁이'가 붙는 형태를 표준어로 삼는다.(ㄱ을 표준어로 삼고, ㄴ을 버림.)

ㄱ	ㄴ	비 고
미장이	미쟁이	
유기장이	유기쟁이	
멋쟁이	멋장이	

소금쟁이	소금장이	
담쟁이-덩굴	담장이-덩굴	
골목쟁이	골목장이	
발목쟁이	발목장이	

제10항 다음 단어는 모음이 단순화한 형태를 표준어로 삼는다.(ㄱ을 표준어로 삼고, ㄴ을 버림.)

ㄱ	ㄴ	비 고
괴팍-하다	괴퍅-하다/괴팩-하다	
-구먼	-구면	
미루-나무	미류-나무	←美柳~.
미륵	미력	←彌勒. ~보살, ~불, 돌~.
여느	여늬	
온-달	왼-달	만 한 달.
으레	으례	
케케-묵다	켸켸-묵다	
허우대	허위대	
허우적-허우적	허위적-허위적	허우적-거리다.

제11항 다음 단어에서는 모음의 발음 변화를 인정하여, 발음이 바뀌어 굳어진 형태를 표준어로 삼는다.(ㄱ을 표준어로 삼고, ㄴ을 버림.)

ㄱ	ㄴ	비 고
-구려	-구료	
깍쟁이	깍정이	1. 서울~, 알~, 찰~. 2. 도토리, 상수리 등의 받침은 '깍정이'임.
나무라다	나무래다	
미수	미시	미숫-가루.
바라다	바래다	'바램[所望]'은 비표준어임.
상추	상치	~쌈.
시러베-아들	실업의-아들	
주책	주착	←主着. ~망나니, ~없다.

ㄱ	ㄴ	비 고
지루-하다	지리-하다	←支離.
튀기	트기	
허드레	허드래	허드렛-물, 허드렛-일.
호루라기	호루루기	

제12항 '웃-' 및 '윗-'은 명사 '위'에 맞추어 '윗-'으로 통일한다.(ㄱ을 표준어로 삼고, ㄴ을 버림.)

ㄱ	ㄴ	비 고
윗-넓이	웃-넓이	
윗-눈썹	웃-눈썹	
윗-니	웃-니	
윗-당줄	웃-당줄	
윗-덧줄	웃-덧줄	
윗-도리	웃-도리	
윗-동아리	웃-동아리	준말은 '윗동'임.
윗-막이	웃-막이	
윗-머리	웃-머리	
윗-목	웃-목	
윗-몸	웃-몸	~ 운동.
윗-바람	웃-바람	
윗-배	웃-배	
윗-벌	웃-벌	
윗-변	웃-변	수학 용어.
윗-사랑	웃-사랑	
윗-세장	웃-세장	
윗-수염	웃-수염	
윗-입술	웃-입술	
윗-잇몸	웃-잇몸	
윗-자리	웃-자리	
윗-중방	웃-중방	

다만 1. 된소리나 거센소리 앞에서는 '위-'로 한다.(ㄱ을 표준어로 삼고, ㄴ을 버림.)

ㄱ	ㄴ	비 고
위-짝	웃-짝	
위-쪽	웃-쪽	
위-채	웃-채	
위-층	웃-층	
위-치마	웃-치마	
위-턱	웃-턱	~구름[上層雲].
위-팔	웃-팔	

다만 2. '아래, 위'의 대립이 없는 단어는 '웃-'으로 발음되는 형태를 표준어로 삼는다.(ㄱ을 표준어로 삼고, ㄴ을 버림.)

ㄱ	ㄴ	비 고
웃-국	윗-국	
웃-기	윗-기	
웃-돈	윗-돈	
웃-비	윗-비	~걷다.
웃-어른	윗-어른	
웃-옷	윗-옷	

제13항 한자 '구(句)'가 붙어서 이루어진 단어는 '귀'로 읽는 것을 인정하지 아니하고, '구'로 통일한다.(ㄱ을 표준어로 삼고, ㄴ을 버림.)

ㄱ	ㄴ	비 고
구법(句法)	귀법	
구절(句節)	귀절	
구점(句點)	귀점	
결구(結句)	결귀	
경구(警句)	경귀	
경인구(警人句)	경인귀	
난구(難句)	난귀	
단구(短句)	단귀	
단명구(短命句)	단명귀	

ㄱ	ㄴ	비고
대구(對句)	대귀	~법(對句法).
문구(文句)	문귀	
성구(成句)	성귀	~어(成句語).
시구(詩句)	시귀	
어구(語句)	어귀	
연구(聯句)	연귀	
인용구(引用句)	인용귀	
절구(絶句)	절귀	

다만, 다음 단어는 '귀'로 발음되는 형태를 표준어로 삼는다.(ㄱ을 표준어로 삼고, ㄴ을 버림.)

ㄱ	ㄴ	비 고
귀-글	구-글	
글-귀	글-구	

2 한글 맞춤법

[총칙]

제1항 한글 맞춤법은 표준어를 소리대로 적되, 어법에 맞도록 함을 원칙으로 한다.

제2항 문장의 각 단어는 띄어 씀을 원칙으로 한다.

제3항 외래어는 '외래어 표기법'에 따라 적는다.

[된소리]

제5항 한 단어 안에서 뚜렷한 까닭 없이 나는 된소리는 다음 음절의 첫소리를 된소리로 적는다.

1. 두 모음 사이에서 나는 된소리

소쩍새	어깨	오빠	으뜸	아끼다
기쁘다	깨끗하다	어떠하다	해쓱하다	가끔

거꾸로	부썩	어찌	이따금

2. 'ㄴ, ㄹ, ㅁ, ㅇ' 받침 뒤에서 나는 된소리

산뜻하다	잔뜩	살짝	훨씬	담뿍
움찔	몽땅	엉뚱하다		

다만, 'ㄱ, ㅂ' 받침 뒤에서 나는 된소리는, 같은 음절이나 비슷한 음절이 겹쳐 나는 경우가 아니면 된소리로 적지 아니한다.

국수	깍두기	딱지	색시	싹둑(~싹둑)
법석	갑자기	몹시		

[구개음화]

제6항 'ㄷ, ㅌ' 받침 뒤에 종속적 관계를 가진 '-이(-)'나 '-히-'가 올 적에는 그 'ㄷ, ㅌ'이 'ㅈ, ㅊ'으로 소리 나더라도 'ㄷ, ㅌ'으로 적는다.(ㄱ을 취하고, ㄴ을 버림.)

ㄱ	ㄴ	ㄱ	ㄴ
맏이	마지	핥이다	할치다
해돋이	해도지	걷히다	거치다
굳이	구지	닫히다	다치다
같이	가치	묻히다	무치다
끝이	끄치		

['ㄷ' 소리 받침]

제7항 'ㄷ' 소리로 나는 받침 중에서 'ㄷ'으로 적을 근거가 없는 것은 'ㅅ'으로 적는다.

덧저고리	돗자리	엇셈	웃어른	핫옷
무릇	사뭇	얼핏	자칫하면	뭇[衆]
옛	첫	헛		

[모음]

제8항 '계, 례, 몌, 폐, 혜'의 'ㅖ'는 'ㅔ'로 소리 나는 경우가 있더라도 'ㅖ'로 적는다.(ㄱ을 취하고, ㄴ을 버림.)

ㄱ	ㄴ	ㄱ	ㄴ
계수(桂樹)	게수	혜택(惠澤)	헤택
사례(謝禮)	사레	계집	게집
연몌(連袂)	연메	핑계	핑게
폐품(廢品)	페품	계시다	게시다

다만, 다음 말은 본음대로 적는다.

게송(偈頌)	게시판(揭示板)	휴게실(休憩室)

제9항 '의'나, 자음을 첫소리로 가지고 있는 음절의 'ㅢ'는 'ㅣ'로 소리 나는 경우가 있더라도 'ㅢ'로 적는다.(ㄱ을 취하고, ㄴ을 버림.)

ㄱ	ㄴ	ㄱ	ㄴ
의의(意義)	의이	닁큼	닁큼
본의(本義)	본이	띄어쓰기	띠어쓰기
무늬[紋]	무니	씌어	씨어
보늬	보니	틔어	티어
오늬	오니	희망(希望)	히망
하늬바람	하니바람	희다	히다
늴리리	닐리리	유희(遊戱)	유히

[두음 법칙]

제10항 한자음 '녀, 뇨, 뉴, 니'가 단어 첫머리에 올 적에는, 두음 법칙에 따라 '여, 요, 유, 이'로 적는다.(ㄱ을 취하고, ㄴ을 버림.)

ㄱ	ㄴ	ㄱ	ㄴ
여자(女子)	녀자	유대(紐帶)	뉴대

연세(年歲)	년세	이토(泥土)	니토
요소(尿素)	뇨소	익명(匿名)	닉명

다만, 다음과 같은 의존 명사에서는 '냐, 녀' 음을 인정한다.

냥(兩)	냥쭝(兩-)	년(年)(몇 년)

[붙임 1] 단어의 첫머리 이외의 경우에는 본음대로 적는다.

남녀(男女)	당뇨(糖尿)	결뉴(結紐)	은닉(隱匿)

[붙임 2] 접두사처럼 쓰이는 한자가 붙어서 된 말이나 합성어에서, 뒷말의 첫소리가 'ㄴ' 소리로 나더라도 두음 법칙에 따라 적는다.

신여성(新女性)	공염불(空念佛)	남존여비(男尊女卑)

[붙임 3] 둘 이상의 단어로 이루어진 고유 명사를 붙여 쓰는 경우에도 붙임 2에 준하여 적는다.

한국여자대학	대한요소비료회사

제11항 한자음 '랴, 려, 례, 료, 류, 리'가 단어의 첫머리에 올 적에는, 두음 법칙에 따라 '야, 여, 예, 요, 유, 이'로 적는다.(ㄱ을 취하고, ㄴ을 버림.)

ㄱ	ㄴ	ㄱ	ㄴ
양심(良心)	량심	용궁(龍宮)	룡궁
역사(歷史)	력사	유행(流行)	류행
예의(禮儀)	례의	이발(理髮)	리발

다만, 다음과 같은 의존 명사는 본음대로 적는다.

리(里): 몇 리냐?
리(理): 그럴 리가 없다.

[붙임 1] 단어의 첫머리 이외의 경우에는 본음대로 적는다.

개량(改良)	선량(善良)	수력(水力)	협력(協力)
사례(謝禮)	혼례(婚禮)	와룡(臥龍)	쌍룡(雙龍)
하류(下流)	급류(急流)	도리(道理)	진리(眞理)

다만, 모음이나 'ㄴ' 받침 뒤에 이어지는 '렬, 률'은 '열, 율'로 적는다.(ㄱ을 취하고, ㄴ을 버림.)

ㄱ	ㄴ	ㄱ	ㄴ
나열(羅列)	나렬	분열(分裂)	분렬
치열(齒列)	치렬	선열(先烈)	선렬
비열(卑劣)	비렬	진열(陳列)	진렬
규율(規律)	규률	선율(旋律)	선률
비율(比率)	비률	전율(戰慄)	전률
실패율(失敗率)	실패률	백분율(百分率)	백분률

[붙임 2] 외자로 된 이름을 성에 붙여 쓸 경우에도 본음대로 적을 수 있다.

신립(申砬)	최린(崔麟)	채륜(蔡倫)	하륜(河崙)

[붙임 3] 준말에서 본음으로 소리 나는 것은 본음대로 적는다.

국련(국제 연합)	한시련(한국 시각 장애인 연합회)

[붙임 4] 접두사처럼 쓰이는 한자가 붙어서 된 말이나 합성어에서, 뒷말의 첫소리가 'ㄴ' 또는 'ㄹ' 소리로 나더라도 두음 법칙에 따라 적는다.

역이용(逆利用)	연이율(年利率)	열역학(熱力學)
해외여행(海外旅行)		

[붙임 5] 둘 이상의 단어로 이루어진 고유 명사를 붙여 쓰는 경우나 십진법에 따라 쓰는

수(數)도 붙임 4에 준하여 적는다.

서울여관	신흥이발관	육천육백육십육 (六千六百六十六)

제12항 한자음 '라, 래, 로, 뢰, 루, 르'가 단어의 첫머리에 올 적에는, 두음 법칙에 따라 '나, 내, 노, 뇌, 누, 느'로 적는다.(ㄱ을 취하고, ㄴ을 버림.)

ㄱ	ㄴ	ㄱ	ㄴ
낙원(樂園)	락원	뇌성(雷聲)	뢰성
내일(來日)	래일	누각(樓閣)	루각
노인(老人)	로인	능묘(陵墓)	룽묘

[붙임 1] 단어의 첫머리 이외의 경우에는 본음대로 적는다.

쾌락(快樂)	극락(極樂)	거래(去來)	왕래(往來)
부로(父老)	연로(年老)	지뢰(地雷)	낙뢰(落雷)
고루(高樓)	광한루(廣寒樓)	동구릉(東九陵)	가정란(家庭欄)

[붙임 2] 접두사처럼 쓰이는 한자가 붙어서 된 단어는 뒷말을 두음 법칙에 따라 적는다.

내내월(來來月)	상노인(上老人)	중노동(重勞動)	비논리적(非論理的)

[합성어 및 접두사가 붙은 말 / 사이시옷]

제30항 사이시옷은 다음과 같은 경우에 받치어 적는다.

1. 순우리말로 된 합성어로서 앞말이 모음으로 끝난 경우
(1) 뒷말의 첫소리가 된소리로 나는 것

고랫재	귓밥	나룻배	나뭇가지	냇가
댓가지	뒷갈망	맷돌	머릿기름	모깃불
못자리	바닷가	뱃길	볏가리	부싯돌
선짓국	쇳조각	아랫집	우렁잇속	잇자국

잿더미	조갯살	찻집	쳇바퀴	킷값
핏대	햇볕	혓바늘		

(2) 뒷말의 첫소리 'ㄴ, ㅁ' 앞에서 'ㄴ' 소리가 덧나는 것

멧나물	아랫니	텃마당	아랫마을	뒷머리
잇몸	깻묵	냇물	빗물	

(3) 뒷말의 첫소리 모음 앞에서 'ㄴㄴ' 소리가 덧나는 것

도리깻열	뒷윷	두렛일	뒷일	뒷입맛
배갯잇	욧잇	깻잎	나뭇잎	댓잎

2. 순우리말과 한자어로 된 합성어로서 앞말이 모음으로 끝난 경우
(1) 뒷말의 첫소리가 된소리로 나는 것

귓병	머릿방	뱃병	봇둑	사잣밥
샛강	아랫방	자릿세	전셋집	찻잔
찻종	촛국	콧병	탯줄	텃세
핏기	햇수	횟가루	횟배	

(2) 뒷말의 첫소리 'ㄴ, ㅁ' 앞에서 'ㄴ' 소리가 덧나는 것

곗날	제삿날	훗날	툇마루	양칫물

(3) 뒷말의 첫소리 모음 앞에서 'ㄴㄴ' 소리가 덧나는 것

가욋일	사삿일	예삿일	훗일

3. 두 음절로 된 다음 한자어

곳간(庫間)	셋방(貰房)	숫자(數字)	찻간(車間)
툇간(退間)	횟수(回數)		

[띄어쓰기]

제41항 조사는 그 앞말에 붙여 쓴다.

꽃**이**	꽃**마저**	꽃**밖에**	꽃**에서부터**	꽃**으로만**
꽃**이나마**	꽃**이다**	꽃**입니다**	꽃**처럼**	어디**까지나**
거기**도**	멀리**는**	웃고**만**		

제42항 의존 명사는 띄어 쓴다.

아는 **것**이 힘이다.	나도 할 **수** 있다.
먹을 **만큼** 먹어라.	아는 **이**를 만났다.
네가 뜻한 **바**를 알겠다.	그가 떠난 **지**가 오래다.

제43항 단위를 나타내는 명사는 띄어 쓴다.

한 **개**	차 한 **대**	금 서 **돈**	소 한 **마리**
옷 한 **벌**	열 **살**	조기 한 **손**	연필 한 **자루**
버선 한 **죽**	집 한 **채**	신 두 **켤레**	북어 한 **쾌**

다만, 순서를 나타내는 경우나 숫자와 어울리어 쓰이는 경우에는 붙여 쓸 수 있다.

두시 삼십분 오초	제일**과**	삼**학년**
육**층**	1446**년** 10**월** 9**일**	2**대대**
16**동** 502**호**	제1**실습실**	80**원**
10**개**	7**미터**	

제44항 수를 적을 적에는 '만(萬)' 단위로 띄어 쓴다.

십이억 삼천사백오십육만 칠천팔백구십팔
12억 3456만 7898

제45항 두 말을 이어 주거나 열거할 적에 쓰이는 다음의 말들은 띄어 쓴다.

국장 **겸** 과장	열 **내지** 스물	청군 **대** 백군
책상, 걸상 **등**이 있다	이사장 **및** 이사들	사과, 배, 귤 **등등**
사과, 배 **등속**	부산, 광주 **등지**	

제46항 단음절로 된 단어가 연이어 나타날 적에는 붙여 쓸 수 있다.

좀더 큰것	이말 저말	한잎 두잎

[고유 명사 및 전문 용어]

제48항 성과 이름, 성과 호 등은 붙여 쓰고, 이에 덧붙는 호칭어, 관직명 등은 띄어 쓴다.

김양수(金良洙)	서화담(徐花潭)	채영신 씨
최치원 선생	박동식 박사	충무공 이순신 장군

다만, 성과 이름, 성과 호를 분명히 구분할 필요가 있을 경우에는 띄어 쓸 수 있다.

남궁억/남궁 억	독고준/독고 준
황보지봉(皇甫芝峰)/황보 지봉	

제49항 성명 이외의 고유 명사는 단어별로 띄어 씀을 원칙으로 하되, 단위별로 띄어 쓸 수 있다.(ㄱ을 원칙으로 하고, ㄴ을 허용함.)

ㄱ	ㄴ
대한 중학교	대한중학교
한국 대학교 사범 대학	한국대학교 사범대학

제50항 전문 용어는 단어별로 띄어 씀을 원칙으로 하되, 붙여 쓸 수 있다.(ㄱ을 원칙으로 하고, ㄴ을 허용함.)

ㄱ	ㄴ
만성 골수성 백혈병	만성골수성백혈병

중거리 탄도 유도탄	중거리탄도유도탄

[그 밖의 것]

제51항 부사의 끝음절이 분명히 '이'로만 나는 것은 '-이'로 적고, '히'로만 나거나 '이'나 '히'로 나는 것은 '-히'로 적는다.

1. '이'로만 나는 것

가붓이	깨끗이	나붓이	느긋이	둥긋이
따뜻이	반듯이	버젓이	산뜻이	의젓이
가까이	고이	날카로이	대수로이	번거로이
많이	적이	헛되이		
겹겹이	번번이	일일이	집집이	틈틈이

2. '히'로만 나는 것

극히	급히	딱히	속히	작히
족히	특히	엄격히	정확히	

3. '이, 히'로 나는 것

솔직히	가만히	간편히	나른히	무단히
각별히	소홀히	쓸쓸히	정결히	과감히
꼼꼼히	심히	열심히	급급히	답답히
섭섭히	공평히	능히	당당히	분명히
상당히	조용히	간소히	고요히	도저히

제56항 '-더라, -던'과 '-든지'는 다음과 같이 적는다.

1. 지난 일을 나타내는 어미는 '-더라, -던'으로 적는다.(ㄱ을 취하고, ㄴ을 버림.)

ㄱ	ㄴ
지난겨울은 몹시 춥더라.	지난겨울은 몹시 춥드라.
깊던 물이 얕아졌다.	깊든 물이 얕아졌다.

그렇게 좋던가?	그렇게 좋든가?
그 사람 말 잘하던데!	그 사람 말 잘하든데!
얼마나 놀랐던지 몰라.	얼마나 놀랐든지 몰라.

2. 물건이나 일의 내용을 가리지 아니하는 뜻을 나타내는 조사와 어미는 '(-)든지'로 적는다.(ㄱ을 취하고, ㄴ을 버림.)

ㄱ	ㄴ
배든지 사과든지 마음대로 먹어라.	배던지 사과던지 마음대로 먹어라.
가든지 오든지 마음대로 해라.	가던지 오던지 마음대로 해라.

제57항 다음 말들은 각각 구별하여 적는다.

가름	둘로 가름.
갈음	새 책상으로 갈음하였다.
거름	풀을 썩힌 거름.
걸음	빠른 걸음.
거치다	영월을 거쳐 왔다.
걷히다	외상값이 잘 걷힌다.
걷잡다	걷잡을 수 없는 상태.
겉잡다	겉잡아서 이틀 걸릴 일.
그러므로(그러니까)	그는 부지런하다. 그러므로 잘 산다.
그럼으로(써) (그렇게 하는 것으로)	그는 열심히 공부한다. 그럼으로(써) 은혜에 보답한다.
노름	노름판이 벌어졌다.
놀음(놀이)	즐거운 놀음.

느리다	진도가 너무 느리다.
늘이다	고무줄을 늘인다.
늘리다	수출량을 더 늘린다.
다리다	옷을 다린다.
달이다	약을 달인다.
다치다	부주의로 손을 다쳤다.
닫히다	문이 저절로 닫혔다.
닫치다	문을 힘껏 닫쳤다.
마치다	벌써 일을 마쳤다.
맞히다	여러 문제를 더 맞혔다.
목거리	목거리가 덧났다.
목걸이	금목걸이, 은목걸이.
바치다	나라를 위해 목숨을 바쳤다.
받치다	우산을 받치고 간다.
	책받침을 받친다.
받히다	쇠뿔에 받혔다.
밭치다	술을 체에 밭친다.
반드시	약속은 반드시 지켜라.
반듯이	고개를 반듯이 들어라.
부딪치다	차와 차가 마주 부딪쳤다.
부딪히다	마차가 화물차에 부딪혔다.
부치다	힘이 부치는 일이다.
	편지를 부친다.

	논밭을 부친다.
	빈대떡을 부친다.
	식목일에 부치는 글.
	회의에 부치는 안건.
	인쇄에 부치는 원고.
	삼촌 집에 숙식을 부친다.
붙이다	우표를 붙인다.
	책상을 벽에 붙였다.
	흥정을 붙인다.
	불을 붙인다.
	감시원을 붙인다.
	조건을 붙인다.
	취미를 붙인다.
	별명을 붙인다.
시키다	일을 시킨다.
식히다	끓인 물을 식힌다.
아름	세 아름 되는 둘레.
알음	전부터 알음이 있는 사이.
앎	앎이 힘이다.
안치다	밥을 안친다.
앉히다	윗자리에 앉힌다.
어름	두 물건의 어름에서 일어난 현상.
얼음	얼음이 얼었다.
이따가	이따가 오너라.

있다가	돈은 있다가도 없다.
저리다	다친 다리가 저린다.
절이다	김장 배추를 절인다.
조리다	생선을 조린다. 통조림, 병조림.
졸이다	마음을 졸인다.
주리다	여러 날을 주렸다.
줄이다	비용을 줄인다.
하노라고	하노라고 한 것이 이 모양이다.
하느라고	공부하느라고 밤을 새웠다.
-느니보다(어미)	나를 찾아오느니보다 집에 있거라.
-는 이보다(의존 명사)	
-(으)리만큼(어미)	나를 미워하리만큼 그에게 잘못한 일이 없다.
-(으)ㄹ 이만큼(의존 명사)	
-(으)러(목적)	공부하러 간다.
-(으)려(의도)	서울 가려 한다.
(으)로서(자격)	사람으로서 그럴 수는 없다.
(으)로써(수단)	닭으로써 꿩을 대신했다.
-(으)므로(어미)	그가 나를 믿으므로 나도 그를 믿는다.
(-ㅁ, -음)으로(써)(조사)	그는 믿음으로(써) 산 보람을 느꼈다.

3 문장 부호

문장 부호는 글에서 문장의 구조를 드러내거나 글쓴이의 의도를 전달하기 위하여 사용하는 부호이다. 문장 부호의 이름과 사용법은 다음과 같이 정한다.

1. 마침표(.)

(1) 서술, 명령, 청유 등을 나타내는 문장의 끝에 쓴다.

> 예 젊은이는 나라의 기둥입니다.
> 예 제 손을 꼭 잡으세요.
> 예 집으로 돌아갑시다.

[붙임 1] 직접 인용한 문장의 끝에는 쓰는 것을 원칙으로 하되, 쓰지 않는 것을 허용한다. (ㄱ을 원칙으로 하고, ㄴ을 허용함.)

> 예 ㄱ. 그는 "지금 바로 떠나자."라고 말하며 서둘러 짐을 챙겼다.
>   ㄴ. 그는 "지금 바로 떠나자"라고 말하며 서둘러 짐을 챙겼다.

[붙임 2] 용언의 명사형이나 명사로 끝나는 문장에는 쓰는 것을 원칙으로 하되, 쓰지 않는 것을 허용한다. (ㄱ을 원칙으로 하고, ㄴ을 허용함.)

> 예 ㄱ. 목적을 이루기 위하여 몸과 마음을 다하여 애를 씀.
>   ㄴ. 목적을 이루기 위하여 몸과 마음을 다하여 애를 씀
> 예 ㄱ. 결과에 연연하지 않고 끝까지 최선을 다하기.
>   ㄴ. 결과에 연연하지 않고 끝까지 최선을 다하기
> 예 ㄱ. 신입 사원 모집을 위한 기업 설명회 개최.
>   ㄴ. 신입 사원 모집을 위한 기업 설명회 개최

다만, 제목이나 표어에는 쓰지 않음을 원칙으로 한다.

| 예 압록강은 흐른다 | 예 꺼진 불도 다시 보자 |

(2) 아라비아 숫자만으로 연월일을 표시할 때 쓴다.

| 예 1919. 3. 1. | 예 10. 1.~10. 12. |

(3) 특정한 의미가 있는 날을 표시할 때 월과 일을 나타내는 아라비아 숫자 사이에 쓴다.

| 예 3.1 운동 | 예 8.15 광복 |

[붙임] 이때는 마침표 대신 가운뎃점을 쓸 수 있다.

| 예 3 · 1 운동 | 예 8 · 15 광복 |

(4) 장, 절, 항 등을 표시하는 문자나 숫자 다음에 쓴다.

| 예 가. 인명 | 예 ㄱ. 머리말 |
| 예 Ⅰ. 서론 | 예 1. 연구 목적 |

[붙임] '마침표' 대신 '온점'이라는 용어를 쓸 수 있다.

2. 물음표(?)

(1) 의문문이나 의문을 나타내는 어구의 끝에 쓴다.

예 점심 먹었어?	예 이번에 가시면 언제 돌아오세요?
예 남북이 통일되면 얼마나 좋을까?	
예 다섯 살짜리 꼬마가 이 멀고 험한 곳까지 혼자 왔다?	

[붙임 1] 한 문장 안에 몇 개의 선택적인 물음이 이어질 때는 맨 끝의 물음에만 쓰고, 각 물음이 독립적일 때는 각 물음의 뒤에 쓴다.

> 예 너는 중학생이냐, 고등학생이냐?
>
> 예 너는 여기에 언제 왔니? 어디서 왔니? 무엇하러 왔니?

[붙임 2] 의문의 정도가 약할 때는 물음표 대신 마침표를 쓸 수 있다.

> 예 도대체 이 일을 어쩐단 말이냐.
>
> 예 이것이 과연 내가 찾던 행복일까.

다만, 제목이나 표어에는 쓰지 않음을 원칙으로 한다.

> 예 역사란 무엇인가   예 아직도 담배를 피우십니까

(2) 특정한 어구의 내용에 대하여 의심, 빈정거림 등을 표시할 때, 또는 적절한 말을 쓰기 어려울 때 소괄호 안에 쓴다.

> 예 우리와 의견을 같이할 사람은 최 선생(?) 정도인 것 같다.
>
> 예 30점이라, 거참 훌륭한(?) 성적이군.

(3) 모르거나 불확실한 내용임을 나타낼 때 쓴다.

> 예 최치원(857~?)은 통일 신라 말기에 이름을 떨쳤던 학자이자 문장가이다.
>
> 예 조선 시대의 시인 강백(1690?~1777?)의 자는 자청이고, 호는 우곡이다.

3. 느낌표(!)

(1) 감탄문이나 감탄사의 끝에 쓴다.

> 예 이거 정말 큰일이 났구나!   예 어머!

[붙임] 감탄의 정도가 약할 때는 느낌표 대신 쉼표나 마침표를 쓸 수 있다.

> 예 어, 벌써 끝났네.　　　예 날씨가 참 좋군.

(2) 특별히 강한 느낌을 나타내는 어구, 평서문, 명령문, 청유문에 쓴다.

> 예 청춘! 이는 듣기만 하여도 가슴이 설레는 말이다.
> 예 이야, 정말 재밌다!
> 예 지금 즉시 대답해!
> 예 앞만 보고 달리자!

(3) 물음의 말로 놀람이나 항의의 뜻을 나타내는 경우에 쓴다.

> 예 이게 누구야!　　　예 내가 왜 나빠!

(4) 감정을 넣어 대답하거나 다른 사람을 부를 때 쓴다.

> 예 네!　　　　예 네, 선생님!
> 예 흥부야!　　　예 언니!

4. 쉼표(,)

(1) 같은 자격의 어구를 열거할 때 그 사이에 쓴다.

> 예 충청도의 계룡산, 전라도의 내장산, 강원도의 설악산은 모두 국립 공원이다.
> 예 5보다 작은 자연수는 1, 2, 3, 4이다.

다만, (가) 쉼표 없이도 열거되는 사항임이 쉽게 드러날 때는 쓰지 않을 수 있다.

> 예 아버지 어머니께서 함께 오셨어요.
> 예 네 돈 내 돈 다 합쳐 보아야 만 원도 안 되겠다.

(나) 열거할 어구들을 생략할 때 사용하는 줄임표 앞에는 쉼표를 쓰지 않는다.

> 예 광역시: 광주, 대구, 대전……

(2) 짝을 지어 구별할 때 쓴다.

> 예 닭과 지네, 개와 고양이는 상극이다.

(3) 이웃하는 수를 개략적으로 나타낼 때 쓴다.

> 예 5, 6세기   예 6, 7, 8개

(4) 열거의 순서를 나타내는 어구 다음에 쓴다.

> 예 첫째, 몸이 튼튼해야 한다.
> 예 마지막으로, 무엇보다 마음이 편해야 한다.

(5) 문장의 연결 관계를 분명히 하고자 할 때 절과 절 사이에 쓴다.

> 예 콩 심은 데 콩 나고, 팥 심은 데 팥 난다.
> 예 떡국은 설날의 대표적인 음식인데, 이걸 먹어야 비로소 나이도 한 살 더 먹는다고 한다.

(6) 같은 말이 되풀이되는 것을 피하기 위하여 일정한 부분을 줄여서 열거할 때 쓴다.

> 예 여름에는 바다에서, 겨울에는 산에서 휴가를 즐겼다.

(7) 부르거나 대답하는 말 뒤에 쓴다.

> 예 지은아, 이리 좀 와 봐.   예 네, 지금 가겠습니다.

(8) 한 문장 안에서 앞말을 '곧', '다시 말해' 등과 같은 어구로 다시 설명할 때 앞말 다음에 쓴다.

예 책의 서문, 곧 머리말에는 책을 지은 목적이 드러나 있다.

예 원만한 인간관계는 말과 관련한 예의, 즉 언어 예절을 갖추는 것에서 시작된다.

예 호준이 어머니, 다시 말해 나의 누님은 올해로 결혼한 지 20년이 된다.

예 나에게도 작은 소망, 이를테면 나만의 정원을 가졌으면 하는 소망이 있어.

(9) 문장 앞부분에서 조사 없이 쓰인 제시어나 주제어의 뒤에 쓴다.

예 돈, 돈이 인생의 전부이더냐?

예 지금 네가 여기 있다는 것, 그것만으로도 나는 충분히 행복해.

예 저 친구, 저러다가 큰일 한번 내겠어.

(10) 한 문장에 같은 의미의 어구가 반복될 때 앞에 오는 어구 다음에 쓴다.

예 그의 애국심, 몸을 사리지 않고 국가를 위해 헌신한 정신을 우리는 본받아야 한다.

(11) 도치문에서 도치된 어구들 사이에 쓴다.

예 이리 오세요, 어머님.   예 다시 보자, 한강수야.

(12) 바로 다음 말과 직접적인 관계에 있지 않음을 나타낼 때 쓴다.

예 갑돌이는, 울면서 떠나는 갑순이를 배웅했다.

예 철원과, 대관령을 중심으로 한 강원도 산간 지대에 예년보다 일찍 첫눈이 내렸습니다.

(13) 문장 중간에 끼어든 어구의 앞뒤에 쓴다.

예 나는, 솔직히 말하면, 그 말이 별로 탐탁지 않아.

> 예 영호는 미소를 띠고, 속으로는 화가 치밀어 올라 잠시라도 견딜 수 없을 만큼 괴로웠지만, 그들을 맞았다.

[붙임 1] 이때는 쉼표 대신 줄표를 쓸 수 있다.

> 예 나는 ― 솔직히 말하면 ― 그 말이 별로 탐탁지 않아.
> 예 영호는 미소를 띠고 ― 속으로는 화가 치밀어 올라 잠시라도 견딜 수 없을 만큼 괴로웠지만 ― 그들을 맞았다.

[붙임 2] 끼어든 어구 안에 다른 쉼표가 들어 있을 때는 쉼표 대신 줄표를 쓴다.

> 예 이건 내 것이니까 ― 아니, 내가 처음 발견한 것이니까 ― 절대로 양보할 수 없다.

(14) 특별한 효과를 위해 끊어 읽는 곳을 나타낼 때 쓴다.

> 예 내가, 정말 그 일을 오늘 안에 해낼 수 있을까?
> 예 이 전투는 바로 우리가, 우리만이, 승리로 이끌 수 있다.

(15) 짧게 더듬는 말을 표시할 때 쓴다.

> 예 선생님, 부, 부정행위라니요? 그런 건 새, 생각조차 하지 않았습니다.

[붙임] '쉼표' 대신 '반점'이라는 용어를 쓸 수 있다.

5. 가운뎃점(·)

(1) 열거할 어구들을 일정한 기준으로 묶어서 나타낼 때 쓴다.

> 예 민수 · 영희, 선미 · 준호가 서로 짝이 되어 윷놀이를 하였다.
> 예 지금의 경상남도 · 경상북도, 전라남도 · 전라북도, 충청남도 · 충청북도 지역을 예부터 삼남이라 일러 왔다.

(2) 짝을 이루는 어구들 사이에 쓴다.

> 예 우리는 그 일의 참 · 거짓을 따질 겨를도 없었다.
> 예 하천 수질의 조사 · 분석
> 예 빨강 · 초록 · 파랑이 빛의 삼원색이다.

다만, 이때는 가운뎃점을 쓰지 않거나 쉼표를 쓸 수도 있다.

> 예 우리는 그 일의 참 거짓을 따질 겨를도 없었다.
> 예 하천 수질의 조사, 분석
> 예 빨강, 초록, 파랑이 빛의 삼원색이다.

(3) 공통 성분을 줄여서 하나의 어구로 묶을 때 쓴다.

> 예 상 · 중 · 하위권   예 금 · 은 · 동메달
> 예 통권 제54 · 55 · 56호

[붙임] 이때는 가운뎃점 대신 쉼표를 쓸 수 있다.

> 예 상, 중, 하위권   예 금, 은, 동메달
> 예 통권 제54, 55, 56호

6. 쌍점(:)

(1) 표제 다음에 해당 항목을 들거나 설명을 붙일 때 쓴다.

> 예 문방사우: 종이, 붓, 먹, 벼루
> 예 일시: 2014년 10월 9일 10시
> 예 흔하진 않지만 두 자로 된 성씨도 있다.(예: 남궁, 선우, 황보)

(2) 희곡 등에서 대화 내용을 제시할 때 말하는 이와 말한 내용 사이에 쓴다.

> ⓔ 김 과장: 난 못 참겠다.
>
> ⓔ 아들: 아버지, 제발 제 말씀 좀 들어 보세요.

(3) 시와 분, 장과 절 등을 구별할 때 쓴다.

> ⓔ 오전 10:20(오전 10시 20분)
>
> ⓔ 두시언해 6:15(두시언해 제6권 제15장)

(4) 의존 명사 '대'가 쓰일 자리에 쓴다.

> ⓔ 65:60(65 대 60)   ⓔ 청군:백군(청군 대 백군)

[붙임] 쌍점의 앞은 붙여 쓰고 뒤는 띄어 쓴다. 다만, (3)과 (4)에서는 쌍점의 앞뒤를 붙여 쓴다.

7. 빗금(/)

(1) 대비되는 두 개 이상의 어구를 묶어 나타낼 때 그 사이에 쓴다.

> ⓔ 먹이다/먹히다   ⓔ 남반구/북반구
>
> ⓔ 금메달/은메달/동메달
>
> ⓔ (   )이/가 우리나라의 보물 제1 호이다.

(2) 기준 단위당 수량을 표시할 때 해당 수량과 기준 단위 사이에 쓴다.

> ⓔ 100미터/초   ⓔ 1,000원/개

(3) 시의 행이 바뀌는 부분임을 나타낼 때 쓴다.

> ⓔ 산에 / 산에 / 피는 꽃은 / 저만치 혼자서 피어 있네

다만, 연이 바뀜을 나타낼 때는 두 번 겹쳐 쓴다.

> 예 산에는 꽃 피네 / 꽃이 피네 / 갈 봄 여름 없이 / 꽃이 피네 // 산에 / 산에 / 피는 꽃은 / 저만치 혼자서 피어 있네

[붙임] 빗금의 앞뒤는 (1)과 (2)에서는 붙여 쓰며, (3)에서는 띄어 쓰는 것을 원칙으로 하되 붙여 쓰는 것을 허용한다. 단, (1)에서 대비되는 어구가 두 어절 이상인 경우에는 빗금의 앞뒤를 띄어 쓸 수 있다.

8. 큰따옴표(" ")

(1) 글 가운데에서 직접 대화를 표시할 때 쓴다.

> 예 "어머니, 제가 가겠어요."
> "아니다. 내가 다녀오마."

(2) 말이나 글을 직접 인용할 때 쓴다.

> 예 나는 "어, 광훈이 아니냐?" 하는 소리에 깜짝 놀랐다.
> 예 밤하늘에 반짝이는 별들을 보면서 "나는 아무 걱정도 없이 가을 속의 별들을 다 헬 듯합니다."라는 시구를 떠올렸다.

9. 작은따옴표(' ')

(1) 인용한 말 안에 있는 인용한 말을 나타낼 때 쓴다.

> 예 그는 "여러분! '시작이 반이다.'라는 말 들어 보셨죠?"라고 말하며 강연을 시작했다.

(2) 마음속으로 한 말을 적을 때 쓴다.

> 예 나는 '일이 다 틀렸나 보군.' 하고 생각하였다.

> 예 '이번에는 꼭 이기고야 말겠어.' 호연이는 마음속으로 몇 번이나 그렇게 다짐하며 주먹을 불끈 쥐었다.

10. 소괄호(( ))

(1) 주석이나 보충적인 내용을 덧붙일 때 쓴다.

> 예 니체(독일의 철학자)의 말을 빌리면 다음과 같다.
> 예 2014. 12. 19.(금)

(2) 우리말 표기와 원어 표기를 아울러 보일 때 쓴다.

> 예 기호(嗜好), 자세(姿勢)   예 커피(coffee), 에티켓(étiquette)

(3) 생략할 수 있는 요소임을 나타낼 때 쓴다.

> 예 학교에서 동료 교사를 부를 때는 이름 뒤에 '선생(님)'이라는 말을 덧붙인다.
> 예 광개토(대)왕은 고구려의 전성기를 이끌었던 임금이다.

(4) 희곡 등 대화를 적은 글에서 동작이나 분위기, 상태를 드러낼 때 쓴다.

> 예 현우: (가쁜 숨을 내쉬며) 왜 이렇게 빨리 뛰어?
> 예 "관찰한 것을 쓰는 것이 습관이 되었죠. 그러다 보니, 상상력이 생겼나 봐요." (웃음)

(5) 내용이 들어갈 자리임을 나타낼 때 쓴다.

> 예 우리나라의 수도는 (   )이다.
> 예 다음 빈칸에 알맞은 조사를 쓰시오.
> 　　민수가 할아버지( ) 꽃을 드렸다.

(6) 항목의 순서나 종류를 나타내는 숫자나 문자 등에 쓴다.

> 예 사람의 인격은 (1) 용모, (2) 언어, (3) 행동, (4) 덕성 등으로 표현된다.
> 예 (가) 동해, (나) 서해, (다) 남해

11. 중괄호({ })

(1) 같은 범주에 속하는 여러 요소를 세로로 묶어서 보일 때 쓴다.

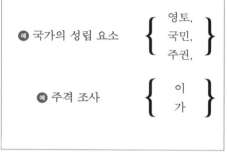

(2) 열거된 항목 중 어느 하나가 자유롭게 선택될 수 있음을 보일 때 쓴다.

> 예 아이들이 모두 학교{에, 로, 까지} 갔어요.

12. 대괄호([ ])

(1) 괄호 안에 또 괄호를 쓸 필요가 있을 때 바깥쪽의 괄호로 쓴다.

> 예 어린이날이 새로 제정되었을 당시에는 어린이들에게 경어를 쓰라고 하였다.[윤석중 전집(1988), 70쪽 참조]
> 예 이번 회의에는 두 명[이혜정(실장), 박철용(과장)]만 빼고 모두 참석했습니다.

(2) 고유어에 대응하는 한자어를 함께 보일 때 쓴다.

> 예 나이[年歲]   예 낱말[單語]   예 손발[手足]

(3) 원문에 대한 이해를 돕기 위해 설명이나 논평 등을 덧붙일 때 쓴다.

> 예 그것[한글]은 이처럼 정보화 시대에 알맞은 과학적인 문자이다.
> 예 그런 일은 결코 있을 수 없다.[원문에는 '업다'임.]

13. 겹낫표(『 』)와 겹화살괄호(《 》)

책의 제목이나 신문 이름 등을 나타낼 때 쓴다.

> 예 우리나라 최초의 민간 신문은 1896년에 창간된 『독립신문』이다.
> 예 『훈민정음』은 1997년에 유네스코 세계 기록 유산으로 지정되었다.
> 예 《한성순보》는 우리나라 최초의 근대 신문이다.
> 예 윤동주의 유고 시집인 《하늘과 바람과 별과 시》에는 31편의 시가 실려 있다.

[붙임] 겹낫표나 겹화살괄호 대신 큰따옴표를 쓸 수 있다.

> 예 우리나라 최초의 민간 신문은 1896년에 창간된 "독립신문"이다.
> 예 윤동주의 유고 시집인 "하늘과 바람과 별과 시"에는 31편의 시가 실려 있다.

14. 홑낫표(「 」)와 홑화살괄호(〈 〉)

소제목, 그림이나 노래와 같은 예술 작품의 제목, 상호, 법률, 규정 등을 나타낼 때 쓴다.

> 예 이 곡은 베르디가 작곡한 「축배의 노래」이다.
> 예 사무실 밖에 「해와 달」이라고 쓴 간판을 달았다.
> 예 〈한강〉은 사진집 《아름다운 땅》에 실린 작품이다.
> 예 백남준은 2005년에 〈엄마〉라는 작품을 선보였다.

[붙임] 홑낫표나 홑화살괄호 대신 작은따옴표를 쓸 수 있다.

> 예 사무실 밖에 '해와 달'이라고 쓴 간판을 달았다.
> 예 '한강'은 사진집 "아름다운 땅"에 실린 작품이다.

15. 줄표(—)

제목 다음에 표시하는 부제의 앞뒤에 쓴다.

> ⑩ 이번 토론회의 제목은 '역사 바로잡기 – 근대의 설정 –'이다.
> ⑩ '환경 보호 – 숲 가꾸기 –'라는 제목으로 글짓기를 했다.

다만, 뒤에 오는 줄표는 생략할 수 있다.

> ⑩ 이번 토론회의 제목은 '역사 바로잡기 – 근대의 설정'이다.
> ⑩ '환경 보호 – 숲 가꾸기'라는 제목으로 글짓기를 했다.

[붙임] 줄표의 앞뒤는 띄어 쓰는 것을 원칙으로 하되, 붙여 쓰는 것을 허용한다.

16. 붙임표(-)

(1) 차례대로 이어지는 내용을 하나로 묶어 열거할 때 각 어구 사이에 쓴다.

> ⑩ 멀리뛰기는 도움닫기 – 도약 – 공중 자세 – 착지의 순서로 이루어진다.
> ⑩ 김 과장은 기획 – 실무 – 홍보까지 직접 발로 뛰었다.

(2) 두 개 이상의 어구가 밀접한 관련이 있음을 나타내고자 할 때 쓴다.

> ⑩ 드디어 서울 – 북경의 항로가 열렸다.
> ⑩ 원 – 달러 환율   ⑩ 남한 – 북한 – 일본 삼자 관계

17. 물결표(~)

기간이나 거리 또는 범위를 나타낼 때 쓴다.

> ⑩ 9월 15일~9월 25일   ⑩ 서울~천안 정도는 출퇴근이 가능하다.
> ⑩ 이번 시험의 범위는 3~78쪽입니다.

[붙임] 물결표 대신 붙임표를 쓸 수 있다.

> 예 9월 15일 – 9월 25일   예 서울 – 천안 정도는 출퇴근이 가능하다.
> 예 이번 시험의 범위는 3 – 78쪽입니다.

18. 드러냄표(˙)와 밑줄(＿＿)

문장 내용 중에서 주의가 미쳐야 할 곳이나 중요한 부분을 특별히 드러내 보일 때 쓴다.

> 예 한글의 본디 이름은 훈민정음이다.
> 예 다음 보기에서 명사가 <u>아닌</u> 것은?

[붙임] 드러냄표나 밑줄 대신 작은따옴표를 쓸 수 있다.

> 예 한글의 본디 이름은 '훈민정음'이다.
> 예 다음 보기에서 명사가 '아닌' 것은?

19. 숨김표(○, ×)

(1) 금기어나 공공연히 쓰기 어려운 비속어임을 나타낼 때, 그 글자의 수효만큼 쓴다.

> 예 배운 사람 입에서 어찌 ○○○란 말이 나올 수 있느냐?
> 예 그 말을 듣는 순간 ×××란 말이 목구멍까지 치밀었다.

(2) 비밀을 유지해야 하거나 밝힐 수 없는 사항임을 나타낼 때 쓴다.

> 예 1차 시험 합격자는 김○영, 이○준, 박○순 등 모두 3명이다.
> 예 육군 ×× 부대 ××× 명이 작전에 참가하였다.

20. 빠짐표(□)

(1) 옛 비문이나 문헌 등에서 글자가 분명하지 않을 때 그 글자의 수효만큼 쓴다.

> 예 大師爲法主□□賴之大□薦

(2) 글자가 들어가야 할 자리를 나타낼 때 쓴다.

> 예 훈민정음의 초성 중에서 아음(牙音)은 □□□의 석 자다.

21. 줄임표(……)

(1) 할 말을 줄였을 때 쓴다.

> 예 "어디 나하고 한번……." 하고 민수가 나섰다.

(2) 말이 없음을 나타낼 때 쓴다.

> 예 "빨리 말해!"
>   "……."

(3) 문장이나 글의 일부를 생략할 때 쓴다.

> 예 '고유'라는 말은 문자 그대로 본디부터 있었다는 뜻은 아닙니다. …… 같은 역사적 환경에서 공동의 집단생활을 영위해 오는 동안 공동으로 발견된, 사물에 대한 공동의 사고방식을 우리는 한국의 고유 사상이라 부를 수 있다는 것입니다.

(4) 머뭇거림을 보일 때 쓴다.

> 예 "우리는 모두…… 그러니까…… 예외 없이 눈물만…… 흘렸다."

[붙임 1] 점은 가운데에 찍는 대신 아래쪽에 찍을 수도 있다.

> 예 "어디 나하고 한번......" 하고 민수가 나섰다.
> 예 "실은...... 저 사람...... 우리 아저씨일지 몰라."

[붙임 2] 점은 여섯 점을 찍는 대신 세 점을 찍을 수도 있다.

> 📵 "어디 나하고 한번…." 하고 민수가 나섰다.
> 📵 "실은... 저 사람... 우리 아저씨일지 몰라."

[붙임 3] 줄임표는 앞말에 붙여 쓴다. 다만, (3)에서는 줄임표의 앞뒤를 띄어 쓴다.

4 외래어 표기법

제1장 표기의 기본 원칙

제1항 외래어는 국어의 현용 24 자모만으로 적는다.

제2항 외래어의 1 음운은 원칙적으로 1 기호로 적는다.

제3항 받침에는 'ㄱ, ㄴ, ㄹ, ㅁ, ㅂ, ㅅ, ㅇ'만을 쓴다.

제4항 파열음 표기에는 된소리를 쓰지 않는 것을 원칙으로 한다.

제5항 이미 굳어진 외래어는 관용을 존중하되, 그 범위와 용례는 따로 정한다.

제2장 표기 일람표

국제 음성 기호와 한글 대조표

자 음			반모음		모 음	
국제 음성 기호	한글		국제 음성 기호	한글	국제 음성 기호	한글
	모음 앞	자음 앞 또는 어말				
p	ㅍ	ㅂ, 프	j	이*	i	이
b	ㅂ	브	ɥ	위	y	위
t	ㅌ	ㅅ, 트	w	오, 우*	e	에
d	ㄷ	드			ø	외
k	ㅋ	ㄱ, 크			ɛ	에
g	ㄱ	그			ɛ̃	앵
f	ㅍ	프			œ	외
v	ㅂ	브			~	욍

θ	ㅅ	ㅅ			æ	애
ð	ㄷ	ㄷ			a	아
s	ㅅ	ㅅ			ɑ	아
z	ㅈ	ㅈ			ã	앙
ʃ	시	슈, 시			ʌ	어
ʒ	ㅈ	지			ɔ	오
ʦ	ㅊ	ㅊ			ɔ̃	옹
dz	ㅈ	ㅈ			o	오
ʧ	ㅊ	치			u	우
ʤ	ㅈ	지			ə**	어
m	ㅁ	ㅁ			ɚ	어
n	ㄴ	ㄴ				
ɲ	니*	뉴				
ŋ	ㅇ	ㅇ				
l	ㄹ, ㄹㄹ	ㄹ				
r	ㄹ	르				
h	ㅎ	ㅎ				
ç	ㅎ	히				
x	ㅎ	ㅎ				

* [j], [w]의 '이'와 '오, 우', 그리고 [ɲ]의 '니'는 모음과 결합할 때 제3장 표기 세칙에 따른다.

** 독일어의 경우에는 '에', 프랑스어의 경우에는 '으'로 적는다.

제3장 표기 세칙 (*영어의 표기 기준)

제1항 무성 파열음([p], [t], [k])

1. 짧은 모음 다음의 어말 무성 파열음([p], [t], [k])은 받침으로 적는다.

보기   gap[gæp] 갭   cat[kæt] 캣
              book[buk] 북

2. 짧은 모음과 유음·비음([l], [r], [m], [n]) 이외의 자음 사이에 오는 무성 파열음([p], [t], [k])은 받침으로 적는다.

> **보기** apt[æpt] 앱트   setback[setbæk] 셋백
>   act[ækt] 액트

3. 위 경우 이외의 어말과 자음 앞의 [p], [t], [k]는 '으'를 붙여 적는다.

> **보기** stamp[stæmp] 스탬프   cape[keip] 케이프
>   nest[nest] 네스트   part[pɑːt] 파트
>   desk[desk] 데스크   make[meik] 메이크
>   apple[æpl] 애플   mattress[mætris] 매트리스
>   chipmunk[ʧipmʌŋk] 치프멍크   sickness[siknis] 시크니스

제2항 유성 파열음([b], [d], [g])
어말과 모든 자음 앞에 오는 유성 파열음은 '으'를 붙여 적는다.

> **보기** bulb[bʌlb] 벌브   land[lænd] 랜드
>   zigzag[zigzæg] 지그재그   lobster[lɔbstə] 로브스터
>   kidnap[kidnæp] 키드냅   signal[signəl] 시그널

제3항 마찰음([s], [z], [f], [v], [θ], [ð], [ʃ], [ʒ])
1. 어말 또는 자음 앞의 [s], [z], [f], [v], [θ], [ð]는 '으'를 붙여 적는다.

> **보기** mask[mɑːsk] 마스크   jazz[dʒæz] 재즈
>   graph[græf] 그래프   olive[ɔliv] 올리브
>   thrill[θril] 스릴   bathe[beið] 베이드

2. 어말의 [ʃ]는 '시'로 적고, 자음 앞의 [ʃ]는 '슈'로, 모음 앞의 [ʃ]는 뒤따르는 모음에 따라 '샤', '섀', '셔', '셰', '쇼', '슈', '시'로 적는다.

flash[flæʃ] 플래시   shrub[ʃrʌb] 슈러브

shark[ʃɑːk] 샤크   shank[ʃæŋk] 섕크

fashion[fæʃən] 패션   sheriff[ʃerif] 셰리프

shopping[ʃɔpiŋ] 쇼핑   shoe[ʃuː] 슈

shim[ʃim] 심

3. 어말 또는 자음 앞의 [ʒ]는 '지'로 적고, 모음 앞의 [ʒ]는 'ㅈ'으로 적는다.

mirage[mirɑːʒ] 미라지   vision[viʒən] 비전

제4항 파찰음([ts], [dz], [tʃ], [dʒ])

1. 어말 또는 자음 앞의 [ts], [dz]는 '츠', '즈'로 적고, [tʃ], [dʒ]는 '치', '지'로 적는다.

Keats[kiːts] 키츠   odds[ɔdz] 오즈

switch[switʃ] 스위치   bridge[bridʒ] 브리지

Pittsburgh[pitsbəːg] 피츠버그   hitchhike[hitʃhaik] 히치하이크

2. 모음 앞의 [tʃ], [dʒ]는 'ㅊ', 'ㅈ'으로 적는다.

chart[tʃɑːt] 차트   virgin[vəːdʒin] 버진

제5항 비음([m], [n], [ŋ])

1. 어말 또는 자음 앞의 비음은 모두 받침으로 적는다.

steam[stiːm] 스팀   corn[kɔːn] 콘

ring[riŋ] 링   lamp[læmp] 램프

hint[hint] 힌트   ink[iŋk] 잉크

2. 모음과 모음 사이의 [ŋ]은 앞 음절의 받침 'ㅇ'으로 적는다.

> **보기**　hanging[hæŋiŋ] 행잉　　　　　　longing[lɔŋiŋ] 롱잉

제6항 유음([l])

1. 어말 또는 자음 앞의 [l]은 받침으로 적는다.

> **보기**　hotel[houtel] 호텔　　　　　　pulp[pʌlp] 펄프

2. 어중의 [l]이 모음 앞에 오거나, 모음이 따르지 않는 비음([m], [n]) 앞에 올 때에는 'ㄹㄹ'로 적는다. 다만, 비음([m], [n]) 뒤의 [l]은 모음 앞에 오더라도 'ㄹ'로 적는다.

> **보기**　slide[slaid] 슬라이드　　　　　film[film] 필름
> 　　　　helm[helm] 헬름　　　　　　swoln[swouln] 스월른
> 　　　　Hamlet[hæmlit] 햄릿　　　　Henley[henli] 헨리

제7항 장모음

장모음의 장음은 따로 표기하지 않는다.

> **보기**　team[tiːm] 팀　　　　　　　route[ruːt] 루트

제8항 중모음([ai], [au], [ei], [ɔi], [ou], [auə])

중모음은 각 단모음의 음가를 살려서 적되, [ou]는 '오'로, [auə]는 '아워'로 적는다.

> **보기**　time[taim] 타임　　　　　　house[haus] 하우스
> 　　　　skate[skeit] 스케이트　　　oil[ɔil] 오일
> 　　　　boat[bout] 보트　　　　　　tower[tauə] 타워

제9항 반모음([w], [j])

1. [w]는 뒤따르는 모음에 따라 [wə], [wɔ], [wou]는 '워', [wɑ]는 '와', [wæ]는 '왜', [we] 는 '웨', [wi]는 '위', [wu]는 '우'로 적는다.

| | word[wə : d] 워드 | want[wɔnt] 원트 |
보기	word[wə : d] 워드	want[wɔnt] 원트
	woe[wou] 워	wander[wɑndə] 완더
	wag[wæg] 왜그	west[west] 웨스트
	witch[witʃ] 위치	wool[wul] 울

2. 자음 뒤에 [w]가 올 때에는 두 음절로 갈라 적되, [gw], [hw], [kw]는 한 음절로 붙여
적는다.

보기	swing[swiŋ] 스윙	twist[twist] 트위스트
	penguin[peŋgwin] 펭귄	whistle[hwisl] 휘슬
	quarter[kwɔ : tə] 쿼터	

3. 반모음 [j]는 뒤따르는 모음과 합쳐 '야', '얘', '여', '예', '요', '유', '이'로 적는다. 다만,
[d], [l], [n] 다음에 [jə]가 올 때에는 각각 '디어', '리어', '니어'로 적는다.

보기	yard[jɑ : d] 야드	yank[jæŋk] 앵크
	yearn[jə : n] 연	yellow[jelou] 옐로
	yawn[jɔ : n] 욘	you[ju :] 유
	year[jiə] 이어	
	Indian[indjən] 인디언	battalion[bətæljən] 버탤리언
	union[ju : njən] 유니언	

제10항 복합어

1. 따로 설 수 있는 말의 합성으로 이루어진 복합어는 그것을 구성하고 있는 말이 단독
으로 쓰일 때의 표기대로 적는다.

보기	cuplike[kʌplaik] 컵라이크	bookend[bukend] 북엔드
	headlight[hedlait] 헤드라이트	touchwood[tʌtʃwud] 터치우드
	sit-in[sitin] 싯인	bookmaker[bukmeikə] 북메이커
	flashgun[flæʃgʌn] 플래시건	topknot[tɔpnɔt] 톱놋

2. 원어에서 띄어 쓴 말은 띄어 쓴 대로 한글 표기를 하되, 붙여 쓸 수도 있다.

<table>
<tr><td>보기</td><td>Los Alamos[lɔsæləmous] 로스 앨러모스/로스앨러모스
top class[tɔpklæs] 톱 클래스/톱클래스</td></tr>
</table>